मैनेजमेंट के मूल मंत्र

शशिकांत 'सदैव'

डायमंड बुक्स

प्रकाशक : **डायमंड पॉकेट बुक्स (प्रा.) लि.**
X-30 ओखला इंडस्ट्रियल एरिया, फेज-II
नई दिल्ली-110020
फोन : 011-40712200
ई-मेल : wecare@diamondbooks.in
वेबसाइट : www.diamondbooks.in
संस्करण : 2026
मुद्रक : रेप्रो (इंडिया)

Management Ke Mool Mantra
by : Shashikant 'Sadaiv'

क्यों जरूरी है मैनेजमेंट ?

यह जीवन एक खुली किताब है लेकिन कोई किताब भी किताब तभी कहलाती है जब वह कई पन्नों में संग्रहित होकर एकजुट हो जाती है। वरना एक पन्ने की क्या बिसात, वो यूं ही कहीं फड़फड़ाता रहता है, इधर-उधर फाइलों-टेबलों पर डोलता रहता है। फटने और गुमने का डर इसे इधर-उधर भटकता रहता है। लेकिन जैसे ही पन्ने किताब की शक्ल ले लेते हैं तो जैसे बहुत कुछ सिमटकर साफ-साफ होने लगता है। सच तो यह है कि एक धागे में बंधकर लुटे हुए बंजारे पन्ने, पन्ने नहीं रह जाते, किताब का रूप इा तयार कर लेते हैं। एक धागे से गुजर कर फूल-फूल नहीं रह जाते, माला बन जाते हैं। बंध यदि सुनियोजित हो तो एक साकार रूप ले लेता है ठीक वैसे ही जैसे यदि हाथ सधे हुए हों तो हथौड़ों, छैनी की चोट से पत्थर मूर्ति का रूप ले लेता है। प्रबंधन और कुछ नहीं चारों ओर फैले इस विस्तृत जीवन को एक सुसज्जित ढंग से जीने का नाम है।

कई लोगं को प्रबंधन करना बोझ लगता है उन्हें लगता है प्रबंधन से जीवन में एक तरह की बंदिश लग जाती है, स्वतंत्रता में एक प्रकार का अवरोध पैदा होता है। उन्हें नियम कानून कायदे तथा समय आदि में बंधना अच्छा नहीं लगता। ऐसा करना उन्हं मन की मर्जी के खिलाफ जीना लगता है। जबकि ऐसा नहीं है प्रबंधन शब्द में बंधन का स्वर अवश्य है पर इसका अर्थ किसी बंदिश या रुकावट से नहीं है बल्कि प्रबंधन तो जीवन को नई खिलावट देता। जब भी कोई चीज प्रबंधित होती है वह और भी खूबसूरत और संतुलित हो जाती है।

बैल व घोड़े जैसे पशु ऊर्जा से परिपूर्ण होते हैं परंतु बिना उनकी नाक में नकेल ठोके उनकी ऊर्जा का उपयोग नहीं किया जा सकता। नकेल के माध्यम बैल की ऊर्जा का प्रयोग खेत जोतने के लिए किया जा सकता वरना बिना नकेल वही बैल किसी खेत कि फसल को तहस-नहस कर सकता है। बिना प्रबंधन के

जो ऊर्जा विध्वंस कर सकती है वह सृजन कर सकती थी। इसलिए प्रबंधन का भी अपना महत्त्व है।

प्रबंधन न हो तो यह जीवन सिर्फ बिखराव और भटकाव के सिवा कुछ भी नहीं है। कैन्वास पर उतरने से पहले रंगों और तुलीकाओं का कोई महत्त्व नहीं होता, शीशी में पड़े रंगों को देखकर न तो कोई काव्य रचता है और न ही कोई तारीफ के पुल बांधता है। मेज पर रखी खाली कूचियां न तो किसी को आकर्षित करती हैं न ही इनाम बटोर पाती हैं। खाली कैन्वास एक सफेद कपड़े के टुकड़े से ज्यादा कुछ नहीं होता। यह सभी बिना कलाकार के बांझ और बंजर हैं। लेकिन एक कलाकार इनके संयोजन एवं समायोजन से इन सबको न केवल अर्थ देता है बल्कि एक तस्वीर बनाकर इनके जीवन को सही राह देता हुआ इन्हें स मान और याति की श्रेणी में ला खड़ा कर देता है। यह सारा जादू कलाकार का है। प्रबंधन कुछ और नहीं जो चारों ओर बिखरा और छुपा हुआ है, उन सबका एक प्रकट रूप है। इसलिए प्रबंधन करने के लिए गहरी आंख चाहिए, सूझबूझ, धैर्य और ध्यान चाहिए। सही मायनों में जीवन जीना ही प्रबंधन है। क्योंकि यह जीवन हमें सब कुछ देता है इसमें सुख भी छिपे हैं और दुख भी लेकिन इस मिले हुए जीवन से सुख को अलग कर देना ही अच्छे प्रबंधक की पहचान व लक्षण हैं।

एक अच्छे प्रबंधक के लिए कैसे, क्या, कब, क्यों और कितना जरूरी है जिससे जीवन संतुलित और संयमित होकर अपनी श्रेष्ठता को उपलब्ध हो, जानिए इस पुस्तक से।

विषय-सूची

मैनेजमेंट के मूल मंत्र

हर चीज़ को पाने का एक आधार होता है खासतौर पर सफलता पाने का। किसी भी क्षेत्र में सफलता पाने के लिए जो सबसे आवश्यक व महत्त्वपूर्ण आधार है वह है प्रबंधन। यदि प्रबंधन होगा तभी सफलता मिलेगी। किसी भी लक्ष्य को प्राप्त करने के लिए प्रबंधन जितना जरूरी है उससे कहीं ज्यादा जरूरी है स्वयं का प्रबंधन यानी एक अच्छा प्रबंधक बनना। यदि हम ही प्रबंधित नहीं होंगे तो हमारे द्वारा किया गया प्रबंधन का कार्य भी निराशाजनक परिणाम ही लाएगा। इसलिए पहले स्वयं को प्रबंधित करें, एक अच्छे प्रबंधक बनें और अच्छा प्रबंधक बनने के लिए जरूरी है कि आप नि न विषयों पर गौर करें व उन्हें अपने जीवन में उतारें।

लक्ष्य (मिशन)

जीवन के किसी भी क्षेत्र में सफल होने से पहले यह बहुत जरूरी है कि हमें अपना लक्ष्य पता हो, वह दिशा पता हो जिस ओर हमें जाना है या हम जाना चाहते हैं। यदि हमें दिशा ही ज्ञात नहीं होगी तो हम नियोजन या प्रबंधन किसका करेंगे? चलेंगे कहां, क्यूं और किसके लिए? इसलिए किसी भी प्रबंधन से पहले जो मूल बात उभरकर आती है वह है अपने लक्ष्य का साफ होना ताकि हम उस मार्ग पर चलने व पहुंचने का साहस जुटाने के साथ-साथ सफलतापूर्वक प्रबंधन भी कर सकें। उद्देश्य का साफ होना न केवल प्रबंधन में मदद करता है, बल्कि सरलता से लक्ष्य को प्राप्त भी करता है।

समय प्रबंधन

यदि उद्देश्य तय हो जाए तो उसके बाद जो बेहद जरूरी बात है वह है समय का प्रबंधन व नियोजन। किसी भी प्रकार के लक्ष्य को अन्जाम देने के लिए समय का नियोजन व प्रबंधन बहुत जरूरी है। क्योंकि समय की सीमा सीमित है। सभी

के पास दिन में 24 घंटे का समय होता है। और समय हमारे हिसाब से नहीं ढलता या बदलता बल्कि हमें ही समय के साथ खुद का ताल-मेल बिठाना पड़ता है। इसलिए समय के महत्त्व को समझना बेहद जरूरी है। उसका सदुपयोग जरूरी है। इतना ही नहीं समय अज्ञात भी है उसके किस पल में क्या छिपा है, उसे ढूंढना, जानना व उसका उपयोग करना भी एक कला है। इसलिए क्या जरूरी है, क्या बेहद जरूरी, किसको प्राथमिकता देनी है यदि सब कुछ को ध्यान में रखते हुए समय का वर्गीकरण करें और निर्धारित समय पर संबंधित कार्य को संपन्न करें तो शीघ्र ही अपने लक्ष्य को प्राप्त कर पाएंगे।

कार्य प्रबंधन

जिसने समय के महत्त्व को पहचान लिया उसने जीवन के महत्त्व को भी पहचान लिया और जो जीवन के महत्त्व को पहचान लेता है वह उसका भरपूर उपयोग भी करना सीख लेता है। और भरपूर प्रयोग या उपयोग का मतलब है कार्य का प्रबंधन करना और कार्य प्रबंधन का मतलब है किस इंसान से किस समय, कौन सा काम लेना है इस बात का हुनर। काम की जि मेदारियों का विकेंद्रीयकरण करना, बनाई गई योजनाओं को समय पर पूरा करना, सही कार्य के लिए सही इंसान को नियुक्त करना आदि कार्य प्रबंधन का महत्त्वपूर्ण हिस्सा है।

दृष्टिकोण

कहते हैं जैसी दृष्टि वैसी सृष्टि। यह जीवन कुछ और नहीं हमारे नजरिए का खेल है। जो वक्त के थपेड़ों और अनुभवों के साथ सकारात्मक व नकारात्मक होता रहता है। लेकिन सफलता उन्हीं के कदम चूमती है जो सकारात्मक व आशावादी होते हैं। क्योंकि वक्त तथा परिस्थितियां कभी एक सी नहीं रहतीं। इसलिए हर हाल और हालात में स्वयं को सकारात्मक व आशावादी बनाए रखना किसी चुनौती से कम नहीं है। इतना ही नहीं यही एक गुण है जो एक प्रबंधक को उसके सफल प्रबंधन में उसकी मदद करते हैं।

संगठन

यदि यह सत्य है कि हम अकेले आए हैं और अकेले ही जाना है तो यह भी सही है कि आदमी समाज का एक हिस्सा है वह समूह में ही सांस लेना सीखता है और पनपता है। यही कारण है कि जब हम एकत्रित हो जाते हैं तो शक्तिशाली हो जाते हैं और बिखर जाते हैं तो खंडित हो जाते हैं। शायद इसलिए कहा भी गया है

एकता में ही शक्ति है। लेकिन एकता के भाषण देना व एक होकर रहना दोनों में जमीन-आसमान का फर्क है। जहां एक परिवार में एक छत के नीचे दो भाई या दो बहुएं एक साथ नहीं रह सकतीं, वहां हजारों लोगों का एक साथ रहना व एक ही उद्देश्य के लिए एक साथ आगे बढ़ना, नेतृत्व की क्षमता और हुनर को परिलक्षित करता है। आज एक बाप के कई बेटे भी उसकी इच्छानुसार एक दिशा में नहीं चल पाते, वहीं अपने नेतृत्व एवं व्यवहार कौशल से सबको संगठित करना व उनसे काम लेना कुशल प्रबंधन का परिचायक है। क्योंकि किसी भी कार्य को पूरा करने के लिए टीम 'एफर्ट' की जरूरत होती है। बीच में किसी की भी लापरवाही या गलती कार्य को खराब कर सकती है। सब अपनी मनमानी करेंगे अपने अनुसार चलेंगे तो कार्य को कभी भी पूरा नहीं किया जा सकता। इसलिए सब में आपसी सहभागिता एवं संगठन बनाना व बनाए रखना जरूरी है।

संतुलन

अति किसी भी चीज की हो हमेशा बुरी होती है। फिर वह चाहे कोई अच्छी चीज ही क्यों न हो। क्योंकि आदतें व लत आदि न केवल हमें बांधती हैं, बल्कि अपना गुलाम भी बना लेती हैं। जिसके कारण हमारा जीवन एकतरफा हो जाता है। इस स्थिति का काफी हद तक जि मेदार हमारा मन, उसकी चयन क्षमता व उसकी दृढ़ संकल्पता होती है। यह सब यदि एकतरफा हो तो जीवन कभी पूर्ण रूप से आकार नहीं ले पाता। क्योंकि जीवन, जन्म-मृत्यु, सुख-दुख, लाभ-हानि आदि का समावेश है। किसी भी एक तरफ होना या किसी एक को चुनना भटकना है। ऐसे में संतुलन बहुत ही जरूरी है। जो संतुलित होता है वह सुन्दर और सफल होता है। इसलिए प्रबंधन किसी भी क्षेत्र में हो प्रबंधन का संतुलित होना उसका एक विशेष गुण है। क्योंकि जहां प्रबंधन है वहां चीजें दो तरफा ही नहीं कई बार चहुं दिशाओं से भी संबंध रखती हैं। जिसमें भटकने की संभावना अधिक रहती है। ऐसे में स्वयं को उनके बीच व्यवस्थित व संतुलित रखना मुश्किल ही नहीं जरूरी भी है।

दूरदर्शिता व दिव्यदृष्टिता

बीज में वृक्ष को देख लेना, बूंद में सागर को देख लेना और आग में छुपी अग्नि और अग्नि में छुपी आग को देख लेना दूरदर्शिता व दिव्यदृष्टिता के गुण को ही दर्शाता है। और किसी भी कार्य में ये गुण मु य भूमिका निभाते हैं, क्योंकि इससे न केवल समय की खपत कम होती है। बल्कि कम समय में सही उत्पादन

व सही समय पर सही निर्णय प्राप्त किया जा सकता है। और जहां यह सब संभव है वहां सफलता हमारी मुट्ठी में होती है। बात लाभ-हानि की हो तो समय से पहले दूरदर्शिता के गुण से जाना व समझा जा सकता है। इतना ही नहीं कौन सा कार्य, कौन सा माध्यम, कौन से लोग, कौन सा समय आदि, क्या, कैसा व कितना परिणाम देगा या नहीं यह सब भी हमारी दूरदर्शिता पर निर्भर करता है। और यदि हम दूरदर्शी हैं तो न केवल स्वयं को बल्कि अपने कार्य व्यावसाय को भी शिखर पर पहुंचा सकते हैं। सही दूरदर्शिता प्रबंधन में शामिल हो जाए तो सरलता से सफल हुआ जा सकता है।

प्रणेता

उपदेश देना जितना आसान है उससे कहीं कठिन है उन उपदेशों का पालन करना। आम जिन्दगी में एक आदमी बड़े बोल तो बोल देता है लेकिन स्वयं उस पर अमल नहीं करता। उसकी कथनी और करनी, उसके वक्तव्य एवं व्यवहार में जमीन-आसमान का अंतर होता है। ऐसा इंसान भले ही आकर्षित मालूम पड़ता हो पर कभी भी किसी का प्रणेता सूत्र या आइडल नहीं बन सकता। और मालिक यानी हुकुम चलाने वाला या दूसरों से काम लेने वाला। यदि वह सिर्फ बातें करे और काम नहीं तो वह कभी भी किसी को प्रेरित नहीं कर सकता। उसकी बातों और विचारों में व्यावहारिकता होनी चाहिए। वह आराम फरोशी नहीं सक्रिय होना चाहिए, उसे स्वयं के प्रति दृढ़ संकल्पी होना चाहिए। अपने बनाए गए नियमों और योजनाओं को अमल करने वाला होना चाहिए। तभी कोई अपने साथ के या आसपास के लोगों को प्रभावित व प्रेरित कर सकता है। और यदि प्रबंधक ही निस्तेज सुस्त या प्रभावहीन हो, तो उससे जुड़े लोग व कार्य भी वैसे ही नकारात्मक परिणाम देते हैं। इसलिए प्रबंधक का प्रेरणादायी होना बहुत जरूरी है क्योंकि उसकी प्रेरणा से ही सारे कार्य व विभाग संचालित होते हैं। प्रबंधक के व्यक्तित्व में गजब की प्रेरक क्षमता होनी चाहिए ताकि वह अपने से जुड़े लोगों के बीच में प्रेरणा के साथ-साथ एक आशावादी विचार व माहौल पैदा कर सके।

संबंध प्रबंधन

इंसान एक सामाजिक प्राणी है, इस नाते वह चाहे न चाहे संबंध में बंध ही जाता है। कुछ वो रिश्ते जो उसके खून के होते हैं तो कुछ वो जो उसके प्रेम के होते हैं, उसे बनाते और बिगाड़ते हैं। इन्हीं संबंधों के बीच इंसान पलता व पनपता

है, बिखरता और निखरता है। यह संबंध मन के हों या बेमन के, जाने-अनजाने उसे निभाने ही पड़ते हैं। अपनों से बड़े-छोटे एवं बराबर वालों के साथ, सगे, घर-परिवार वालो एवं बाहर वालों के साथ कैसे जिया जाए व उन्हें कैसे खुश रखा जाए यह चुनौती पूर्ण कार्य है। सच तो यह है संबंध पारिवारिक हों या निजी, व्यक्तिगत हों या व्यावहारिक हमें इनके साथ जुड़ना ही पड़ता है व एक दूसरे से काम लेना ही पड़ता है। इंसान चाहकर भी इन सबसे कटकर अलग नहीं रह सकता। ऐसे में हर वर्ग, आयु और स्तर आदि के इंसानों से दो-चार होना पड़ता है। हमें कहीं किसी को समझना होता है तो कहीं किसी को समझाना होता है, कहीं किसी को सहना पड़ता है तो कहीं कोई हमें बर्दाशत करता है। संबंधों का यह ताना-बाना हमें एक दूसरे पर आश्रित रखता है। इसलिए कहीं न कहीं ये संबंध जीवन का आधार बन जाते हैं। और फिर यही संबंध सांसारिक हों या आध्यात्मिक यदि लड़खड़ाने लगते हैं तो हमारा मन प्रभावित होता है, मन के प्रभावित होने से हमारी दिनचर्या और फिर हमारा जीवन प्रभावित होता है। इसलिए इन संबंधों को बनाना व बनाए रखना बहुत जरूरी है, क्योंकि संबंध चाहे पारिवारिक हों या व्यावसायिक सब में आपसी मेलजोल व सौहार्द बना रहना चाहिए। क्योंकि 'टीम वर्क' में संबंधों की यही कसौटी उभर कर आती है। जो इंसान रिश्तों-नातों या अति भावुकता एवं संवेदनशीलता में बह जाता है वह कभी सफल नहीं हो सकता। इसलिए संबंधों का प्रबंधन, प्रबंधन का एक मु य एवं महत्त्वपूर्ण अंग है।

जागरूक

वक्त का कोई भरोसा नहीं है फिर वह अच्छा हो या बुरा, इसलिए देश की सीमा पर उन्हें ही तैनात किया जाता है जो हमेशा जागरूक एवं चौकन्ने रहते हैं। प्रतिस्पर्धा एवं प्रतियोगिता के इस युग में प्रबंधक का जागरूक होना बेहद जरूरी है, उसे देश, काल, परिस्थितियों का ज्ञान होना जरूरी है। भविष्य में क्या व कितना महत्त्वपूर्ण है इस बात की खबर भी उसे होनी चाहिए, कौन सा मौका कब आता है या कब आएगा उस मौके पर धावा कैसे बोला जाए, अपना काम कैसे निकाला जाए आदि? इसके लिए सूझबूझ होना और चौकन्ना रहना जरूरी है। जिस तरह लोहार जानता है कि लोहा गर्म होने के बाद कब और कहां-कहां से मुड़ता है, वैसे ही एक प्रबंधक को उस नाजुक मोड़ का पता होना चाहिए ताकि वह मुनाफा या अपना काम निकाल सके।

हर फसल का एक मौसम होता है, ऐसे ही हर कार्य का एक समय होता है और यदि उसे उसी समय पर सही ढंग से किया जाए तो ही वह मुनाफा देता है। इसलिए समय की बारीकी को समझना, संबंधित साधनों की परख रखना जागरुकता के लक्षण हैं और यही जागरुकता प्रबंधन के जरिए प्रबंधक को सफलता हासिल कराती है। समय के रहते जो लोग समय पर कार्य नहीं कर पाते उनके हाथ हमेशा असफलता लगती है। इसलिए समय की नब्ज को पहचानना व उसका भरपूर उपयोग करना किसी प्रबंधक के लिए बेहद जरूरी है। इसके लिए जागरूक रहना जरूरी है।

गहरी याददाश्त

माना कि यादों के सहारे जीना कमजोरी का लक्षण है परन्तु गहरी याददाश्त का होना एक कुशल प्रबंधक के लिए जरूरी है। क्योंकि स्मरण शक्ति जितनी तीव्र और गहरी होगी कार्य को उतनी ही सरलता से परिणाम तक पहुंचाया जा सकता है। आखिर कैलकुलेटर, क प्यूटर की यही तो सुविधा है जिसमें हम अपना मनचाहा डाटा, योजनाएं, सारणी आदि चीजों को स्टोर रखते हैं। परन्तु बिना क प्यूटर के सब कुछ याद रखना और न केवल याद रखना बल्कि उसका समय पर सही उपयोग करना बहुत मुश्किल है। ऐसे में मस्तिष्क ही है जिसमें हम अपनी सारी पूर्व और भविष्य की योजनाओं, पुराने आंकड़े एवं लेखा-जोखा के विवरण को संजोए रखते हैं। न केवल यह सब बल्कि जो कुछ भी हमने जीवन पर्यन्त पढ़ा, लिखा, सुना व सीखा है फिर वह व्यावहारिक ज्ञान हो या आध्यात्मिक नीतियां, शास्त्रों से लेकर लोगों के नाम तक सब कुछ इसी मस्तिष्क की याददाश्त का खेल है। और यदि याददाश्त तीव्र हो तो यह आड़े वक्त पर सफलता का सूत्र बन जाती है।

आत्म प्रबंधन

किसी ने ठीक ही कहा है स्वयं परिवर्तन तब जगत परिवर्तन यानी दूसरों को सुधारने या परिवर्तित करने से पहले हमें स्वयं को परिवर्तित करना चाहिए। यही सुनहरा नियम एक प्रबंधक के लिए जरूरी होता है क्योंकि कोई प्रबंधक दूसरे का प्रबंधन तभी कर सकता है जब वह खुद प्रबंधित हो। जो 'सेल्फ मैनेज्ड' नहीं होता वह दूसरे को मैनेज क्या करेगा? यानी जो स्वयं अस्त-व्यस्त है वह दूसरे व उनसे जुड़ी गतिविधियों को क्या व्यवस्थित करेगा? इसीलिए सेल्फ मैनेजमेंट यानी आत्म-प्रबंधन स्वयं को अनुशासन में रखना, नियमबद्ध रखना, अपने बनाए

हुए मार्गों पर चलना, समय के मूल्य को समझना, अपनी दिनचर्या एवं जीवन को संतुलित रखना, विचारों एवं वाणी पर संयम रखना ही है।

चुनौतियां हों या संघर्ष, वक्त के मोड़ और पड़ावों के साथ किसको, कैसे जीना चाहिए यह सिखाने से पहले सिखाने वाले को खुद उसकी व्यावहारिकता पर अमल करना चाहिए। और यह अमलता बिना आत्मानुशासन के संभव नहीं है। और यही आत्मानुशासन आत्म प्रबंधन की रीढ़ है। जो स्वयं सबल होगा वही दूसरों को सबलता प्रदान कर सकता है। इसलिए किसी संघ, संस्था या कार्य आदि के प्रबंधन से पहले प्रबंधक के अन्दर आत्म-प्रबंधन के गुणों का होना अनिवार्य है। वरना संबंधित समूह या कार्य कभी भी अपने अंजाम तक नहीं पहुंच सकते।

कुशल श्रोता

अंग्रेजी में एक कहावत है 'If you want to become a good speaker, you should be a good listener' अर्थात् यदि हमें सफल वक्ता बनना है तो हमें एक अच्छा श्रोता होना जरूरी है। और प्रबंधन के मामले में तो प्रबंधक का एक अच्छा श्रोता होना बहुत ही जरूरी है। क्योंकि उसे बहुत कुछ न केवल सुनना पड़ता है। बल्कि उन बातों पर चिंतन मनन भी करना पड़ता है। यदि श्रवण ठीक नहीं होगा तो उससे जुड़े विचार-विमर्श भी गलत साबित होंगे। इतना ही नहीं प्रबंधक का एक अच्छा श्रोता होना इसलिए भी जरूरी है क्योंकि कई बार प्रबंधक अधैर्य एवं उतावलेपन में कही गई बात को बिना पूरा सुने या जाने बहुत कुछ गलत कर बैठता है। जिसका खामियाजा न सिर्फ प्रबंधक को बल्कि पूरे समूह या संघ को भुगतना पड़ता है। और तो और प्रबंधक को कान का कच्चा भी नहीं होना चाहिए, क्योंकि जहां समूह होता है वहां पर चुगली, निंदा जैसी चीजें भी खुद-ब-खुद उभरने लगती हैं। ऐसे में किसने, किसके लिए क्या कहा, क्यों कहा, किसने, किसके कान भरे आदि इन बातों पर भी सोच-समझकर प्रबंधक को निर्णय करना चाहिए। यह नहीं कि गुस्से या तैश में आकर किसी का भी दिल दुखा दिया या कोई गलत निर्णय ले लिया। और यह सब तभी संभव है जब प्रबंधक एक अच्छा श्रोता हो, सामने वाले की बात को धैर्य से सुनता हो, सबकी बातों को तवज्जो देता हो और फिर पूरी बात सुनकर ही कोई निर्णय लेता हो। यही गुण एक अच्छे प्रबंधक की उसके प्रबंधन में मदद करते हैं। इसलिए एक सफल प्रबंधक का एक अच्छा श्रावक होना बेहद जरूरी है।

निर्णय क्षमता

जीवन विरोधाभासों का नाम है तो द्वैत का मायाजाल भी यहां पर सब कुछ संभव है और जहां कुछ भी संभव हो वहां पर हर चीज की संभावनाएं खुद-ब-खुद प्रकट हो जाती हैं यानी सुख-दुख, लाभ-हानि, हार-जीत, सकारात्मकता-नकारात्मकता, हां-ना आदि। इस बिखराव में, इस द्वंद्वता में और जो चारों ओर मौजूद है। सारा खेल चयन का रह जाता है। हम किसे, कब, क्या और क्यों चुनते हैं हमारा चयन हमारे चलने की दिशा निर्देशित करता है और यह चयन कुछ और नहीं हमारी निर्णय क्षमता का प्रतिबिंब है।

इंसान चाहे कितना ही मेहनती या कर्मठ ही क्यों न हो उसका एक गलत निर्णय उसे जीवन भर भारी पड़ सकता है। और जहां सवाल प्रबंधन का हो वहां तो निर्णय लेने की क्षमता प्रबंधक में होनी ही चाहिए। यदि प्रबंधक असमंजस या कमकश में हो तो वह कभी भी सही समय पर सही निर्णय नहीं ले सकता, जिसका भुगतान उसे व पूरे कार्य या संघ को करना पड़ता है।

इतना ही नहीं प्रबंधक की निर्णय क्षमता उसके भविष्य के उत्थान-पतन की ओर भी इशारा करती है। क्योंकि वर्तमान में लिए गए निर्णय बेशक वर्तमान में लाभप्रद हों लेकिन उनके दूरगामी परिणाम नुकसानदेह हो सकते हैं। इसीलिए निर्णय सिर्फ वर्तमान को देखते हुए ही नहीं करना चाहिए बल्कि उसके अन्य पक्ष भी देखने चाहिए। निर्णय कभी भी किसी भावुकता, जोश, दबाव या किसी सिफारिश के चलते नहीं लेना चाहिए। किसी को खुश रखने के लिए या किसी दबाव में किया गया निर्णय नुकसानदेह साबित हो सकता है। ऐसे में सभी संबंधों, परिस्थितियों एवं हालातों से ऊपर उठकर निर्णय लेने की क्षमता होनी चाहिए। और जो इंसान ऐसे निर्णय लेने की क्षमता रखता है वही एक सफल प्रबंधक साबित हो सकता है।

कुशल वक्ता

सृष्टि के कण-कण में ध्वनि है, संगीत है, लय है कुछ भी मूक नहीं, हर चीज में गति है, तरंग है। इन ध्वनियों का वही महत्व है जो जीवन में शब्दों का, बोली का, आवाज का। यदि शब्द नहीं होते तो बोल नहीं होते और बिना बोली के जीवन एकदम नीरस और रंगहीन हो जाता। यही बोली है जिसके रहते एक व्यक्ति दूसरे व्यक्ति से अपने संवाद स्थापित कर पाता है। और न केवल संवाद बल्कि अपने विचारों का आदान-प्रदान भी कर पाता है। सच तो यह है कि मनुष्य

की बोली ही मनुष्य को पशुओं से भिन्न बनाती है और बोलने का यही हुनर किसी को कुशल वक्ता बनाता है।

हम क्या व कैसा बोलते हैं इसका सीधा प्रभाव सामने वाले के मन-मस्तिष्क पर पड़ता है। बातों के ही माध्यम से हम सामने वाले तक अपने विचार पहुंचा सकते हैं, अपने विचार समझा सकते हैं। अगर बोलने का गुण न हो, तो किसी दूसरे को अपनी बात बता पाना व अपने हक में उसे कर पाना मुश्किल है। प्रबंधन की दुनिया में तो बोली एक हथियार की तरह है। क्योंकि हमारी प्रभावपूर्ण भाषा ही किसी को सबसे पहले प्रभावित करती है। हम कैसे हैं, क्या हैं, कैसे हमारे विचार व कल्पनाएं हैं? आदि यह सब हम अपने वक्तव्य के द्वारा ही सामने वाले को समझा पाते हैं। और यही बोली होती है जो बनी-बनाई बात भी बिगाड़ सकती है। आपसी संबंध खराब कर सकती है। ऐसे में अपने शब्दों और वाक्यों पर नियंत्रण जरूरी है।

यदि आप एक कुशल वक्ता हैं तो आपके आधे काम स्वत: ही बन सकते हैं। जितना लोग आपको व आपके विचारों को समझेंगे उतना आप अपने लक्ष्य पर सरलता से पहुंच सकते हैं। किसी भी प्रबंधक के वक्तव्य में मार्गदर्शन एवं नेतृत्व के साथ-साथ सामने वाले को जगाने का जोश एवं उसे रूपांतरित करने का हुनर भी होना चाहिए। न केवल सामने वाला आपकी बातों को सुने बल्कि उससे सहमत भी हो। अपने विचारों से सामने वाले को सहमत करा पाना ही एक कुशल वक्ता का विशेष गुण है। और यही विशेष गुण प्रबंधन में एक प्रबंधक के लिए जरूरी है।

व्यावहारिकता

मनुष्य एक संवेदनशील प्राणी है। इसलिए कहीं न कहीं भावनाएं उसे घेरे ही रहती हैं, भावनाएं ही मनुष्य को जिंदा रखती हैं। परन्तु भावुकता या अति भावुकता मनुष्य को आगे बढ़ने की बजाए पीछे भी धकेल देती है। संबंधों की दुनिया में भावुकता जरूर कारगर साबित हो सकती है, परन्तु प्रबंधन के जगत में भावुकता रोड़े अटका सकती है। हर जगह दिल से किए गए निर्णय काम नहीं आते। प्रबंधक को देशकाल व परिस्थिति के अनुसार कई निर्णय व्यावहारिकता को ध्यान में रखकर करने पड़ते हैं। इतना ही नहीं कभी-कभी तो हर प्रबंधक को सार्वजनिक हित के लिए अपनी भावनाओं एवं संवेदनाओं के विपरीत जाना पड़ता है। समय और हालातों की मांग के अनुसार जो

प्रबंधक स्वयं को नहीं ढालता वह कभी भी सफल प्रबंधक नहीं बन पाता। प्रबंधक को चाहिए कि जरूरत अनुसार अपने नियमों को बदलें, नई तकनीक को स्वीकारे। वैज्ञानिक दृष्टिकोण के साथ-साथ समय की मांग एवं प्रतियोगिताओं को भी पहचाने, पुरानी चली आ रही योजनाओं को नई चुनौतियों के साथ स्वीकार करे। इसके लिए भावुकता को एक तरफ रख के योग्यता एवं क्षमता अनुसार नए लोगों को नई जि मेदारियां सौंपे।

ग्रहणशीलता

बात ज्ञान की हो या मौकों की सभी कुछ हमारे चारों ओर उपलब्ध है। लेकिन इंसान को उसे ग्रहण करने की कला आनी चाहिए। ग्राहकता एक विशेष गुण है। जिनके अंदर ग्रहण करने की उत्कंठा होती है वह कभी नहीं हारते, उनका जीवन एक सतत् बहती धारा होता है। क्योंकि वह हर कदम व मोड़ पर कुछ न कुछ सीखने को तैयार होते हैं। देने वाली फिर प्रवृत्ति हो या परमात्मा, गुरु हो या अस्तित्व देने वाले से ज्यादा ग्रहण करने वाले की क्षमता भी मायने रखती है। हम क्या, कैसे व कितना ग्रहण करते हैं ये हमारे ग्राहयता भाव पर निर्भर करता है। जितना हमारा स्वीकार का भाव बढ़ता है उतने ही हम समृद्ध होते चले जाते हैं।

ग्रहण शीलता का यह गुण जितना व्यापक है उतना ही जटिल भी क्योंकि हम बड़ों से तो सरलता से कुछ भी सीखने को तैयार हो जाते हैं। परन्तु छोटों से सीखने में हमें आपत्ति होती है। तारीफ को तो हम सरलता से गले लगा लेते हैं परन्तु आलोचना एवं कमियों को हम स्वीकार नहीं कर पाते, दूसरों के कार्यों में हम दखलअंदाजी तो आराम से कर लेते हैं पर कोई हमें हमारे कार्य में सुझाव दे यह हम स्वीकार नहीं कर पाते। परन्तु एक अच्छा व सफल प्रबंधक अपने स्वीकार एवं ग्रहण करने के दायरे को सदा खुला व विस्तृत रखता है। वह कुछ भी, किसी से, कभी भी सीखने, जानने या समझने में नहीं झिझकता। वह हर अनुभव एवं विचार का खुला स्वागत करता है। इतना ही नहीं बल्कि वह अपनी ग्रहण करने की क्षमता को दिन पर दिन बड़ा करता जाता है ताकि वह अपनी प्रशंसा के साथ-साथ लोगों के सुझाव, शिकायतें एवं आलोचना को भी स्वीकार सके। प्रबंधक यदि ग्राहकता का भाव हटा दे तो वह कभी आगे नहीं बढ़ सकता है। इसलिए हर स्थिति-परिस्थिति, हर निंदा-प्रशंसा, हर हाल-हालात में उसे सत्य एवं व्यावहारिकता को स्वीकार करना आना चाहिए।

कर्मठता

सपने तो बहुत लोग देखते हैं पर उन्हें पूरा कर पाना हर एक के बस की बात नहीं, क्योंकि कहीं न कहीं उनके सपने में और उस सपने के साकार मूर्त रूप में बहुत कुछ घट जाता है। कभी उद्देश्य बदल जाते हैं तो कभी मेहनत का डर रुकावट बन जाता है। कभी जल्दबाजी का भाव आड़े आ जाता है तो कभी एक-एक काम को करते-करते मन ऊब जाता है। इसलिए किसी भी कार्य को अंजाम तक पहुंचाने के लिए प्रबंधक में कर्मठता का गुण कूट-कूट कर भरा होना चाहिए। यानी अपने कार्य के प्रति लगन, धैर्य, त्याग, दृढ़ता एवं एकाग्रता आदि खत्म नहीं होनी चाहिए। मेहनत करने का जुनून व आगे निकलने का जज्बा कभी भी ढीला या कमजोर नहीं पड़ना चाहिए। मार्ग में चाहे कितनी भी विपत्तियां, चुनौतियां या संघर्षों का सामना क्यों न करना पड़े अपने कर्म एवं जि मेदारियों से उन्मुख नहीं होना चाहिए। अपने कार्य को पूजा समझकर करना चाहिए यहां तक कि अपने कार्य के लिए स्वयं के सुखों का बलिदान भी करना पड़े तो हिचकिचाना नहीं चाहिए। कड़ी मेहनत से कभी नहीं बचना चाहिए। स्वयं के साथ-साथ अपने से जुड़े लोगों को भी साथ-साथ ऊर्जान्वित करते रहना चाहिए तथा निराशा एवं हताशा के माहौल में काम करने की लगन को धुंधला नहीं पड़ने देना चाहिए तभी उद्देश्य तक पहुंचा जा सकता है। यही कर्मठता प्रबंधन का एक अनूठा हथियार है।

टाइम मैनेजमेंट
(समय प्रबंधन)

कहते हैं समय बड़ा बलवान है यही जीवन का आधार है यदि हमने इसको समझ लिया, इसका सदुपयोग कर लिया तो हमारा जीवन व व्यक्तित्व सभी कुछ निखर जाएगा। इसलिए इसके सदुपयोग एवं प्रबंधन पर हमेशा जोर दिया जाता है। पर कुछ भी हम तभी करते हैं या कर सकते हैं जब हमें उसका महत्त्व पता हो, उसकी ताकत का अंदाजा हो। इसलिए समय का प्रबंधन हम क्यों करें, इसका क्या लाभ है, इसका कैसे व कहां उपयोग किया जा सकता है? आदि। यह सब प्रश्न मन में तभी आ सकते हैं जब हमें समय का अर्थ पता हो, उसका जीवन में महत्त्व पता हो। प्रबंधन भी हम तभी कर पाएंगे यदि हमें पता चल जाए कि यह कितना कीमती और जरूरी है। इसलिए समय प्रबंधन से पहले जरूरी है कि इसके सही अर्थ व महत्त्व को समझा जाए ताकि बिना किसी बाध्यता एवं हठ के सरलता से इसका प्रबंधन किया जा सके।

समय का अर्थ और महत्त्व

समय का अर्थ घड़ी में बजने वाले मिनट या घंटे से नहीं है और न ही दीवार पर लटकते पंचांग में खिसकती तारीखों से है। हां, हम समय को बांटते जरूर हैं कभी भूत-भविष्य में तो कभी सतयुग और कलयुग आदि में परंतु यह समय की परिभाषा नहीं। समय यानी जो है, अभी है, जो चल रहा है। जिसमें हम हैं, जहां हम हैं, जो हम अभी जी रहे हैं। बस उतना ही। माना यह हम से पहले भी था और हमारे बाद भी रहेगा। मगर जो हमारा नहीं, जिसमें हम नहीं, वह समय नहीं। इसलिए अन्य अर्थों में समय यानी जीवन। जिसे हम रोज-रोज हर पल जीते हैं। समय और जीवन दो अलग-अलग नाम नहीं एक दूसरे के पर्यायवाची हैं, एक ही सिक्के के दो पहलू हैं। किसी एक की न तो अपनी अलग पहचान है न ही अलग परिभाषा। दोनों एक साथ घटते-बढ़ते हैं। समय काटना यानी जीवन जीना और जीवन जीना यानी समय बिताना। यही कारण है हमने, हमारी संस्कृति ने

जीवन और, समय को 'काल' कहकर भी संबोधित किया है। न केवल समय और जीवन को बल्कि जीवन का दूसरा सिरा यानी मृत्यु को भी हमने काल कहा है। यह सब संयोगवश नहीं है, यह तर्कयुक्त एवं अर्थपूर्ण है, वरना अंग्रेजी में इन्हें टाइम, लाईफ और डेथ कहकर जाना, परिभाषित व वर्गीकृत किया जाता है।

ऊपरी व स्थूल रूप से यह तीनों भिन्न लगते हैं परन्तु यदि सूक्ष्म स्तर पर देखा जाए तो यह तीनों न केवल एक-दूसरे से जुड़े हैं बल्कि एक ही रूप हैं। जैसे-जैसे समय चुकता है वैसे-वैसे जीवन चुकता जाता है और जितना जीवन चुकता जाता है मृत्यु उतनी ही करीब आती जाती है।

समय को व्यर्थ करना यानी जीवन को व्यर्थ करना। समय जो चला गया चला गया। रोने-पीटने से कभी गुजरा वक्त नहीं आता। समय इतना निजी एवं व्यक्तिगत है कि वह किसी को दिया या लिया नहीं जा सकता। जैसे किसी दूसरे से जीवन नहीं मांगा जा सकता न अपनी आयु मांगी जा सकती है वैसे ही जो समय गया-गया, उसे पुन: भरने का कोई उपाय नहीं।

समय और जीवन चूंकि दोनों एक ही हैं इसलिए इनका स्वभाव व परिणाम भी एक ही है। दोनों ही रहस्यमयी हैं अगले पल क्या लिखा है पता नहीं। कल क्या होगा, नहीं होगा? तय करना मुश्किल है। जो है, अभी है, वर्तमान में है, यालों और कल्पनाओं में नहीं। समय पल-पल बहुत तेज गति से भागता और बदलता है। वह हमारी इच्छानुसार नहीं बदलता हमें स्वयं को उसके अनुसार ढालना पड़ता है। वह हमारे लिए नहीं रुकता हमें उसके साथ कदम से कदम मिलाना पड़ता है। हमारा जीवन सीमित है मगर हमारी वासनाओं की कोई सीमा नहीं। वह वक्त के पिंजरे में कैद है। कैसे हो समय और सपनों का तालमेल? कैसे करें सीमित समय का असीमित उपयोग? इसके लिए जरूरी है समय का प्रबंधन।

हम सभी के पास एक ही जीवन होता है। इसी जीवन में हम बनते हैं, बिगड़ते हैं, जीतते हैं, हारते हैं। हम क्या हैं, क्या हो सकते हैं यह सब हमारे ऊपर निर्भर है। हमने समय का, जीवन का उपयोग कैसे किया है यह हमारे परिणाम बताते हैं।

समय को लेकर लोगों को सदा शिकायत रही है या तो किसी के पास इतना समय है कि उसका समय नहीं कटता या फिर कोई इतना व्यस्त है कि उसको समय नहीं मिलता। समय न कट पाने या न मिलने की शिकायत का मतलब ही यह है कि कहीं न कहीं समय का कोई प्रबंधन नहीं है।

छोड़ें किस्मत का रोना। समय को अपना बनाएं, उसका भरपूर प्रयोग करें। यदि समय को हमें अपना बनाना आता है तो न केवल वर्तमान हमारा है, बल्कि

इतिहास और भविष्य भी हमारा होगा। इसलिए समय के महत्त्व को समझें व उसका प्रबंधन करें।

बहरहाल, जब तक हम हैं जीवन हमारा है, समय हमारा है। बस हमें जीवन जीने की कला सीखनी है। समय का प्रबंधन सीखना है। समय से समय को ऐसे चुराना है कि समय को भी पता न चले। वही है समय प्रबंधन।

वर्गीकरण व चयन

हमें समय प्रबंधन क्यों और किसके लिए करना है? पहले यह मालूम होना आवश्यक है। यानी हमें अपना उद्देश्य व परम उद्देश्य पता होना चाहिए। साथ ही यह पता होना चाहिए कि हम उस उद्देश्य प्राप्ति के लिए क्या करे रहे हैं। हम कितने केंद्रित व संजीदा हैं। जितना वक्त हम उस कार्य को दे रहे हैं क्या वह उससे कम समय में हो सकता है? क्या हम अपने लक्ष्य को अपना सौ प्रतिशत दे रहे हैं? आदि-आदि।

इसके लिए आप एक कागज-कलम उठाएं और अपनी जरूरतें, सपने, इच्छाएं व उद्देश्य आदि लिखें। फिर उनमें से उन विषयों को चुनें व रेखांकित करें जो आपके जीवन में जरूरी ही नहीं बेहद जरूरी हैं। जिसका प्रभाव आपके पूरे जीवन पर व पूरे व्यक्तित्व पर पड़ता है। इसलिए पुनः नई सूची बनाएं और उन्हें क्रमांक दें।

व्यावहारिक व निष्पक्ष होकर पूरी ईमानदारी के साथ सूची के प्रथम विषय के बारे में मूल्यांकन करें। इसके लिए आप पुनः कागज-कलम उठाएं और दिनभर की अपनी चर्चा या कार्य आदि लिखें। सुबह उठने से लेकर रात सोने तक आप क्या-क्या करते हैं तथा किस कार्य को कितना महत्त्व देते हैं? और जिसे आप वक्त देते हैं उससे आपको क्या मिल रहा है? पूरे दिन के समय का विश्लेषण करें। अब आप देख सकते हैं कि आपका समय जा कहां रहा है? कहां किस क्षेत्र में लग रहा है?

समय का सही ढंग से प्रबंधन तभी हो सकता है जब हमें पता हो कि हमारे हाथ में समय कितना है, कितना समय हम कहां और कैसे व्यर्थ कर रहे हैं, जिसमें हमारी दोनों सूचियां मदद करेंगी।

ऊर्जापूर्ण समय खोजें

चौबीसों घंटे कोई भी पूर्ण ऊर्जा व जोश से नहीं भरा रहता। दिन में कुछ घंटे अवश्य ऐसे होते हैं जब हम स्वयं को ताजा व ऊर्जावान महसूस करते हैं। उस समय का निरीक्षण करें और साथ ही यह सोचें कि क्या आप उस बेहतर ऊर्जा

का प्रयोग किसी बेहतर कार्य में कर रहे हैं? जो समय आपको सबसे जल्दी और अच्छा परिणाम दे सकता है क्या उस समय का आप भरपूर लाभ उठा पा रहे हैं? यदि नहीं तो ऐसा करके देखें। ऐसा करके न केवल आप अपनी ऊर्जा और वक्त को बचाएंगे बल्कि अपने निर्धारित लक्ष्य को भी पूरा होता देख पाएंगे।

समय सारणी बनाएं

कार्यों को उनके महत्त्वानुसार वर्गीकृत करें तथा प्राथमिकता दें, फिर उनके अनुसार 'टाइम टेबल' बनाएं। किस समय कौन सा कार्य करना है, कितनी देर तक करना है, कब-कब करना है आदि सबका टाइम टेबल बनाएं।

दृढ़ रहें

जो भी आपने टाइम टेबल बनाया है उसके प्रति दृढ़ रहें। कोशिश करें कि उसी के अनुसार चलें। किन्हीं कारणों से मन डांवाडोल हो, तो मन को एकाग्र कर उसी कार्य पर ध्यान केंद्रित करें जिसे आपने टाइम टेबल में रेखांकित किया है। कोई भी कार्य शुरू-शुरू में कठिन व अजीब लगता है लेकिन यदि एक बार आपने इसकी आदत डाल ली तो यह आपके जीवन का एक हिस्सा बन जाएगा जो आपको सदा अच्छे फल देगा।

दिन का मूल्यांकन करें

रोज रात को सोने से पहले क्या पाया क्या खोया का मूल्यांकन करें। इसके लिए रोज सुबह कार्यों की प्राथमिक्तानुसार एक सूची बनाएं कि आज दिन में क्या-क्या करना है तथा रात में उस सूची को पुनः देखें कि कौन-कौन से कार्य आपने कर लिए हैं तथा कौन से कार्य रह गए हैं। न सिर्फ रह गए हैं बल्कि क्यों, किन कारणों से रह गए हैं, सोचें। समय कम था या हमारा सामर्थ्य कम था? हमने समय को व्यर्थ किया या कार्य ही कुछ टेढ़ा था? आदि-आदि इन सबका मूल्यांकन करें तथा जो कार्य रह गए हैं उन्हें कल की सूची में शामिल करें और कल पुनः इस प्रक्रिया को दोहराएं।

पूर्व नियोजन

किसी भी कार्य को यूं ही बिना सोचे-समझे या जोश-जोश में देखा-देखी करके आरंभ न करें। इससे न केवल विफलता हाथ लगती है। बल्कि समय भी व्यर्थ जाता है इसलिए हर कार्य का पहले एक प्रारूप या खाका तैयार करें। योजनाबद्ध ढंग से कार्य करें। मार्ग में आने वाली बाधाओं एवं समस्याओं को

किसी वरिष्ठ या अनुभवी से जानने की कोशिश करें। कार्य को कार्यान्वित करने से पहले अपने 'होम वर्क' यानी गृह कार्य को भी करके रखें। आपातकालीन परिस्थितियों को समझें। मार्ग की चुनौतियों के प्रति सतर्क रहें। पूर्व नियोजित एवं व्यवस्थित ढंग से ही कार्य प्रारंभ करें।

कार्य विभाजन

समय का अधिक से अधिक उपयोग हो इसके लिए जरूरी है कार्य एवं जि मेदारियों का विभाजन। सभी कार्य स्वयं न करें। ऐसे छोटे-मोटे कार्य जो आपकी ऊर्जा और समय को निरर्थक व्यय करते हैं वह कार्य किसी और को सौंपे। हर कार्य में अपनी ऊर्जा न दें वह आपकी ताकत और समय को निगल लेगा। स्वयं तय करें कि कौन से कार्य ऐसे हैं जिन्हें दूसरा भी कर सकता और सहयोगी हो सकता है। वह जि मेदारी उसे दें और स्वयं के लिए वक्त की बचत करें।

अपना रिकॉर्ड तोड़ें

इस बात पर गौर करें कि जो भी कार्य आप कर रहे हैं या करते आ रहे हैं क्या उसे और बेहतर ढंग से किया जा सकता है? अ यास करें ताकि कम समय में कार्य को निपटाया जा सके और समय बचाया जा सके।

एक साथ कई कार्य करें

यूं तो एक समय पर एक ही कार्य करने की हिदायत दी जाती है। परंतु जो कार्य एक जैसे हों या एक साथ किए जा सकें उन्हें एक साथ करें। मान लीजिए कि आपको टीवी पर कोई फिल्म देखनी है, कपड़े भी प्रेस करने हैं, बालों में कलर करना है या अपनी अलमारी/रैक ठीक करना है, कुछ पुराने कागजों में से कुछ काम का ढूंढना है आदि इन सभी कार्य को आप टीवी देखते-देखते या रेडियो सुनते-सुनते एक साथ भी कर सकते हैं।

या फिर बाहर किसी दोस्त से मिलना है, बाजार से कुछ सामान लाना है, बिल जमा करना है, बैंक जाना, नल खराब है, खरीदना है, आदि इन सभी को एक साथ एक दिन में एक ही रूट अनुसार पूरा करने की कोशिश करें, इससे समय बचेगा।

'न' कहना सीखें

इंसान एक संवेदनशील प्राणी है। हम न तो 'न' सुनना पसंद करते हैं 'न' ही न करने का साहस जुटा पाते हैं, जिसके चलते हम कई ऐसे कार्यों में न चाहते हुए भी उलझ जाते हैं जो हमसे हमारा कीमती वक्त ले जाते हैं। दूसरे की फिक्र में

स्वयं को उस कार्य का भी हिस्सा बनने देते हैं। जिससे हम कई बार सहमत भी नहीं होते। फिर चाहे घूमना-फिरना हो या बातें करना, किसी का दुखड़ा सुनना हो या किसी को मनाना-समझाना आदि। इसलिए कुछ जगहों पर जहां न कहना जरूरी हो 'न' करना सीखें ताकि उस समय को बचाकर किसी सही दिशा व कार्य क्षेत्र में लगाया जा सके।

मनोरंजन का समय

समय प्रबंधन का मतलब यह नहीं कि जीवन से मनोरंजन व हास-परिहास ही विदा हो जाए। इसलिए अपने टाइम टेबल में कहीं न कहीं मनोरंजन का समय भी रखें। इससे मन तनाव मुक्त व तन चुस्त रहता है। यदि हमारा तन-मन स्वस्थ रहेगा तो हम न केवल समय का भरपूर उपयोग कर पाएंगे बल्कि बिना किसी तनाव के हम कार्य को समय पर संपन्न कर पाएंगे। इसलिए निरंतर कार्य के बीच थोड़ा-थोड़ा ब्रेक भी लें। कुछ मनोरंजन के पल खोजें।

अफसोस नहीं निश्चय

गलतियां सबसे होती हैं पर इन गलतियों से सीख लें। यदि आपको लगता है कि कहीं किसी चीज या कार्यक्षेत्र आदि में आपने समय व्यर्थ गंवाया है तो उस बात को स्वीकारें, जागें और आगे बढ़ें। अफसोस, ग्लानि या पछतावे में आगे के वक्त को खराब न करें। जो हो गया सो हो गया। आगे के लिए दृढ़ निश्चयी हों। अफसोस करने से अफसोस और बढ़ेगा तथा समय और हाथ से जाएगा इसलिए आने वाले समय पर ध्यान दें।

समय बढ़ाएं

समय तो सबके पास वही चौबीस घंटे का होता है परन्तु हमारा आलस व गैर प्राथमिक कार्य समय को छोटा कर देते हैं। हम सुबह जल्दी उठ सकते हैं, रात को कुछ सोना कम कर सकते हैं। टी.वी. खेलकूद तथा गप्पे आदि से थोड़ा-थोड़ा वक्त बचाकर अपना समय बढ़ा सकते हैं।

सीखने का जज़्बा

कुछ नया करने का, नया सीखने का जोश रखें। रिस्क लेने से घबराएं नहीं। जितना जोखिम उठाएंगे, नया करने को लालायित रहेंगे उतना समय और जीवन का उपयोग कर पाएंगे।

विज़न मैनेजमेंट
(दृष्टिकोण प्रबंधन)

यह जीवन कुछ और नहीं हमारे नजरिये का, हमारे दृष्टिकोण का खेल है, जिसे हम सुख-दुख, लाभ-हानि या भाग्य-दुर्भागय आदि कहकर संबोधित करते हैं। कहते हैं 'जैसी नजर वैसे नजारे', 'जैसी दृष्टि वैसी सृष्टि' सब कुछ हमारे दृष्टिकोण पर ही निर्भर है और दृष्टिकोण हम पर। अब प्रश्न उठता है कि दृष्टिकोण हमें बनाता है या हम दृष्टिकोण को। क्योंकि कुछ लोग मानते हैं कि जैसे हमारे अनुभव होते हैं, जैसा हमारे साथ हमारे जीवन में घटता है वही हमारा इस जन्म व जीवन के प्रति दृष्टिकोण हो जाता है यानी हमारे जीवन में यदि सुख हाथ लगता है तो हमारा दृष्टिकोण सकारात्मक हो जाता है और यदि ठीक इसके विपरीत हमें जीवन में दुख-तकलीफ हाथ लगती है तो हमारा दृष्टिकोण नकारात्मक हो जाता है। तो कुछ लोग हैं जो हमें हमारे जीवन के परिणाम हमारे दृष्टिकोण के कारण प्राप्त हैं। सच तो यही है कि यदि हमारा दृष्टिकोण सही व सकारात्मक है तो हमको दुख भी दुख जैसा नहीं लगता, सबक जैसा लगता है। रूकावटें बाधाएं नहीं हौसला पैदा करती हैं, जीवन हमें संघर्ष नहीं परीक्षा लगता है। दृष्टिकोण सही है तो मनुष्य कंकड़ में भी शंकर देख सकता है। तभी तो कहा गया है-'जाकि रही भावना जैसी, प्रभु मूरत देखी तिन जैसी।'

परन्तु अधिकतर लोग तो यही मानते हैं कि दृष्टिकोण को हम नहीं बनाते, वह तो हमारे जीवन के अनुसार बनता-बदलता रहता है। इसलिए वह अपने दृष्टिकोण पर ध्यान नहीं देते, जबकि सच तो यह है कि दृष्टिकोण को भी परिवर्तित, प्रबंधित व रूपांतरित किया जा सकता है।

सच तो यह है कि दृष्टिकोण का प्रबंधन अति आवश्यक है। क्योंकि दृष्टिकोण का अन्य अर्थों में अर्थ ही प्रबंधन है। यदि हमारी सोच या नजरिया एक बार नकारात्मक ढंग से प्रबंधित हो गया तो हमारा दृष्टिकोण भी नकारात्मक हो जाएगा। इसलिए बहुत जरूरी है कि हम अपनी सोच का सकारात्मक प्रबंधन

करें ताकि हमारा दृष्टिकोण भी सकारात्मक हो सके। दृष्टिकोण सकारात्मक हो, इसके लिए नि न विषयों एवं विचारों का प्रबंधन आवश्यक है।

सब कुछ जरूरी है- इस जीवन में कुछ भी ऐसा नहीं जो बेकार या गैरजरूरी हो। हां यह बात अलग है कि कोई चीज यदि हमारे अनुसार नहीं तो हम उसे निरर्थक व बेबुनियादी मान लेते हैं। सच तो यह है कि जीवन में जो कुछ भी है वह सब जरूरी है, फिर वह दुख हो या सुख। प्रकृति कहो या परमात्मा उसने ऐसी कोई चीज नहीं रची जो हमारे लिए हितकारी न हो। फूल के साथ कांटा तथा रात के साथ दिन, हर चीज संतुलित रूप में विद्यमान है। हां, हम क्या कब चाहते हैं व स्वीकार करते हैं, हमारी यह इच्छा जरूर बीच में बाधा उत्पन्न कर सकती है। ध्यान रहे जो चीज हमारे लिए अच्छी होती है, वह किसी दूसरे के लिए बुरी हो सकती है और जो चीज हमारे लिए बुरी हो वह किसी दूसरे के लिए अच्छी साबित हो सकती है। इसका मतलब बुरा कुछ नहीं होता, हमारा दृष्टिकोण, नजरिया व स्वीकार भाव अच्छा-बुरा होता है। जो पत्थर हमारे लिए रुकावट है वह पत्थर किसी शिल्पकार के लिए उपहार सिद्ध हो सकता है। 'आग से गुजरकर सोना कुंदन बनता है, दबाव से गुजरकर कोयला हीरा बनता है, कीचड़ से गुजरकर कोई फूल कमल बनता है।' आग, दबाव, कीचड़ कुछ भी खराब नहीं, कुछ भी निरर्थक नहीं। नींव में लगी ईंटें नहीं दिखतीं, माला में छिपा धागा नहीं दिखता पर इसका अर्थ यह नहीं कि उसका कोई अर्थ नहीं, वह अनुपयोगी है। इस धरती पर हर चीज का उपयोग है, सब कुछ काम का है, खराब कुछ भी नहीं। हमें सबके प्रति खुला रहना चाहिए। किसी के खिलाफ या विपरीत नहीं जाना चाहिए। जितना जरूरी पैसा है उतना ही जरूरी ध्यान है। जितनी अहम भूमिका तन की है उतनी ही अहम भूमिका मन की भी। कॅरियर हो या विवाह, हिंदी हो या अंग्रेजी सब कुछ जरूरी है, काम का है, खराब कुछ भी नहीं।

हर कोई हमारे जैसा नहीं होता - हम हमेशा सामने वाले को अपने जैसा आंकते हैं फिर चाहे हम अच्छे हों या बुरे। जैसे पांचों उंगलियां बराबर नहीं होतीं, ऐसे ही हर इंसान का स्वभाव भी एक जैसा नहीं होता। इसलिए जब हम किसी के साथ अच्छा करते हैं तो जरूरी नहीं कि हमारे साथ भी वह अच्छा ही करेगा। पर जब हमारे साथ बुरा होता है तो हम किस्मत को कोसते हैं या फिर अपनी शराफत को और यह नतीजा निकाल लेते हैं कि हमें भी किसी की मदद करने की आवश्यकता नहीं। कोई हमें इज्जत देता है, नहीं देता, यह उसका

स्वभाव है। पर हम दुखी हो जाते हैं और अपने अच्छे स्वभाव को भी दूसरों के जैसा बनाने की ठान लेते हैं। यह दृष्टिकोण गलत है। एक हद के बाद न तो हम दूसरे को बदल सकते हैं न ही स्वयं को दूसरों के अनुसार ढाल सकते हैं। इसलिए हमें हमेशा दूसरा किसी न किसी रूप में कष्ट देता है। कभी हमसे अधिक अच्छा बनकर तो कभी हमसे अधिक बुरा बनकर। इसलिए हमें इस बात को स्वीकार लेना चाहिए कि हर कोई हमारे जैसा नहीं होता, सब भिन्न होते हैं। जिस दिन हमारा यह दृष्टिकोण होगा उस दिन हम काफी अर्थों में कम दुखी हो जाते हैं।

संगत- हमारे दृष्टिकोण को बनाने-बिगाड़ने में हमारी संगत का बहुत बड़ा हाथ होता है, फिर वह साथ मित्रों का है या वातावरण का। जिससे व जिनसे हम घिरे रहते हैं, उसका अच्छा-खासा प्रभाव हमारे दृष्टिकोण पर पड़ता है। इसलिए कहते हैं 'जैसी संगत वैसी रंगत।' ऐसा देखा जाए तो संगत हमारे जीवन का आधार होती है, नींव होती है, जिसके ऊपर व सहारे हमारे जीवन का दृष्टिकोण खड़ा होता है। इसलिए यदि हमें अपना जीवन अच्छा रखना है तो हमें अपना दृष्टिकोण भी अच्छा रखना और दृष्टिकोण त ी अच्छा होगा जब सब तरह से हमारी संगत भी अच्छी होगी। देखा जाए तो दृष्टिकोण के प्रबंधन में संगत के प्रबंधन का बड़ा योगदान होता है।

जो होना होता है वही होता है- हमारे जीवन में बहुत कुछ पहले से ही निर्धारित होता है। जो पहले से ही तय है, वही घटित होता है। कई बार हम किसी काम के लिए या किसी चीज को पाने के लिए कितनी ही कोशिश करते हैं, फिर ी हमें उसमें कामयाबी नहीं मिलती। लाख कोशिशों के बावजूद परिणाम हमारे अनुरूप नहीं होते। हम हमेशा सोचते हैं कि काश यह नहीं हुआ होता तो वैसा होता या वैसा हुआ होता तो ज्यादा अच्छा होता। लेकिन एक बात याद रखिए कि होता वही है जो होना होता है। लेकिन इसका अर्थ यह भी नहीं कि हम हाथ पर हाथ धरकर बैठ जाएं या कोशिश करना बंद कर दें। हम यह मान लें कि अगर हमें नौकरी मिलनी होगी तो मिल ही जाएगी या हमारी किस्मत में खाना होगा तो कोई आकर हमें खिला देगा। यह सोच न पालें। माना कि जो होना होता है वही होगा। लेकिन हमें कर्म व पुरुषार्थ करते रहना है और जब उसके बाद भी फल न मिले तो दुखी होने की बजाय मानकर चलना है कि जो होना होता है वही होता है। हमें अपनी किस्मत के विरुद्ध लड़ना नहीं छोड़ना है। अगर हम गरीब घर में पैदा हुए हैं तो इसका मतलब यह नहीं है कि हम हमेशा

गरीब ही रहने वाले हैं। नहीं, हम मेहनत करेंगे और अपनी गरीबी दूर करने की कोशिश करेंगे। जीवन में कई परिणाम ऐसे होते हैं जो हमारी चाहत व पहुंच से बहुत परे होते हैं। कई बार हमारा मनोविज्ञान और ज्योतिष भी वहां तक नहीं पहुंच पाता। कई बार बहुत अच्छे अंकों से पास होने के बावजूद आप अपनी मनपसंद जॉब तक नहीं पहुंच पाते। ऐसे में आपको दुखी होने की बजाय यह मान लेना चाहिए कि ऐसा ही होना था, इसलिए यह हुआ है। अपनी मेहनत के साथ-साथ अगर आप अपने दृष्टिकोण को इस प्रकार प्रबंधित रखेंगे तो काफी हद तक दुखों से बचे रहेंगे। यदि आपके किसी अपने की मृत्यु हो गई है तो उससे दुखी होने की बजाय उसे नियति मानकर जीवन में आगे बढ़ें। आपके लिए यह मानना बहुत जरूरी है कि जीवन में सब कुछ आपकी इच्छा के अनुरूप नहीं हो सकता। इसलिए हर बात पर दुखी होने की बजाय अपने दृष्टिकोण को प्रबंधित कर निरंतर श्रम करें तथा इच्छित फल न मिलने पर उसे निराश होने की बजाय उसे भागय का खेल समझ जीवन में फिर से श्रम कर आगे बढ़ें।

जो काम जब शुरु हो वही उसका सही समय होता है- इसके भी दो तर्क निकलकर आते हैं कि किस्मत हमारे हाथ में है। अगर हम सकारात्मक दृष्टिकोण से देखें तो कहा जाता है कि जो काम हमारे हाथ में हैं, उसे हम करेंगे, तभी वे कार्य संपन्न होंगे। लेकिन कई बार काम करने के बाद भी हमें सफलता नहीं मिल पाती। कई बार-बार कोशिश करने पर भी आपका काम नहीं हो पाता। समय से पहले भी कुछ नहीं मिलता। मान लीजिए कि अभी आप बारहवीं में पढ़ रहे हैं और अचानक आपको नौकरी करने का शौक चढ़ गया और आप चाहें कि आपको अभी नौकरी करनी है, नौकरी आपको अभी मिलनी चाहिए। ऐसा नहीं होता। कुछ चीजें समय मांगती हैं। या फिर आप अपना नया-नया कॅरियर शुरू करते हैं और आपको शुरुआत में सात-आठ हजार रुपये वेतन मिल रहा है और आप चाहते हो कि अचानक आपका वेतन लाखों में हो जाए। आप इसके लिए बार-बार जॉब बदलते हैं लेकिन आपको फिर भी संतुष्टि नहीं मिलती। इसलिए ऐसे में धैय रखना सीखें। अपने दृष्टिकोण को इस तरह प्रबंधित करें कि आपके बर्ताव में जल्दबाजी या फिर बहुत ज्यादा आलस न दिखे। कई बार लोग अपना कोई काम शुरू करने के लिए अच्छे समय की राह देखते हैं। ऐसे में आपको इस बात पर ध्यान देने की जरूरत है कि समय अच्छा या बुरा नहीं होता। आप जब अपना काम शुरू कर देंगे वही समय उस काम के लिए अच्छा हो जाएगा। अपने दृष्टिकोण को इस तरह प्रबंधित कर आप कामयाबी

की नई कहानी लिख सकते हैं। साथ ही यह भी मान लें कि हर काम समय पर ही पूरा होगा। बीज को मिट्टी में दबाते ही फल मिलना शुरू नहीं हो जाता। हर चीज का नियत समय होता है। बस आवश्यकता है तो अपनी मेहनत में कोई कसर न छोड़ने की। अगर आप अपने दृष्टिकोण का इस तरह से प्रबंधन करेंगे तो बिना किसी परेशानी से आप अपना जीवन सुखमय तरीके से गुजार सकते हैं। जीवन में शॉर्टकट अपनाने से बचें। क्योंकि शॉर्टकट अपनाकर आप कुछ समय के लिए तो कामयाबी पा लेंगे लेकिन उसे ज्यादा समय तक सहेजकर नहीं रख पाएंगे।

जो खत्म सो खत्म- मनुष्य की जिंदगी हमेशा उस बात पर अटकी रहती है, जो चीज खत्म हो जाती है। चाहे वह फिर हमारे किसी संबंधी की मृत्यु हो, किसी संबंध का टूट जाना या हमारे व्यावसाय व कॅरियर का खत्म होना। जो हमसे छूट गया, हम उसी के पीछे भागते हैं बजाय उसे संभालने के जो हमारे पास बाकी है। जो चीज खत्म हो गई उसे हम किसी याद व निशानी के रूप में अपने अंदर जिंदा रखते हैं। इंसान को यह समझना चाहिए कि जो चीज खत्म हो गई सो हो गई। किसी की याद रखने में कोई बुराई नहीं है लेकिन सिर्फ उसी चीज को लेकर दुखी होने में कोई समझदारी नहीं है। चाहे वे संबंधी या कोई प्रिय वस्तु आपके जीवन में कितना ही महत्त्व क्यों न रखते हों, आपको उसे भुलाकर जीवन में आगे बढ़ने की कोशिश अवश्य करनी चाहिए। अपने मन के अंदर किसी दुख को बरकरार नहीं रखना चाहिए, इससे हम आने वाले समय में अपने जीवन को और बेहतर नहीं बना पाएंगे। क्योंकि हमने अपने आज को तो पुराने का मातम मनाने में ही व्यर्थ जाने दिया। पुराना जो अब नहीं लौटेगा, उसे लाने में हमने अपनी सारी ऊर्जा लगा दी लेकिन आया कुछ भी नहीं। इससे हमने अपने आज को भी गंवा दिया। अपनी इस गलती से पहले जहां हम केवल दस प्रतिशत ही दुखी थे अब बीस प्रतिशत और धीरे-धीरे और ज्यादा दुखी होते जाएंगे। क्योंकि पहले हमारे साथ सिर्फ पुराना दुख था, अब अपने वर्तमान को बर्बाद करने का दुख भी आपको कचौटता रहेगा। जो चीज खत्म हो गई उसे खत्म करें। आप उसे अपने अहसास में जिंदा रख सकते हैं। लेकिन उसका फर्क आपके स्वास्थ्य, बर्ताव या आपके जीवन पर नहीं पड़ना चाहिए। अपने दृष्टिकोण का प्रबंधन इस तरह करके आप अपने जीवन से दुख को कम कर सकते हैं।

दुखी सिर्फ मैं ही नहीं- हर इंसान यह कहता है जिंदगी में मैं बहुत दुखी हूं, लेकिन ऐसा नहीं है यदि हम किसी दूसरे इंसान से पूछें तो वो भी यही कहेगा

कि मैं बहुत दुखी हूं। इंसान को न केवल यह गम रहता है कि वह जिंदगी में बहुत दुखी है बल्कि यह शिकायत भी रहती है कि हमारा दुख बहुत बड़ा है और उसे कोई नहीं समझ सकता। लेकिन यदि हम दूसरों के पास जाएं, उनकी जिंदगी को करीब से देखें तो पाएंगे कि वे ाी उतने ही दुखी हैं जितने कि हम या यह भी हो सकता है कि वे हमसे भी ज्यादा दुखी हो सकते हैं। यहां एक कहावत चरितार्थ होती है कि 'दूसरे की थाली का सूखा भोजन भी हमें स्वादिष्ट लगता है।' वो इसलिए क्योंकि हमने उसे चखा नहीं होता। ऐसे ही जब हम दुखी होते हैं तो हमें लगता है कि हमारे ऊपर ही दुनिया का सारा दुख है और हम इससे कभी निकल नहीं पाएंगे। अगर मैं दुखी नहीं होता तो मैं जीवन में बहुत कुछ कर सकता था। दुख किसके जीवन में नहीं होता। चाहे वो बड़े से बड़ा स्टार, खिलाड़ी या व्यावसायी ही क्यों न हो, उसके जीवन में भी दुख होता है। इसलिए हमें यह नहीं कहना कि सिर्फ मैं ही दुखी हूं। सबसे पहले तो हमें यह मानना है कि दुख इस जीवन का सत्य है। अमीर-गरीब या छोटे-बड़े सभी के जीवन में दुख आता है। जिसने जन्म ले लिया वह मृत्युपर्यन्त किसी न किसी प्रकार का दुख अवश्य झेलता है। इसलिए अपने दृष्टिकोण को इस तरह प्रबंधित करें कि दुखी सिर्फ आप ही नहीं हैं, सभी हैं और आपको उसका सामना करना है। हां, ये अवश्य हो सकता है कि किसी के जीवन में बाद में दुख आए और किसी को जीवन की शुरुआती अवस्था में ही दुख सहना पड़े। इसलिए अपने दृष्टिकोण का सकारात्मक प्रबंधन कर, खुद को अपने दुखों से बाहर निकालने का प्रयास करें।

दुख सिर्फ दुख देता है- जब भी कोई दुखी होता है तो हम उसे सांत्वना देते हैं कि दुखी मत रहो, इससे कुछ नहीं होने वाला। दुख सिर्फ दुख देता है। लेकिन ऐसा नहीं है कि दुख से सिर्फ दुख ही मिलता है। दुख हमें सुख भी देता है। मान लीजिए हमारा कोई खिलौना टूट गया तो हम दुखी हो जाते हैं क्योंकि हमें उसकी आदत थी। कोई भी चीज हमें सिर्फ दुख नहीं देती, वह तो हमारा उसके प्रति दृष्टिकोण होता है, जिससे हमारा नजरिया इस तरह का हो जाता है। मान लीजिए किसी के घर में मृत्यु हो जाए तो हम सिर्फ इतना ही कहकर छोड़ देते हैं कि बहुत बुरा हुआ। क्या उस घटना के बाद हम खाना खाना छोड़ देते हैं या फिर हमारे घर में खाना बनना बंद हो जाता है, क्या हम बैठकर आंसू ही बहाते रहते हैं। इसका मतलब वो दुख सिर्फ उसका दुख है। अगर यह सार्वभौमिक दुख होता, तो सबको उसमें दुखी होना चाहिए था। एक के घर में साइकिल चोरी होती

है तो उस घर के लोग दुखी होते हैं। लेकिन अगर साइकिल चोरी होना दुख की बात होती तो पूरा मोहल्ला एक साथ रोता, पर ऐसा नहीं है। क्योंकि वह दुख नहीं है, वह हमारा दृष्टिकोण है। मान लीजिए आपको कहीं घूमने जाना था और आपके माता-पिता ने मना कर दिया और आप दुखी हो गए। बाद में आपको पता चलता कि आप जिस बस या ट्रेन से जाने वाले थे, वह दुर्घटनाग्रस्त हो गई। कई बार कई घटनाओं के प्रभाव बाद में दिखाई पड़ते हैं। जब हमें कोई बीमारी होती है तो हम परीक्षा देने या किसी इन्टरव्यूह में नहीं जा पाते। लेकिन बाद में आप किसी और इन्टरव्यूह में जाते हैं और वहां हमें ज्यादा वेतन और ज्यादा अच्छी सुविधाएं मिल जाती हैं। तो ऐसे में आपका पहले वाला दुख दुख न रहकर एक सुख में परिवर्तित हो जाता है। अगर हम उस इन्टरव्यूह में चले जाते तो उसी कंपनी में ही धक्के खाते। इसलिए यह मान लीजिए कि हमेशा ऐसा नहीं होता कि दुख हमेशा दुख ही देता है। अगर बात प्यार-मोहब्बत में दिल टूटने की हो, तो भी जब तक हमारा दिल टूटेगा नहीं, हम जिंदगी को बेहतर तरीके से जीने का नजरिया नहीं सीख पाएंगे। इंसान ठोकर खाकर ही जीवन जीना व जिंदगी में आगे बढ़ना सीखता है। जैसे पत्थर पर जब छैनी-हथोड़ी मारकर जब उसे तोड़ा जाता है तो एक नजरिये से हमें लगेगा कि पत्थर को चोट लग रही है लेकिन अगर हम अपना दृष्टिकोण सकारात्मक रखें तो पाएंगे कि जब तक उस पर चोट न की जाए, उसे सही आकार नहीं दिया जा सकता। इस तरह हम कह सकते हैं कि दुख सिर्फ दुख नहीं देता, बस फर्क होता है तो हमारे नजरिये का। यदि हम अपने दृष्टिकोण को सकारात्मक रखें तो हो सकता है कि उसी समय न सही लेकिन भविष्य में कुछ समय पश्चात हमें उस दुख से प्राप्त होने वाली सुख की अनुभूति अवश्य होगी।

सब कुछ आपस में जुड़ा हुआ है- *कई बार हम सोचते हैं कि इस चीज का कोई फायदा नहीं है, उस चीज का है। ये चीज मेरे लिए नहीं है, उसके लिए है या यह चीज मेरे लिए थोड़े समय पहले होती तो ठीक रहता। मैं तो दूसरे क्षेत्र से जुड़ा या जुड़ी हूं तो मुझे इससे क्या मतलब? लेकिन ऐसा नहीं होता। हम जाने-अनजाने हर चीज से परोक्ष या प्रत्यक्ष रूप से जुड़े होते हैं। मान लीजिए कभी ट्रेन में आपकी किसी से मित्रता हो गई, आपको उस समय तो उसका महत्त्व पता नहीं चलता। लेकिन जब जीवन के किसी मोड़ पर आपको उनकी जरूरत पड़ती है तो आपको समझ में आता है कि यह मित्रता ऐसे ही बेवजह*

नहीं हुई थी, उसके पीछे कोई कारण था। या आपके घर में काफी समय से कोई किताब पड़ी है, अभी उसका कोई उपयोग नहीं है लेकिन आप भी नहीं जानते कि वो किताब जीवन के किन कठिन पलों में आपका मार्गदर्शन कर सकती है। या आपके कोई निवेश किया था, बेशक आपको अभी उसकी जरूरत नहीं है या आप उसका लाभ नहीं उठा पा रहे लेकिन जीवन के किसी आड़े वक्त में वही निवेश आपके बेहद काम आ सकता है। इस जीवन में हर चीज चाहे वह इंसान हों, रिश्ते हों, पशु-पक्षी या फिर कोई वस्तु हो वे सब आपसे में हमसे जुड़े हुए हैं लेकिन हम उन्हें व्यर्थ व बेकार समझकर छोड़ देते हैं।

हम दूसरे को नहीं स्वयं को बदल सकते हैं- *जीवन में हम हमेशा दूसरों पर दोषारोपण करते हैं। हम कहते हैं कि मैं जीवन में कुछ नहीं बन पाया, तेरी वजह से, मैं तेरी वजह से दुखी हूं, मुझे गुस्सा आता है क्योंकि वो मुझे गुस्सा दिलाता है। काश वो ठीक हो जाए या मेरा बच्चा, पति, पत्नी, परिवार वाले या मेरा बॉस ठीक हो जाए तो मेरी जिंदगी ठीक हो जाएगी। हम हमेशा दूसरों को बदलना चाहते हैं। हम सोचते हैं कि अगर दूसरे बदल जाएंगे तो जीवन में सब कुछ सही हो जाएगा। दूसरों को बदलने का हमारा जो यह दृष्टिकोण है यह नकारात्मक है। हमें इस दृष्टिकोण से बचते हुए दूसरों को बदलने की कोशिश छोड़ देनी चाहिए। ऐसे तो अगर दूसरा नहीं बदलेगा तो आप सुखी नहीं होंगे, जबकि ऐसा नहीं है। आपका साथी, बॉस या परिवार वाले नहीं बदल रहे तो आप दुखी रहोगे, जबकि सच्चाई यह है कि आप सबको तो बदल भी नहीं सकते। आपका दृष्टिकोण प्रबंधन इस तरह नहीं होना चाहिए कि जब तक दूसरा नहीं बदलेगा तब तक हम नहीं बदलेंगे। हमें दूसरों को बदलने की बजाय खुद को बदलने की कोशिश करें। क्योंकि स्वयं पर तो हमारा हक है, जबकि दूसरे किसी पर नहीं। अगर हम खुद के लिए कोई नियम या काम तय करते हैं तो क्या हम उन्हें करते हैं? नहीं, हम उन्हें नहीं कर पाते हैं। जब हम अपने अनुसार ही अपने को नहीं बदल पाते, तो कोई दूसरा इंसान हमारे हिसाब से कैसे बदल जाएगा। दूसरों को बदलने की हमारी यह सोच ही नकारात्मक है और यही नकारात्मक सोच हमारे दृष्टिकोण को भी नकारात्मक बना देती है। हमें इससे बचना चाहिए।*

वर्तमान में रहो- *इंसान की आदत है कि वह कल में जीता है। यानी जो बीत गया है उससे दुखी रहता है या आने वाले कल की चिंता करता है। वह भूत या भविष्य में रहता है। इसी कारण उसका दृष्टिकोण भी वर्तमान में नहीं रह*

पाता। इंसान हमेशा कर लूंगा, बाद में देखूंगा कहकर अपने कामों को टालता है या जीता तो आज में है लेकिन जो नहीं है, उसके बारे में सोचकर दुखी होता है कि काश ऐसा होता या वैसा होता तो मजा आ जाता। इस तरह भविष्य की कल्पना करते हुए ही जीता है। यह दोनों ही स्थितियां नकारात्मकता पैदा करती हैं, नकारात्मक दृष्टिकोण पैदा करती है। हमें हमेशा वर्तमान में ही रहना चाहिए, क्योंकि हमारा आने वाला पल भी वर्तमान की ही छाया है। क्योंकि अगर कल आ जाएगा तो वह कल नहीं 'आज' कहलाएगा। वर्तमान में कोई बीती बात या आने वाला कल जैसी कोई चीज नहीं होती, सिर्फ 'आज' होता है। यदि दृष्टि हमारी आज पर है तो हमारा दृष्टिकोण प्रबंधन अपने आप ही सकारात्मक हो जाएगा।

मेरे एक से कुछ नहीं होगा- एक दृष्टिकोण हमारा यह होता है कि हम हर चीज को नकारात्मक या गलत तो कह देते हैं पर खुलकर उसका विरोध या उसे बदलने की कोशिश नहीं करते। हम हमेशा कहते हैं कि सरकार अच्छी नहीं है, गली-मोहल्ले में कोई सुविधा नहीं है, बड़ी आसानी से हम यह भी कह देते हैं कि लोगों में आपस में प्यार की भावना नहीं बची, लोग सुख-दुख में एक-दूसरे का साथ नहीं देते, लोग आपस में जलते हैं। ऐसी बातें सोचना बहुत आसान है लेकिन हम खुद इसके लिए खिलाफ कुछ करने से बचते हैं। हमारा दृष्टिकोण होता है कि हमारे अकेले के कुछ करने से क्या होगा? जैसे मतदान की बात करें तो कहा जाता है कि हमारा नेता तो हम खुद ही चुनते हैं लेकिन फिर हम ही वोट देने नहीं जाते। यह कहकर टालने लगते हैं कि हमारे अकेले के वोट देने या न देने से क्या हो जाएगा, जो कि गलत है। आप शुरू तो करो, हो सकता है कि आपकी तरह सोचते हुए कई लोग कदम उठा सकते हैं, जिसके फलस्वरूप एक बड़ा बदलाव आ सकता है। लेकिन शुरुआत आपको ही करनी होगी। अगर हर कोई यह सोचे कि सड़क पर कूड़ा नहीं फेंकना तो हमें सड़क पर कूड़ा नहीं दिखेगा। लेकिन अगर हम यह सोचें कि मेरे अकेले न फेंकने से क्या होगा, तो सड़क कभी साफ नहीं हो पाएगी। हम हर इंसान का ठेका नहीं ले सकते, अपना ले सकते हैं। अगर हर इंसान अपना ठेका खुद ले ले तो समस्याएं अपने आप खत्म होती जाएंगी। होगा, आपके एक के करने से होगा, बशर्ते आप एक तो करो। हमें अपने दृष्टिकोण को सकारात्मक रूप से प्रतिबंधित करना है तो हमें अपनी इस सोच व नजरिये से ऊपर उठना होगा कि हमारे एक के करने से कुछ नहीं होगा।

मेरा भाग्य मेरे साथ नहीं- *हर इंसान को हमेशा यह शिकायत भी रहती है कि मेरा भागय मेरे साथ नहीं है। क्योंकि हमारी उ मीदें ज्यादा और प्रयास कम होते हैं तो हमें अपेक्षित सफलता नहीं मिल पाती, जिसके बाद हम इस बात का रोना रोते हैं कि मेरा भागय मेरे साथ नहीं है, इसलिए हम सफल नहीं हो पाए। उसने सब कुछ पा लिया क्योंकि उसका भागय अच्छा है या उसके साथ है जबकि मेरा नहीं। भागय अगर सत्य है तो यह भी सत्य है जीवन में कुछ भी पाने के लिए हमें ही श्रम करना पड़ता है। कई बार हमें अपना भागय खुद ही बनाना पड़ता है। अगर उसके बाद भी हमें सफलता नहीं मिलती तो हमें हताश होने की जरूरत नहीं है, बल्कि फिर से मेहनत करने की आवश्यकता है। आपके भागय में क्या है यह आप नहीं जानते। आप अपनी मेहनत, अपनी ताकत व अपनी क्षमता जानते हो, आप अपनी ऊर्जा जानते हो। इतना तो जानते हो कि मैं क्या और किस हद तक कर सकता हूं। आप जो कर सकते हो, आप वो करो। ये मत सोचो कि भागय मेरा साथ देगा या नहीं। अगर मैं मेहनत करूं तो सकारात्मक परिणाम मिलेंगे या नहीं मिलेंगे, यह पहले सोचोगे तो सफल नहीं हो पाओगे। मेरा भागय मेरे साथ नहीं है आपको इस दृष्टिकोण से बचना होगा क्योंकि यह एक नकारात्मक दृष्टिकोण है। इसे सकारात्मक बनाने के लिए आपको कहीं न कहीं न कहीं अपने कर्म व अपनी ऊर्जा पर ध्यान देना चाहिए।*

मुझे कोई नहीं चाहता या समझता- *हर किसी की हमेशा यह शिकायत भी रहती है कि मुझे कोई नहीं चाहता या समझता। मनुष्य एक सामाजिक प्राणी है, जिसकी वजह से वह समूह या परिवार के बीच रहता है। चाहे वह संबंधों से कितना ही दुखी क्यों न हो जाए, वह कभी अकेला नहीं रह सकता। न चाहते हुए वह भी उसे लोगों के बीच रहना ही पड़ता है। किसी न किसी के साथ चाहे वह औपचारिक रूप से या व्यावहारिक रूप से ही सही उसे उसका साथ देना पड़ता है या उसका साथ स्वीकारना पड़ता है। लेकिन फिर भी उसे यह शिकायत हमेशा रहती है कि मुझे कोई नहीं चाहता, कोई नहीं समझता। यह एक गलत दृष्टिकोण है। आप क्यों चाहते हो कि कोई आपको समझे, किसी के समझने से भी क्या होगा? हम कहते हैं कि अपना दुख औरों के साथ बांटने से कम हो जाता है लेकिन वास्तव में ऐसा नहीं है। माना किसी हद तक अपनी दिल की बात कहने से आपके मन का बोझ हल्का हो सकता है, लेकिन आप सामने वाले के लिए पहले से ही मानकर बैठ जाते हैं कि वो आपकी तकलीफ नहीं समझता। आपके*

मन में पहले से ही नकारात्मक विचार घर किए बैठे हैं कि आपकी मां, बहन, भाई, पति, पत्नी, बॉस या मित्र कोई आपको नहीं समझता। ऐसी धारणा के साथ आपको उनसे हमेशा यह शिकायत लगी रहेगी कि आप तो स्वार्थी हो, सिर्फ अपने आपको ही समझते हो, आपके पास मेरे लिए समय नहीं है, आपको हमेशा सिर्फ अपनी ही पड़ी रहती है। ऐसे में आप संबंध नहीं बना पाएंगे, क्योंकि आपने पहले से ही एक लाइन खींच ली है कि आपको कोई समझ नहीं सकता। अगर कोई मुझे समझ भी रहा होगा तो वह मुझे ठीक-ठीक नहीं समझ सकता। आपको इस दृष्टिकोण को भी बदलना होगा। हम पूरी जिंदगी संबंधों में ही जीते हैं, चाहे हम घर में, बाहर हों या फिर ऑफिस में, हमें लोगों के साथ मिल-जुलकर ही रहना पड़ता है। इस नकारात्मक दृष्टिकोण की वजह से हम न किसी काम में और न ही अपने रिश्तों में सौ फीसदी योगदान दे पाते हैं। इसलिए जीवन में सुखी होने के लिए यह बेहद जरूरी है कि आप अपने इस नकारात्मक दृष्टिकोण को बदलें व जीवन में सभी चीजों और घटनाओं को सकारात्मक रूप में लें।

सब स्वार्थी हैं- *कहते हैं कि हम जैसे होते हैं, दूसरों के बारे में वैसा ही सोचते हैं। माना कि आज के समय में सभी स्वार्थी होते हैं लेकिन दूसरों को स्वार्थी कहने से पहले एक बार अपने बारे में सोचें कि हम कैसे हैं? जीवन की घटनाओं को आप सकारात्मक दृष्टिकोण से देखना सीखें। अगर किसी को आपसे काम है और वह काम आप ही कर सकते हैं तो ऐसे में कोई आपके पास उस काम को करवाने आता है, तो इसमें कुछ गलत नहीं है। अपना काम करवाने के बाद वह चला जाता है तो इसमें कोई स्वार्थ नहीं है। अगर वह नहीं जाएगा तो अन्य लोग आपके पास कैसे आएंगे। मान लीजिए एक चिड़िया पेड़ की डाल पर थोड़ी देर बैठ जाए या वहां घोंसला बनाए और कुछ समय बाद वहां से चली जाए तो उसे इस चीज का पूरा हक है। क्योंकि अगर वह वहां से नहीं जाएगी तो अन्य पक्षियों को वहां बैठने का मौका कैसे मिलेगा? ऐसे ही अगर सौ या हजारों पक्षी वहीं बैठे रह जाएं तो बाकी पक्षी कहां जाएंगे। हम मोची से जूते सिलवाते हैं, बैंक से पैसे निकलवाते हैं और दर्जी से कपड़े सिलवाते हैं। क्योंकि उनमें उस कार्य को करने की दक्षता होती है। क्या कभी हम बैंक से जूते सिलवाने या मोची से पैसे लेने जाते हैं या बिना किसी काम के हम उनके पास जाते हैं? नहीं, न। हमें जब मतलब होगा तो हम वहां जाएंगे ही जाएंगे। इसे स्वार्थी होना नहीं कहते। जो किसी लायक या काम है या जिसमें किसी कार्य को करने की दक्षता*

है, हम उसके पास जरूर जाएंगे। जो जिस कार्य में प्रवीण है या जिसको जिस काम के लिए चुना गया है, उसके पास तो उस काम के लिए जाना ही पड़ेगा। अगर कोई इंसान हमारे पास किसी भी मतलब से आता है तो वो इसलिए क्योंकि वो हमें उस लायक समझता है। माना ऐसी दृष्टि के लिए बहुत बड़ा दिल होना चाहिए। लेकिन यदि हम सभी को इसी दृष्टि को देखने लगें तो हमें समझ आएगा कि कोई भी स्वार्थी नहीं होता। कोई मजबूरी में ही आपके पास आता है। अगर सभी आपके पास बिना वजह आकर बैठ जाएं तो आप अपना काम नहीं कर पाएंगे। हम यह सोचकर कि सभी लोग स्वार्थी हैं, किसी से गहरी दोस्ती नहीं करते। इस शिकायत को इस ढंग से देखने की बजाय इस नजरिये से देखें कि जब उसे आपसे कोई काम होगा तभी तो वह आपके पास आएगा। हम भी किसी के पास बिना काम के नहीं जाते। हां, यह अवश्य कर सकते हैं कि जिसने हमारी मदद की है, हम उसे धन्यवाद दें और हमारे मन-मस्तिष्क व दिल में उसके प्रति आ ाार रहना चाहिए। यह सकारात्मक दृष्टिकोण ही आपको जीवन में आगे बढ़ने में मदद करेगा।

गलत कौन है बजाय गलत क्या है सोचें- *हम हमेशा यही सोचते रहते हैं कि गलत कौन है? चाहे वह कोई भी हो समाज, बॉस, पति, पत्नी या फिर कोई दोस्त। यह हमारा गलत दृष्टिकोण है। हमें गलत कौन है की जगह गलत क्या है के बारे में सोचना चाहिए। हमें इंसान को महत्त्व नहीं देना। गलत कौन है कि जगह गलत क्या है, यह जानना अपना ध्येय बनाना है। किसी ने अगर चोरी की तो हमें उसने चोरी की, से ज्यादा इस बारे में ध्यान देना है कि उसने चोरी क्यों की या चोरी क्या है या इंसान किन परिस्थितियों में चोरी करता है, के बारे में जानना चाहिए। हमें अपना दृष्टिकोण इस तरह रखना चाहिए कि गलत कौन की जगह गलत क्या है, उसके खिलाफ आवाज उठाएं, उसके विरोध में खड़े हों। हम अगर अपना दृष्टिकोण इस तरह से सकारात्मक रखेंगे तो हमारा पूरा जीवन सकारात्मक रूप से प्रबंधित होता जाएगा। अपने दृष्टिकोण को सही रखने के लिए बहुत जरूरी है कि हम गलत कौन है की जगह, गलत क्या है पर अपना ध्यान केंद्रित करें। यदि इस तरीके से हम अपने जीवन को प्रतिबंधित करते हैं तो धीरे-धीरे एक दिन हमारा जीवन के लिए नजरिया सकारात्मक होता चला जाएगा और दृष्टिकोण का प्रबंधन भी सकारात्मक दिशा में ही होता चला जाएगा।*

डे-मैनेजमेंट
(दैनिक प्रबंधन)

अक्सर लोगों को शिकायत रहती है कि मेरे पास बहुत काम है। मेरा कभी कोई कार्य समय पर पूरा नहीं होता। मेरे जरूरी काम छूट जाते हैं। मेरे पास जरूरत से ज्यादा काम है। मेरे पास अपने लिए भी फुर्सत नहीं है। मैं इस जन्म और जीवन को ठीक से जी नहीं पा रहा, मैं दुखी और अकेला हूं, सभी को मुझसे शिकायत है, न लोग मुझसे खुश हैं न मैं खुद से खुश हूं। मेरे सारे कार्य देर से होते हैं, मैं कितनी भी योजनाएं बनाऊं वो सफल नहीं हो पातीं... आदि-आदि। इन सब सवालों का एक दो जवाब है और वह है जीवन में व्यावहारिकता एवं प्रबंधन की कमी। विशेष तौर पर दैनिक प्रबंधन की, जिस पर हम सभी गौर नहीं करते।

जैसे बूंद-बूंद से घड़ा भरता है ऐसे ही पल-पल से दिन बनता है, दिन से महीने और महीने से साल और साल-साल से जीवन बनता है तो उसके हर दिन का याल रखना जरूरी है। यानी जीवन प्रबंधन के लिए जरूरी है कि उसके हर दिन का प्रबंधन हो क्योंकि जब हर दिन प्रबंधित होगा तो यह जीवन अपने आप प्रबंधित हो जाएगा। परंतु हम अपने आज को तो छोड़ देते हैं और आने वाले दिनों और दूर की योजनाओं को प्रबंधित करने लग जाते हैं। जिसके चलते हमें कुछ खास परिणाम प्राप्त नहीं हो पाते। अच्छे परिणाम के लिए आवश्यक है रोज, प्रतिदिन का प्रबंधन।

● किसी भी चीज का प्रबंधन हम तभी कर सकते हैं जब हम उसके महत्त्व और उपयोगिता को समझते हों। अपने दिन की दिनचर्या को प्रबंधित करने से पहले हमें एक दिन यानी चौबीस घंटों के महत्त्व को समझना होगा। समझना होगा दिन के घंटों एवं स्वयं की ऊर्जा की सीमा को, क्योंकि जब तक हम इन दोनों के बारे में संजीदगी से नहीं सोचेंगे तब तक मन दैनिक प्रबंधन की ओर उन्मुख नहीं होगा। एक दिन या एक घंटा हमारे लिए कितना जरूरी है हमें इस

बात का बोध होना आवश्यक है। इसलिए रोज की गल्तियों से सीख लें और दिन के महत्त्व को समझें।

● *कल क्या करना है उन कार्यों को रात को ही एक कागज पर लिख लें। हो सके तो अपने साथ हमेशा एक कागज या छोटी डायरी रखें। दिनभर जो भी छोटा-बड़ा कार्य याद आए उसे उसी समय लिख लें और रात में सोने से पहले उन सब कार्यों को या लिस्ट को पढ़ें। सूची को ध्यान से देखें कि कौन सा कार्य सबसे ज्यादा जरूरी है और फिर जरूरत अनुसार नई लिस्ट बनाएं या उसी लिस्ट में एक, दो, तीन... आदि अंकों के माध्यम से उसे वर्गीकृत करें।*

● *अगले दिन सुबह उठकर सबसे पहले उसी लिस्ट को देखें तथा मन को उसी के अनुसार तैयार करें। याद रखें जो काम आपका है वो आपको ही करना है ना-नुकुर करने से, भाग्य आदि को कोसने से समय और ऊर्जा दोनों का नुकसान होगा। और यदि वही कार्य आप बिना इच्छा के बेमन से करते हैं तो कार्य आपको आफत लगेगा और हो सकता है कि उसमें कई कमियां भी रह जाए।*

● *ध्यान रखें दैनिक प्रबंधन में कार्य के परिणाम और मूड का बहुत महत्त्व होता है। यदि पहला ही कार्य आप बेमन से करते हैं या कमियों के साथ करते हैं तो उसका असर उसके बाद के कार्यों पर भी प्रत्यक्ष रूप से पड़ता है। इसलिए एक दिन में कई कार्यों पर नहीं बल्कि जो बेहद जरूरी है उसी पर ध्यान केंद्रित करें फिर चाहे वो कोई छोटा सा ही कार्य क्यों न हो।*

● *हर कार्य को पूरा करने के बाद उस पर सही का निशान लगा लें तथा अन्य बचे हुए कार्यों को भी देखते रहें कि क्या-क्या रह गया है। साथ ही नए कार्यों को भी लिखते जाएं जो आपको वर्तमान में मिलते जा रहे हैं।*

● *कई बार ऐसा भी होता है कि हमारा वर्तमान का कार्य बीते हुए कल के कार्यों की लिस्ट से ज्यादा जरूरी होता है। ऐसे में स्वयं तय करें कि क्या इ पोरटेंट है क्या अर्जेंट यानी क्या आवश्यक है। उसके अनुसार कार्य को प्राथमिकता दें व निपटाएं।*

● *रात में पुन: लिस्ट को देखें तथा जरूरत अनुसार नई लिस्ट बनाएं तथा फिर से क्रमबद्ध करें। ध्यान रखें जो कार्य हो चुके हैं उनकी खुशी मनाएं जो शेष रह गए हैं उनको लेकर दुखी हों। धैर्य रखें, अपने उत्साह और संकल्प*

को डगमगाने न दें। गैर जरूरी अधूरे कार्यों को अपनी नई लिस्ट में शामिल न करें वरना उन्हें देख-देखकर आपको बेवजह निराशा होगी और दिल हताश होगा।

● दिन प्रबंधन का मतलब मात्र कार्य प्रबंधन नहीं है। जिंदगी कामकाज के अलावा कुछ और भी है। दिन भर कार्यों को निपटाना ही दिन का उद्देश्य नहीं होना चाहिए, उसमें स्वयं के मनोरंजन के लिए भी स्थान होना चाहिए। इसलिए अपने मन को न मारें, उसकी खुशी का भी याल रखें। अपने शौक एवं पसंद आदि को नजरअंदाज न करें। ध्यान रखें मन मारकर आप कई बार अन्य कार्य पूरे कर सकते हैं पर हमेशा ही यह आदत आपको अपने में अधूरा व अशांत ही रखेगी। इसलिए दिन के प्रबंधन में अपने मनोरंजन का भी स्थान रखे फिर वह किसी दोस्त से फोन पर बात करना हो या पसंदीदा गाना सुनना।

● जि मेदारियां घरेलू हों या सामाजिक, ऑफिस की हों या निजी सब को महत्त्व देते हुए उनको समय दें व जरूरत के अनुसार उनका वर्गीकरण करें व प्राथमिकता दें। ध्यान रखें हर चीज की, हर रिश्ते और कार्य की अपनी इ पोरटेंस है।

● आप चाहें तो अपने दिनों को भी पहले से प्रबंधित कर सकते हैं यानी फलां दिन ऑफिस के कार्य के लिए। फलां दिन घर-परिवार के लिए तथा फलां दिन स्वयं व अन्य गतिविधियों के लिए। यदि हम इन सबको पहले से ही तय कर लें तो हमारा जीवन सरल हो सकता है। जि मेदारी कोई भी हो उन्हें सुचारू रूप से निपटाने के लिए ऊपर बताई गई लिस्ट बनाने वाली विधि का ही प्रयोग करें। क्योंकि याददाश्त कितनी भी अच्छी हो वह छोटी-छोटी महत्त्वपूर्ण चीज को याद रखने से चूक जाती है।

● दिन प्रबंधित रहे इसके लिए अपने काम की वस्तुओं को भी प्रबंधित रखें फिर वह घर की टेबल, अलमारी व फाइलें आदि हों या ऑफिस की हमसे जुड़ी हर चीज जैसे चाबी, घड़ी, पैन-पर्स, बिस्तर-सोफा सबको प्रबंधित रखने की आदत डालनी चाहिए ताकि हमारा जीवन प्रबंधित हो सके।

● स्वास्थ्य जीवन का मु य अंग है। तभी तो कहते हैं पहला सुख निरोगी काया, दिन प्रबंधित तभी रह सकता है जब स्वास्थ्य ठीक हो, इसलिए अपने स्वास्थ्य को भी नजरअंदाज न करें। इसको चुस्त व दुरुस्त रखने के लिए इसका विशेष ध्यान रखें। फिर सुबह व्यायाम-कसरत हो या रात की नाइटवॉक। अपने

खान-पान का ध्यान रखें। यदि कोई इलाज चल रहा है तो दवा लेने तथा परहेज रखने में कोई लापरवाही न बरतें।

- दैनिक प्रबंधन का मु य अंग है समय सारणी बनाना यानी टाइमटेबल बनाना। कोशिश करें सुबह उठने से लेकर रात सोने तक जितना संभव है उन कार्यों एवं जि मेदारियों का एक टाइमटेबल बनाएं ताकि कार्य को समय पर पूरा किया जा सके तथा स्वयं की क्षमता को भी जांचा-परखा जा सके। क्योंकि यदि हमें स्वयं की क्षमता का पता होगा तो ही हमें उसके अनुसार अपने आगे के टाइमटेबल को बनाने में सहूलियत होगी साथ ही साथ अन्य कार्यों के लिए समय भी बचेगा।

वर्क मैनेजमेंट
(कार्य प्रबंधन)

जिसने समय के महत्त्व को पहचान लिया उसने जीवन के महत्त्व को भी पहचान लिया और जो जीवन के महत्त्व को पहचान लेता है वह उसका भरपूर उपयोग भी करना सीख लेता है। और भरपूर प्रयोग या उपयोग का मतलब है कार्य का प्रबंधन करना और कार्य प्रबंधन का मतलब केवल ये नहीं नहीं है कि हमें कौन सा कार्य कब, कैसे, कितना, कहां करना है बल्कि किस इंसान से हमें किस समय, कौन सा काम लेना है इस बात का हुनर भी है। कार्यों की जि मेदारियों का विकेंद्रीयकरण करना, बनाई गई योजनाओं को समय पर पूरा करना, सही कार्य के लिए सही इंसान को नियुक्त करना आदि कार्य प्रबंधन का महत्त्वपूर्ण हिस्सा है।

सही दिशा चुनें

दिशा और दशा का आपस में बहुत गहरा व सीधा संबंध है। जब हमारी दिशा ठीक होती है तभी दशा भी ठीक रहती है। इसलिए आगे बढ़ते समय हमें अपनी दिशा का पूरा ध्यान रखना चाहिए। यदि हम प्रगति और उत्थान चाहते हैं तो हमें सदैव अच्छाइयों, ऊंचाइयों व शिखरों की ओर बढ़ना होगा। मिथ्याकर्षण व अज्ञान के अंधकार से बचना होगा, क्योंकि ये हमें पतन के गर्त की ओर ले जाती हैं। भरमाती, भटकाती व नीचे गिराती हैं। इसलिए अपने मन, बुद्धि व चित्त को शोधित व नियंत्रित करने के लिए सतत सक्रिय, सजग और सचेष्ट रहें, कुसंगति से बचें, दुर्व्यसनों से दूर रहें। सद्गुणों को आत्मसात करें। कॅरियर हो या जीवन सोच-विचार कर ही अपनी वह दिशा चुनें जिसके परिणाम कल्याणकारी हों, शुभ व मंगलकारी हों।

आपको अपने क्षेत्र या व्यवसाय की गहरी जानकारी अवश्य रखनी चाहिए। बेहतर आत्मविश्वास, संप्रेषण, कौशल तथा समस्या का विश्लेषण करके उसका सही समाधान ढूंढने की योग्यता आज के युग में होनी जरूरी है। जीवन में

सफलता प्राप्त करने के लिए महान व्यक्तियों के सद्गुणों का अध्ययन करना चाहिए ताकि उनकी चरित्रगत विशेषताओं को आत्मसात किया जा सके। अपने प्रयासों से जो खुद सफल हैं उनसे प्रेरणा लेकर उनकी संगति करें। उनसे सीखने, जानने और समझने का प्रयास करें। सक्षम और सुयोग्य से मार्गदर्शन प्राप्त करें। बेवकूफ सलाहकारों से सतर्क रहें। मनमानी करने की आदत छोड़ें। अनैतिक शॉर्ट कट अपनाने के स्थान पर नैतिकता, परिश्रम और ईमानदारी को अपने जीवन में उतारें और उच्च आदर्शों को अपनाएं।

विश्लेषण एवं चयन करें

हमें समय प्रबंधन क्यों और किसके लिए करना है? पहले यह मालूम होना आवश्यक है। यानी हमें अपना उद्देश्य व परम उद्देश्य पता होना चाहिए। साथ ही यह पता होना चाहिए कि हम उस उद्देश्य प्राप्ति के लिए क्या कर रहे हैं। हम कितने केंद्रित हैं व संजीदा हैं। जितना वक्त हम उस कार्य को दे रहे हैं क्या वह उससे कम समय में हो सकता है? क्या हम अपने लक्ष्य को अपना सौ प्रतिशत दे रहे हैं? आदि-आदि।

इसके लिए आप एक कागज-कलम उठाएं और अपनी जरूरतें, सपने, इच्छाएं व उद्देश्य आदि लिखें। फिर उनमें से उन विषयों को चुनें व रेखांकित करें जो आपके जीवन में जरूरी ही नहीं बेहद जरूरी है। जिसका प्रभाव आपके पूरे जीवन पर व पूरे व्यक्तित्व पर पड़ता है। इसलिए पुनः नई सूची बनाएं और उन्हें क्रमांक दें।

व्यावहारिक व निष्पक्ष होकर पूरी ईमानदारी के साथ सूची के प्रथम विषय के बारे में मूल्यांकन करें। इसके लिए आप पुनः कागज-कलम उठाएं और दिनभर की अपनी चर्चा या कार्य आदि लिखें। सुबह उठने से लेकर रात सोने तक आप क्या-क्या करते हैं तथा किस कार्य को कितना महत्त्व देते हैं? और जिसे आप वक्त देते हैं उससे आपको क्या मिल रहा है? पूरे दिन के समय का विश्लेषण करें। अब आप देख सकते हैं कि आप का समय जा कहां रहा है? कहां किस क्षेत्र में लग रहा है?

समय का सही ढंग से प्रबंधन तभी हो सकता है जब हमें पता हो कि हमारे हाथ में समय कितना है, कितना समय हम कहां और कैसे व्यर्थ कर रहे हैं जिसमें हमारी दोनों सूचियां मदद करेंगी।

पूर्व नियोजन करें

किसी भी कार्य को यूं ही बिना सोचे-समझे या जोश-जोश में देखा-देखी, आरंभ न करें। इससे न केवल विफलता हाथ लगती है बल्कि समय भी व्यर्थ

जाता है। इसलिए हर कार्य का पहले एक प्रारूप या खाका तैयार करें। योजनाबद्ध ढंग से कार्य करें। मार्ग में आने वाली बाधाओं एवं समस्याओं का समाधान किसी वरिष्ठ या अनुभवी व्यक्ति से जानने की कोशिश करें। कार्य को कार्यान्वित करने से पहले अपने 'होम वर्क' यानी गृह कार्य को भी करके रखें। आपातकालीन परिस्थितियों को समझें। मार्ग की चुनौतियों के प्रति सतर्क रहें। पूर्व नियोजित एवं व्यवस्थित ढंग से ही कार्य प्रारंभ करें।

लक्ष्य निर्धारित करें

बिना लक्ष्य के जीना यानी वक्त, ऊर्जा और धन को व्यर्थ गंवाना है इससे न केवल इन तीनों का नुकसान होता है, बल्कि हम स्वयं को औरों से पीछे और हारे हुए पाते हैं। बिना उद्देश्य के, नियम के जिंदगी खाली एवं बोझिल लगने लगती है जो आत्मविश्वास को खोखला कर देती है। इसलिए अपनी दिनचर्या को नियमबद्ध करें। अधिक से अधिक समय का सदुपयोग करें। कुछ भी करें परंतु उसे करने के पीछे अपने लक्ष्य व उद्देश्य को जरूर निर्धारित करें। जिन विषयों में आपकी रुचि हो उनसे संबंधित अनुभवी लोगों से बातचीत करें और अपनी जानकारी के दायरे को विस्तार प्रदान करें। हो सके तो अपना कोई रोल मॉडल जरूर चुनें व बनाएं, जो आपको समय-समय पर ऊर्जावान बनाने के साथ-साथ मार्गदर्शन भी प्रदान करे। अपने लक्ष्यों का समय-समय पर पुनरावलोकन करते रहें और अपनी प्रगति को नापने का कोई मापदंड निश्चित करें। आपको हर हालत में आगे बढ़ना ही है।

रचनात्मक बनें

अपने कार्यों और अपनी सोच को रचनात्मकता का रूप दें। अपने कार्यों में नयापन लाएं, एक ही ढर्रे पर काम करते रहने से आप स्वयं भी ऊब जाते हैं और सामने वाला भी आपके कार्यों में रुचि लेना कम कर देता है। अधिक से अधिक ज्ञान अर्जित करें और अपने कार्यों को रचनात्मकता का रूप देने का पूरा-पूरा प्रयास करें। आपकी इस कोशिश से न केवल आपके कार्य की सराहना होगी अपितु आपकी प्रतिष्ठा में भी बदलाव आएगा।

टाइम टेबल बनाएं और दृढ़ रहें

कार्यों को उनके महत्त्वानुसार वर्गीकृत करें तथा प्राथमिकता दें, फिर उनके अनुसार 'टाइम टेबल' बनाएं। किस समय कौन सा कार्य करना है, कितनी देर

तक करना है, कब कब करना है आदि सबका टाइम टेबल बनाएं। जो भी आपने टाइम टेबल बनाया है उसके प्रति दृढ़ रहें। कोशिश करें कि उसी के अनुसार चलें। किन्हीं कारणों से मन डांवाडोल हो तो मन को एकाग्र कर उसी कार्य पर ध्यान केंद्रित करें जिसे आपने टाइम टेबल में रेखांकित किया है। कोई भी कार्य शुरू-शुरू में कठिन व अजीब लगता है लेकिन यदि एक बार आपने इसकी आदत डाल ली तो यह आपके जीवन का एक हिस्सा बन जाएगा जो आपको सदा अच्छे फल देगा।

कार्य विभाजन करें

समय का अधिक से अधिक उपयोग हो इसके लिए जरूरी है कार्य एवं जि मेदारियों का विभाजन। सभी कार्य स्वयं न करें। ऐसे छोटे-मोटे कार्य जो आपकी ऊर्जा और समय को निरर्थक व्यय करते हैं वह कार्य किसी और को सौंपे। हर कार्य में अपनी ऊर्जा न दें वह आपकी ताकत और समय को निगल लेगा। स्वयं तय करें कि कौन से कार्य ऐसे हैं जिन्हें दूसरा भी कर सकता और सहयोगी हो सकता है। वह जि मेदारी उसे दें और स्वयं के लिए वक्त की बचत करें।

कार्य को पूरा करें

पूरा कार्य हमें आत्मविश्वास देता है तथा आधे-अधूरे कार्य हमें निराशा देते हैं और यदि ऐसा लगातार होता रहता है कि हमारे सारे या अधिकतर कार्य अधूरे रह जाते हैं तो हमारी यह सोच बन जाती है कि 'मुझसे कोई काम पूरा नहीं होता, मैं कुछ नहीं कर सकता।' एक बार यदि हमारी खुद के प्रति यह धारणा बन जाती है तो हमारा स्वयं के प्रति विश्वास भी लड़खड़ाने लगता है। हम स्वयं को कमजोर और हारा हुआ समझते हैं। आगे के लिए भी हमारी सोच नकारात्मक होने लगती है और हमारा पूरा नजरिया एवं व्यक्तित्व नकारात्मक होने लगता है। इसलिए किसी भी कार्य को शुरू करने से पहले उसको अच्छी तरह से समझ लें। अपनी क्षमताओं को ठीक से तोल लें। क्या चुनौतियों का सामना करना आपको अच्छा लगता है? क्या वह कार्य आपकी पसंद के दायरे में आता है? क्या कार्य को पूरा करने से आपको लाभ होगा? इत्यादि सवालों पर भी गौर कर लें, फिर किसी कार्य को हाथ में लें।

और यदि कार्य को किसी परिस्थितिवश, चाहे-अनचाहे जि मेदारी में लेना पड़ गया है तो उसे बोझ या सिरदर्दी न समझें। सोचें जब यह कार्य आपको ही करना है तो जी क्यों जलाना? खुशी-खुशी स्वीकार करें। कार्य या उसके परिणाम

को अपना 'ईगो' न बनने दें यानी यदि किन्हीं कारणों से आप कार्य को सही तरीके से सही समय पर पूरा नहीं कर पाए तो सहज रहें। स्वयं को ज्यादा हीन या असफल न समझें। आगे के लिए कोशिश करें। स्वयं को इस बात का विचार दें कि मैंने कार्य पूरा किया बीच में नहीं छोड़ा, अधूरे कार्य भी तनाव देते हैं, जिसके चलते नए कार्यों में भी मन नहीं लगता और पुराने का बोझ नए कार्यों को पूरा नहीं करने देता। इसलिए कार्यों को पूरा करें, किसी नए काम या जि मेदारी को तभी लें जब पुराने पूरे हो जाएं तथा पुराने कार्यों को पूरा करने के लिए एक टाइमटेबल बनाएं और स्वयं को उसके अनुसार ढालें। ऐसा करने से मन में आत्मविश्वास पैदा होगा और आप नए कार्य को बखूबी मन से निभाएंगे।

वर्गीकरण एवं प्राथमिकता

अपनी सभी समस्याओं, चिंताओं एवं उलझनों को एक कागज पर लिखें, फिर उनको प्राथमिकता अनुसार क्रम में लगाएं और छांटें, कौन-सी चिंता जायज है और कौन-सी आपने बे-वजह निर्मित कर ली है। आप पाएंगे एक-दो के अलावा सब बेकार की हैं। चिंता को चुनने के बाद सोचें कि फलानी चिंता क्यों है तथा इस चिंता से मुक्त होने के लिए मैं क्या कर रहा हूं। फिर एक कागज और पेन उठाएं और उस पर अपने रोज के कार्य एवं अपनी प्राथमिकताएं लिखें, आप पाएंगे कि आप अपनी चिंता से मुक्त होने के लिए कुछ नहीं कर रहे और आपकी ऊर्जा बेवजह सिर्फ सोचने में ही खर्च हो रही है। इसलिए अपनी चिंताओं एवं समस्याओं का वर्गीकरण करें, प्राथमिकता अनुसार उनका निपटारा करें और मन को स्वस्थ रखें।

कार्यक्षमता का विकास करें

आपके किसी भी कार्य का परिणाम आपकी कार्यक्षमता पर निर्भर करता है। यदि आपकी कार्यक्षमता अधिक है तो आप कम से कम समय में सुंदर से सुंदर व अधिक से अधिक कार्य कर पाएंगे। जिससे आपकी उत्पादन क्षमता में भी बढ़ोतरी होगी। यदि आपकी कार्यक्षमता कम है तो अधिक समय लगाने पर भी आपको आपके कार्य का कुछ अच्छा परिणाम नहीं मिल पाएगा।

आज के आधुनिक और व्यावसायिक क्षेत्र में सफलता पाने के लिए कार्यक्षमता बढ़ाना बेहद अहम है। विशेषज्ञ भी इसे अत्यंत महत्त्वपूर्ण मानते हैं। मनुष्य की कार्यक्षमता मु य रूप से दो बातों पर निर्भर करती है- 1. अपने कार्यक्षेत्र का नवीनतम ज्ञान, 2. एकाग्रता।

यदि आप ऐसा नहीं करते तो वह दिन बहुत दूर नहीं, जब आप अपने ही कार्यक्षेत्र में कोई सही निर्णय नहीं ले पाएंगे और दूसरों से पिछड़ जाएंगे। परिणाम यह होगा कि आपकी कार्यक्षमता दिन-प्रतिदिन कम होती जाएगी और एक दिन आपको असफल होकर बैठ जाना पड़ेगा। किसी भी व्यक्ति की कार्यक्षमता के विकास का मूलभूत आधार है- मानसिक एकाग्रता। इसका जितना विकास करेंगे उतना ही आपकी कार्यक्षमता बेहतर होगी। इस विषय का ज्ञान तो लगभग सभी को होता है कि उन्हें क्या करना चाहिए और नहीं। इसके बावजूद अपने कार्यों को पूरा करने में उनके सामने समस्याएं आ जाती हैं। यदि आपमें अपने कार्य के प्रति एकाग्रता नहीं है। साथ ही साथ यदि आपके मन में बेचैनी है, तनाव है, चिंता है, डर है, तो आपका मन आपके काम में कतई नहीं लग सकता। वह न करें जो संभव हो, वह करें जो जरूरी हो। आप जल्द ही असंभव चीजें भी करने लगेंगे। जल्दी-जल्दी अपने लक्ष्य बनाइए और इन्हें पूरा करने के बाद दूसरे की ओर बढ़ जाइए। इस तरह से आप अपनी मानसिक क्षमताओं का पूरा इस्तेमाल करने में कामयाब रहेंगे।

किसी एक कार्य में प्रवीण बनें

सर्वगुण संपन्न कोई नहीं होता। इंसान चाहे भी तो न तो सारे काम कर सकता है न ही सभी का दिल जीत सकता है। आत्मविश्वास के लिए यह जरूरी नहीं कि आप हर चीज या क्षेत्र में उत्तीर्ण होंगे, तभी वह जगेगा। यदि हम अपनी ऐसी पहचान बनाने में जुटेंगे तो एक भी पहचान नहीं बन पाएगी। नाम बनने की बजाय और बिगड़ जाएगा। इसलिए किसी एक कार्य को चुनें। उसी में अपनी कुशलता या दक्षता दिखलाएं। उसे ही अपने नाम एवं आत्मविश्वास की सीढ़ी बनाएं। याद रखें, बहुत नहीं, कोई भी एक कार्य ही हमारे अंदर आत्मविश्वास जगाने और बढ़ाने के लिए काफी है।

पर्सनैलिटी मैनेजमेंट
(व्यक्तित्व प्रबंधन)

व्यक्ति किसी हाड़-मांस के पुतले का नाम नहीं है। सच तो यह है कि व्यक्तित्व ही इंसान को सही अर्थों में व्यक्ति बनाता है। यदि व्यक्तित्व है तो इस जन्म एवं जीवन के कुछ मायने हैं। वैसे तो एक इंसान दूसरे इंसान के संपर्क में कई बहानों से आता है परंतु वह अपने व्यक्तित्व से ही अपनी छाप दूसरे व्यक्तित्व छोड़ पाता है। यदि व्यक्तित्व नहीं है तो सफलता भी नहीं है और अच्छे व्यक्तित्व के लिए जरूरी है उसका प्रबंधन।

हर व्यक्ति की चाहत होती है कि दूसरे उसके व्यक्तित्व से प्रभावित होकर उसे पसंद करें।चाहे वह घर की बात हो या ऑफिस की या फिर किसी पार्टी में जाने की, हर कोई अपने आपको दूसरों से अलग देखना चाहता है। अलग दिखने व लोगों के दिलो-दिमाग पर छाने के लिए जरूरी है व्यक्तित्व प्रबंधन। आज के परिवेश में सुंदरता का तात्पर्य सिर्फ शारीरिक सुंदरता एवं ऊपरी आडंबर ही न होकर, संपूर्ण व्यक्तित्व को निखार कर आकर्षक बनाने से है, जिसके अंतर्गत बोलचाल की मृदु एवं संयमित भाषा, सौ यपूर्ण चाल-ढाल, अवसर के अनुकूल वेषभूषा व मेकअप के साथ-ही-साथ सूझ-बूझ व आत्मविश्वास भी शामिल है।

भाषा और बातचीत का तरीका

बातचीत करना भी एक कला है। इसमें शब्दों का, आवाज का और बोलने आदि के ढंग का भी बड़ा महत्त्व है। हम क्या बोलते हैं, इसका तो महत्त्व है ही परंतु हम कैसे बोलते हैं यह उससे भी ज्यादा महत्त्वपूर्ण है। बोलने का ढंग हमारे आत्मविश्वास को ही नहीं, बल्कि हमारे व्यवहार एवं चरित्र को भी दिखाता है। हमारे बातचीत करने का ढंग, हमारे व्यक्तित्व का आइना होता है। हम किस तरह, किन शब्दों के साथ, किस स्वर में तथा किन इशारों आदि में बात करते हैं, सब हमारी मानसिकता के स्तर को दर्शाते हैं। हमारी आवाज, हमारी बातें तथा हमारे बात करने का ढंग वह सारे राज खोल देता है, जिसे हम छुपाते रहते हैं या फिर कहकर भी नहीं कह पाते हैं।

एक आकर्षक व्यक्तित्व पाने के लिए आप में अच्छे वक्ता के गुणों का होना अनिवार्य है, क्योंकि आपकी भाषा, आपकी बातचीत करने का तरीका ही लोगों को आपकी तरफ आकर्षित करता है। किसी भी व्यक्ति से बात करते समय इस बात का ध्यान रहे कि आपकी बात को सुनने वाले व्यक्ति समूह में हैं या कोई एक है, क्योंकि समूह में बातचीत करते समय आपको पूरे समूह को अपनी ओर आकर्षित करना होता है। इसके लिए जरूरी है कि आप ऐसी भाषा का चुनाव करें जो आपके और दूसरों के लिए सुनने और समझने में आसान हो। अपनी बात को शांतिपूर्वक तरीके से और बेहद आराम से प्रस्तुत करें, जल्दी-जल्दी बोल कर बात को खत्म न करें। ये तो रही समूह की बात यदि आप किसी एक विशेष व्यक्ति के सामने बोल रहे हैं तो हमेशा उससे आंखें मिलाकर बात करें और ध्यान रहे कि बात करते समय आपका आई कॉन्टेक्ट सामने बैठे व्यक्ति से बना रहना चाहिए, इस तरीके से आप अपनी बात और अपने व्यक्तित्व का प्रभावशाली असर सामने वाले पर छोड़ने में सक्षम हो सकते हैं।

मृदुभाषी एवं सोच-समझ कर बोलने वाले व्यक्ति ही दूसरों को सुख प्रदान करते हैं। यद्यपि सबके बातचीत का तरीका अपने स्वभाव एवं रुचि के कारण अलग-अलग होता है, लेकिन स्पष्ट एवं निष्पक्ष विचारधारा, मधुर वाणी, सौ य मुस्कान सहित बोलने वाला व्यक्ति ही सबको प्रिय लगता है। अहंकार पूर्ण एवं व्यंग्य बाणों से युक्त भाषा का प्रयोग करने वाला व्यक्ति किसी को भी प्रिय नहीं लग सकता है। व्यक्ति के मुंह से निकलने वाला प्रत्येक शब्द उसके व्यक्तित्व को ही दर्शाता है।

बहुत से लोग हंसी-मजाक में दूसरों की भावनाओं की उपेक्षा करके उनको आहत करने वाली कटुवाणी भी बड़ी सहजता से बोल जाते हैं। जबकि मजाक करते समय दूसरों की मन:स्थिति व भावनाओं का भी याल रखना जरूरी होता है, क्योंकि हंसी-मजाक में भी कहने वाले के हृदय के भाव प्रकट हो ही जाया करते हैं। इस कारण हंसी-मजाक करते समय भी इस बात की सावधानी बरतने की आवश्यकता रहती है, जिससे कि हमारी बातों से सामने वाला आहत न हो, वरना मजाक का अर्थ ही समाप्त हो जाएगा।

अच्छे श्रोता बनें

अच्छे वक्ता होने के साथ-साथ अच्छे श्रोता होने की भी विशेषता व्यक्ति के अंदर होनी चाहिए। कहीं ऐसा न हो कि हम सिर्फ अपनी ही सुनाते चले जाएं, दूसरों को अपनी बात कहने का अवसर ही न दें। सामने वाला जब बोलना प्रारंभ करे तो उसकी बातों को भी महत्त्व देकर शांत मन से उसकी बातों को दिलचस्पी

लेकर सुनना चाहिए। उसके बाद ही अपनी प्रतिक्रियाएं व्यक्त करनी चाहिए। स्वयं ही बोलना और दूसरों को न सुनना शिष्टाचार के अंतर्गत नहीं आता।

कहते हैं बोलना एक कला है, परंतु सुनना उससे भी बड़ी कला है। एक कुशल वक्ता वो ही हो सकता है जिसमें सुनने का धैर्य होता है। अक्सर हम बोलने वाले के ढंग को लेकर उसके व्यवहार एवं व्यक्तित्व का निरीक्षण करने लगते हैं और करें भी क्यों नहीं? मनुष्य के बोलने का ढंग उसके भीतर छुपे गुण-अवगुण, आचार-विचार तथा उसके मनोभाव एवं मनोस्थिति को परिलक्षित करता है। पर हैरानी की बात तो यह है कि सब बातें केवल बोलने वाले पर ही लागू नहीं होती, बल्कि सुनने वाले पर भी लागू होती हैं क्योंकि आप कैसे किसी की बात को सुनते हैं, सुनने की मुद्रा, चेहरे के भाव आदि मात्र सुनने के ढंग से ही आपके बारे में सब कुछ पता लगाया जा सकता है कि आप किस प्रवृत्ति के हैं तथा आपका व्यवहार एवं व्यक्तित्व कैसा है।

आपको सुनने वाला आपको कितनी शिद्दत व तल्लीनता से सुन रहा है, उसको आपकी बातों से कितना लगाव है, कितनी रुचि व अपनेपन से वह आपकी मनोस्थिति एवं परिस्थिति से जुड़ा है, वो आप का कितना अपना है व कितना पराया यह सब सुनने वाले के सुनने के ढंग से पता चल जाता है।

शारीरिक भाषा का ज्ञान

भाषा दो प्रकार की होती है, पहली जो शब्दों के माध्यम से अभिव्यक्त होती है तथा आसानी से समझ में आ जाती है और दूसरी भाषा वह है जिससे हमारे शरीर के अंग चेतन तथा अवचेतन दोनों स्थितियों में अभिव्यक्त करते हैं। जैसे- आपके अभिवादन का तरीका, आपके बैठने का तरीका, आपके चलने का तरीका आदि बहुत-सी ऐसी बातें हैं जो आपके हाव-भाव और व्यक्तित्व को दर्शाते हैं। कभी-कभी आपकी कुछ आदतें जैसे- पैर हिलाना, सिर खुजलाना, हमेशा सहारा लेकर खड़े होना आदि ऐसी आदतें हैं जो आपके आकर्षक व्यक्तित्व को कमजोर बनाती हैं। बिना बोले कही जाने वाली भाषा ही किसी अनजान व्यक्ति पर आपके व्यक्तित्व की छाप छोड़ती है। इसलिए कभी भी किसी से मिलते समय पूरे जोश के साथ उसका अभिवादन करें। अपने हाव-भावों में थोड़ा सा बदलाव लाएं और फिर देखिए आकर्षक व्यक्तित्व के साथ-साथ आप अपनी आकर्षक पहचान बनाने में भी सफल हो सकते हैं।

चलना-फिरना, उठना-बैठना हर जातक की सामान्य क्रिया है, जिसे वह अपनी सहूलियत एवं इच्छानुसार अपने ढंग से करता है। जातक की ये मुद्राएं

उसके व्यक्तित्व, व्यवहार एवं मानसिक स्थिति को भी दर्शाते हैं। आप कैसे बैठते हैं? आपके बैठने का ढंग, आपके बारे में सब कुछ बता देता है। यूं तो कोई भी मनुष्य सदैव एक जैसी मुद्रा में नहीं बैठता। स्थान एवं परिस्थितिनुसार उसके बैठने का ढंग एवं मुद्राएं भी बदलती रहती हैं, परंतु इसके बावजूद भी व्यक्ति की कुछ मुद्राएं ऐसी होती हैं, जिन्हें अक्सर वह नियमित एवं सार्वजनिक तौर पर प्रयोग में लाता है। जिसको हम उस के बैठने के ढंग के अंतर्गत लेते हैं और यही ढंग जातक के जीवन, व्यवहार, व्यक्तित्व एवं मनोस्थिति को परिलक्षित करता है।

पहनावे का ध्यान रखें

कपड़ों का मानव जीवन में बड़ा महत्त्व है। ये कपड़े न केवल शरीर को ढकने के काम आते हैं बल्कि बदलते मौसम के प्रभाव से हमारी रक्षा भी करते हैं। यह हमारे व्यक्तित्व, व्यवसाय एवं स्तर के साथ हमारे चरित्र, व्यवहार, स यता आत्मविश्वास तथा भीतर छिपे गुण-अवगुण को तो दर्शाते ही हैं साथ ही हमें परिभाषित कर अलग पहचान भी देते हैं। हम किसी व्यक्ति को उसके पहनावे से सरलता से पहचान लेते हैं जैसे- पुलिस, डॉक्टर, वकील, अमीर, भिखारी आदि उनका पहनावा व उसका रंग उनके व्यवसाय एवं स्तर को परिलक्षित करता है। इसीलिए हमें उन्हें पहचानने में असुविधा नहीं होती। परंतु दैनिक जीवन में जिस र तार से फैशन व ट्रेंड बदल रहा है ऐसे में आम इंसान को उसके कपड़ों के अनुसार पहचानना मुश्किल हो गया है।

आपके कपड़े आपके बारे में सब कुछ बताते हैं। आप किस तरह का पहनावा पसंद करते हैं, किस तरह के रंगों का चयन करते हैं, किस तरह आप उन्हें धारण करते हैं? कपड़ों की दशा व स्थिति (नए-पुराने, धुले व मैले) आदि आपके व आपके सामने वाले को जानने एवं समझने में मदद करते हैं। इसलिए वस्त्रों का चुनाव करते समय हमेशा इस बात का ध्यान रखें कि आप किस ओकेजन पर पहनने के लिए कपड़े खरीद रहे हैं। यदि आप ऑफिस जाते हैं तो ज्यादा भड़कीले रंगों का चुनाव न करें। हमेशा आयरन किए हुए कपड़े ही पहनें, अपने व्यक्तिव से मेल खाते हुए कपड़ों का ही चयन करें, जिससे आप एक आकर्षक व्यक्तित्व के मालिक बन सकते हैं।

प्रसाधन और वेशभूषा

समयानुकूल वेशभूषा एवं सही मेकअप के अभाव में खूबसूरत चेहरा भी व्यक्तित्व को धूमिल बनाकर रख देता है। बिना सोचे-समझे सिर्फ दूसरों की देखादेखी मात्र आधुनिक फैशन के नाम पर अपने ऊपर शोभा न देने वाला परिधान पहनना आपके व्यक्तित्व को धूमिल करता है। जिस पोशाक को पहनकर

व्यक्ति अपने को सहज महसूस न कर सके, उसे पहनना क्या उचित है? उम्र व अवसर के अनुकूल वेशभूषा एवं सौ य मेकअप व्यक्तित्व को निखारने में सहायक बनते हैं।

आदतें

हर इंसान किसी न किसी आदत का शिकार होता है या यूं कहें हर इंसान में किसी न किसी तरह की आदत होती है, फिर वह नाखून चबाना हो या उंगली चटकाना, पैर हिलाना हो या मुंह में पैन-पेंसिल डालना आदि। यह सब वह आदतें होती हैं जिसका होश खुद करने वाले को नहीं होता। जाने-अनजाने में उससे यह हो जाती हैं और वह उसकी आदत में शामिल होती हुई, उसके व्यक्तित्व का हिस्सा बन जाती हैं। फिर आदत भले ही कोई सी हो सभी आदतें इंसान के मन-मस्तिष्क के स्तर एवं स्थिति को दर्शाती हैं, जिसमें चिंता, तनाव, असुरक्षा और बेचैनी के साथ-साथ बहुत कुछ छिपा होता है। छोटी-छोटी सी यह आदतें इंसान के व्यक्तित्व के बारे में बहुत कुछ कहती हैं।

आदतें व्यक्ति के अंदर जन्मजात नहीं होती हैं, इन्हें आत्मसात करना पड़ता है। अच्छी आदतों के सहारे अपने व्यक्तित्व को सद्‌गुणों की तरफ मोड़ा जा सकता है। अत: अच्छे व्यक्तित्व के लिए आवश्यक है कि अपने जीवन से जुड़े किसी भी पक्ष की अनदेखी न की जाए। अच्छी आदतों की निर्धारण में सावधानियां बरतना आवश्यक होता है, क्योंकि आदतों का संबंध व्यक्ति के संपूर्ण जीवनशैली व उसके क्रिया-कलापों से संबंधित होता है। इसलिए जीवन में एक ऐसी आदत विकसित करनी चाहिए जिससे आपके जीवन में निखार आए तथा उत्पादकता में वृद्धि हो। आपको इस बारे में विचार करना होगा कि आप लोगों को अपने बारे में क्या संदेश देना चाहते हैं। अब आप अपनी आदतों में बदलाव ला कर ऐसा कर सकते हैं जिससे आपकी श्रेष्ठता प्रतिबिंबित हो।

टालने की आदत को छोड़ें

समय का पाबंद होना सीखें। आलस से बचें। समय की मांग को समझें। मिले अवसरों को कल पर न टालें। जिस कार्य को शुरू करें उसको पूरा करने के लिए कल का इंतजार न करें। किसी शुभ समय या मुहूर्त के कारण कार्य को न टालें। ध्यान रखें किसी अच्छे कार्य को प्रारंभ करने के लिए हर समय श्रेष्ठ व शुभ होता है और हर बुरे कार्य के लिए हर मुहूर्त भी खराब होता है। जो है, अभी है, वर्तमान में है। कल जैसा कहीं कुछ नहीं होता। हम लोगों को टाल-मटोल करने की आदत होती है। हम यह समझने में असमर्थ रहते हैं कि इससे हम अपने लिए ही

मुसीबत पैदा कर रहे हैं। कई बार हम अपनी इस आदत की वजह से बड़ी मुसीबत में फंस भी जाते हैं। आज आप जो काम करना चाहते हैं, उसकी लिस्ट बनाएं और दिन के अंत में ये सवाल खुद से पूछें-

मैंने यह काम पूरा क्यों नहीं किया? पहले इस काम को करने में मुझे क्या दिक्कतें आईं थीं? क्या अपने इस नकारात्मक रवैये की वजह से पहले भी मुझे कोई खुशी मिली थी? यदि मैं अपनी आदत नहीं बदलता तो यह मुझ पर क्या प्रभाव डालता? मुझे इससे कैसा लगेगा? इन सारे कामों को यदि मैं अभी पूरा करता हूं तो क्या मुझे खुशी मिलेगी? हम सोचते हैं कि एक दिन आएगा, जब सब कुछ ठीक हो जाएगा। हमें अंतिम खुशी तब मिलेगी जब हमारे पास ढेर सारा रुपया होगा...हमें अपना आदर्श साथी मिल जाएगा... हम फेमस हो जाएंगे वगैरह। याद रखिए सफलता सिर्फ एक यात्रा है, मंजिल नहीं।

आत्मविश्वास

किसी भी काम की शुरुआत करते समय हमारे अंदर एक भावना उजागर होती है और वह है आत्मविश्वास यानी सेल्फकॉन्फिडेंस। जब तक आप अपने किसी भी कार्य को लेकर पूरी तरह से स्वयं विश्वासित नहीं होंगे तब तक आप दूसरों को भी उस कार्य के सही या गलत होने का प्रमाण नहीं दे सकते। यदि आपके अंदर कोई झिझक है, आप अपनी बात को दूसरों के सामने स्पष्ट रूप से नहीं रख सकते तो आप अपनी इस झिझक को दूर करने का प्रयास घर पर ही कर सकते हैं। अकेले में जैसे- शीशे के सामने खड़े होकर स्वयं से बात करें और यह प्रक्रिया दो-तीन बार दोहराएं, ऐसा करने से आपको अपने अंदर छिपी कमियों का भी पता चलेगा और आप उन्हें ठीक करने का भी प्रयत्न करेंगे और इस तरह आपका आत्मविश्वास भी बढ़ेगा और आपकी बात कहने की स्पष्टता भी सिद्ध होगी।

नैतिक मूल्य एवं स्वभाव

जीवन में मानवीय स्वभाव नैतिक मूल्यों से परिपूर्ण होना चाहिए। धन बल, बाहुबल, जन बल की अपेक्षा स्वभाव बल जिसका दिव्य अस्त्र होता है उसके पास समस्त ऐश्वर्य खिंचकर चले आते हैं। जिसका स्वभाव बल कमजोर है, शक्ति विहीन है, क्षीण है। वह अपनी महत्त्वाकांक्षा की पूर्ति के लिए दूसरों को कष्ट देना, पीड़ा पहुंचाना, विघ्न डालना, लाभ-हानि के लिए मानवता को धत्ता बताना, सिद्धांत की बलि चढ़ाना, अनैतिक हथकंडे अपनाना, अपनी खुशी के लिए लोगों के अरमान को कुचलना। दुनिया को धोखा देना, दुख देना, प्रतिकूलता

में घबराना, आलोचना, निंदा पर क्रोधित होना, जैसे कर्म करता है। परंतु जिसके लिए सुख-दुख, निंदा, स्तुति दोनों बराबर है, सामान है। जो तू-तू, मैं-मैं से प्रभावित नहीं होता है। जो स्वयं को परमार्थ कार्य के निमित्त प्रस्तुत करता है। जिसका हृदय दूसरों के दुख से द्रवित होता है। जो लाभ-हानि की चिंता किए बिना दूसरों की सहायता के लिए कदम बढ़ाते हैं। दूसरों के दुख को मिटाने हेतु भारी से भारी संकट भी झेलते हैं। समाज की मर्यादा की रक्षा के लिए प्रतिबद्ध हैं। जो स्वप्न में भी किसी को हानि नहीं पहुंचाते हैं। ऐसे मनुष्यों का जीवन सफल है। अतः नैतिक मूल्यों से पूर्ण उच्च स्वभाव अतुलनीय है, सराहनीय है। जीवन जीने की यही सर्वोत्तम कला है।

नियम और अनुशासन

मनुष्य जितना बड़ा ज्ञानी है, समझदार है उतना ही नादान, लापरवाह और असावधान है। वह प्रकृति के नियमों का उल्लंघन करता है, इसलिए उसे अनेक बार कष्ट भोगना होता है। जिसके चलते न केवल उसका शरीर बल्कि उसका मन भी रोगी हो जाता है।

नियम का उल्लंघन करने वाला व्यक्ति कष्ट भोगता है। यहां तक कि पशु-पक्षी भी अपने नियम में हैं। पशु-पक्षियों को रोग हुआ तो उन्होंने खाना छोड़ दिया और पानी पी लिया। कुत्ते-बिल्लियों को आप देख लीजिए। कुत्ते, बिल्ली थोड़े से ही बीमार पड़ते हैं तो आपने देखा होगा कि कुत्ता घास के बीच में जाकर उसके ऊपर की ओस को चाट रहा होता है, जिससे शरीर स्वस्थ रहे। कुत्ता, बिल्ली को जब लगेगा कि अब उठकर कहीं जाना चाहिए तो वे दो-तीन आसन तो कर ही लेते हैं। कुत्ता उठेगा अपने आगे के पंजे आगे ले जाएगा और धड़ को पीछे खींचेगा एक आसन कर लिया। फिर पीछे के पंजों को आगे की तरफ झुकाता हुआ अपने धड़ को आगे करेगा तो दूसरा आसन कर लिया। उसके बाद भी कहेगा कि अभी तक भी पूरी तरह से सुस्ती नहीं गई तो फिर वह अपनी गर्दन को इतनी जोर से हिलाता है, कानों को फड़फड़ाता है कि बस उसे लगता है कि उसमें पूरी तरह से चुस्ती आ गई। उसके बाद वह छलांग लगाएगा और चला जाएगा।

इसलिए आप भी अपनी जीवन शैली को नियमित, मर्यादित और गरिमापूर्ण बनाएं। दिनचर्या को सुव्यवस्थित करें। समय के पाबंद बनें, समय का सदुपयोग करें, समय पर पहुंचें व सारे कार्य समय पर करें। ध्यान रखें यदि आप अनुशासित हैं तो आप स्वयं चुने गए लक्ष्य तक आसानी से पहुंचते हैं तथा दूसरी मांगों की उपेक्षा कर पाते हैं। स्वयं अनुशासन के पालन करने के अ यास का अर्थ होगा

अनेक बाधाओं को न कहना, जिनका आपके उद्देश्यों से दूर-दूर तक कोई लेना-देना नहीं होता। अनुशासन के प्रति श्रद्धा व्यक्त करने का अर्थ होगा किसी भी कीमत पर चुने हुए पथ पर चलने की प्रतिबद्धता।

खान-पान का तरीका

व्यक्ति का जीवन और उसका खान-पान उसके व्यक्तित्व को पूरी तरीके से प्रभावित करता है। आपके व्यक्तित्व की पूरी पहचान आपके खाने की आदतों पर निर्भर करती है। जब भी आप कहीं बाहर खाना खाने जाएं तो हमेशा छुरी-कांटे का प्रयोग करें, जल्दी-जल्दी न खाएं, खाना खाते समय बातें कम करें और हो सके तो मोबाइल फोन का इस्तेमाल खाना खाते समय न करें। यदि आप किसी के घर खाने पर गए हैं तो खाने में मीन-मेख निकालने की बजाय खाने की तारीफ करें। खाने को बड़ी ही सफाई से खत्म करें। खाना खाने की इस व्यवहारिकता को अपने व्यक्तित्व में शामिल करने से आप स्वयं को पूर्ण कर सकते हैं।

सकारात्मक सोच एवं व्यवहार

हमेशा अपनी सोच में सकारात्मक रवैया अपनाएं, अपने सोचने की क्षमता को बढ़ने दें, उसे एक विशेष दायरे में सीमित न रखें। नकारात्मक सोच मनुष्य के व्यक्तित्व को झुकाने में अहम भूमिका निभाती है। अपनी सोच को सकारात्मक बनाने के लिए अधिक से अधिक लोगों से मिलें। अपनी बातचीत का दायरा बढ़ाएं, अपने मित्रों से अपनी कमियों के बारे में पूछें और फिर कमियों पर विचार कर उन्हें दूर करने का प्रयत्न करें। अपने व्यवहार को सकारात्मक बनाने के लिए सबसे अहम तत्त्व है चेहरे की मुस्कान को हमेशा बनाए रखना, जिसके फलस्वरूप लोग आपके हंसमुख स्वभाव से आकर्षित होकर आपके करीब आने की कोशिश करेंगे तथा आपके व्यक्तित्व के बारे में जानने को इच्छुक होंगे और आप संपूर्ण व्यक्तित्व रखने वाले लोगों में शामिल हो जाएंगे।

ख्याली पुलाव न बनाएं

अक्सर इंसान हवाई किले बनाने में लगा रहता है। याली पुलाव बनाना सर्वथा गलत है। इंसान को सर्वप्रथम अपने कार्यों की रूपरेखा तैयार करनी चाहिए फिर अभिलाषा के सूत्र में उसे मजबूती से पिरो दें। इसके बाद अपनी समस्त शक्ति को उसे पूरा करने में लगा दें ठीक उसी तरह जिस तरह एक कारीगर मकान का नक्शा पहले मन में तैयार कर लेता है। सुंदर व भव्य इमारत बनाने से पूर्व ही वह मनचक्षु से उसे मन में देख लेता है। इसलिए इंसान जो भी

कार्य करे उसकी रूपरेखा पहले से ही अपने मन में तैयार कर ले। इंसान की कल्पना ही उसकी इमारतों के नक्शे होते हैं परंतु यदि इंसान कल्पनाओं को सत्य करने के लिए जी-जान से प्रयास नहीं करेगा तो वे नक्शा मात्र ही रह जाएंगी। जिस तरह अगर एक कारीगर नक्शा तो मकान का बना ले पर उसको बनाने वाले साधन न जुटाए तो नक्शा मात्र कागज पर ही सिमटा रह जाएगा। इतिहास गवाह है कि सभी महान पुरुष जिन्होंने संसार में महत्त्वपूर्ण कार्य किए, उन्होंने पहले अपनी इच्छित वस्तुओं को स्वप्न में देखा फिर जितने आग्रह, उत्साह और लगन से उन्होंने अपने स्वप्न की सिद्धि प्राप्ति हेतु चेष्टा की उतनी ही सफलता अर्जित की व यशस्वी बने।

दृढ़ निश्चयी और मददगार बनें

यदि आप कोई कार्य करते हैं तो उसे पूरा करें। अपने कार्यों को बीच में ही छोड़कर कोई अन्य काम न करें। अपनी जीवनशैली में बदलाव के लिए दृढ़ निश्चयी होना बेहद अनिवार्य है, क्योंकि आपका यह व्यवहार न केवल आपके घर बल्कि बाहर के वातावरण में भी सामंजस्य स्थापित करने में मददगार साबित होता है। अपने कार्यों और संकल्प की पूर्ति में आप यह न भूलें कि आपके सहकर्मी या आपका परिवार आपके इस व्यक्तित्व की पहचान का अहम हिस्सा है। हमेशा अपने व्यवहार में दूसरों की सराहना करने का गुण अवश्य रखें। हमेशा दूसरों के काम की सराहना करें, उनकी मदद करें, क्योंकि हर किसी को अपनी प्रशंसा सुनना और दूसरों द्वारा प्रोत्साहित करना अच्छा लगता है और यह एक सबसे अच्छा और बेहतर तरीका है आपके व्यक्तित्व में चार-चांद लगाने का।

अनुभवों का प्रयोग करें

अपने व्यक्तित्व में और निखार लाने के लिए आपको अपने अच्छे-बुरे दोनों अनुभवों का प्रयोग अपनी जीवनशैली में करना ही होगा। आपके अनुभव आपके कार्यों को सही तरीके से पूरा करने में मददगार साबित होते हैं। यदि आप से पहले कभी कोई गलती हुई हो तो ऐसी गलतियों से शिक्षा लें, उनसे डरें नहीं। अपने पूरे आत्मविश्वास के साथ अपना कार्य अपने अनुभवों के आधार पर पूरा करें, फिर देखिए आपकी सफलता में कोई भी बाधक नहीं बनेगा।

बिना सोचे-समझें न बोलें

आपकी वाणी और वाक्य सामने वाले पर एक विशेष प्रभाव छोड़ते हैं। सच तो यह है इंसान कितना भी अमीर या प्रतिष्ठित क्यों न हो उसकी बोली ही उसके मित्र

या शत्रु बनाने में उसकी सहायक होती है। इंसान कुछ न भी हो लेकिन अपने वचनों एवं विचारों से पहचाना जाता है। लोग उसके मरने या बिछड़ने के बाद उसकी दौलत या रुतबे को नहीं उसके व्यवहार एवं जुबान को याद करते हैं। इसी वाणी के द्वारा हम बड़े से बड़ा, टेड़ा व असंभव कार्य भी सरलता से कर सकते हैं। इसलिए जितना हो सके, सोच-समझकर तरीके से बोलें क्योंकि हाथों की मार से ज्यादा शब्दों की मार अधिक गहरी होती है जो आपकी बनी-बनाई छवि को भी खराब कर सकती है।

अपनी ही न चलाएं

अपनी बात या मत रखना आवश्यक है परंतु किसी पर अपने विचार या बातों आदि को थोपना गलत है। सामने वाले को अपनी बात कहकर सोचने-समझने का मौका दें। बेवजह के तर्क एवं बहस आदि से अपनी बात को मनवाने का प्रयास न करें। सामने वाले की भी सुनें, उसका दृष्टिकोण भी समझें। यदि आप गलत हैं तो गलती मानें। दूसरे का काम या सुझाव अच्छा लगे तो उसकी तारीफ भी करें, हमेशा अपनी ही न चलाएं।

एहसान न गिनाएं

या तो किसी की मदद न करें और यदि करते हैं तो कभी भी अपने किए हुए सहयोग को गिनाएं नहीं और न ही चार लोगों में उसकी चर्चा करें कि आपने कब, क्या, किसके लिए कितना किया है। गिनाने से न केवल आपका सारा किया अनकिया हो जाता है बल्कि आप दूसरों की नजर में भी गिरते हैं। फिर लोग ऐसे इंसान से बचते हैं खासतौर पर जब उन्हें आपसे कुछ मदद चाहिए होती है। इतना ही नहीं लोग आपको सामाजिक गतिविधियों से दूर रखने लगते हैं।

जबान से न फिरें

आदमी वही है जो अपनी जबान का पक्का हो यानी अपनी कही हुई बात का मान रखे, अपने किए गए वादों को निभाए, उनसे मुकरे नहीं। ध्यान रखें वादा करना जितना सरल होता है उतना ही कठिन होता है उसको निभाना इसलिए सोच-समझकर ही कोई वादा करें। बात सिर्फ वादों की ही नहीं है बल्कि जिन बातों की आप हामी भरते हैं, उस बात पर टिके रहें। ऐन मौके पर अपनी हां या बात से मुकरें नहीं, वरना लोग आप पर विश्वास करना बंद कर देंगे और जहां विश्वास नहीं वहां कुछ नहीं। इतना ही नहीं जहां कथनी ओर करनी में फर्क आ जाता है वहां सामने वाले की नजर में, आपकी छवि को लेकर भी फर्क आ जाता है।

इधर की उधर न करें

रिश्ते या दोस्त बनाना जितना आसान है उससे कहीं अधिक मुश्किल है उन्हें बनाए रखना। क्योंकि छोटी-छोटी बातें आपसी विश्वास को नष्ट कर देती हैं। ऐसे में चुगली करना, अपनों की बुराई करना, गुप्त रखने वाली बातों को उजागर करना आदि आपके व्यक्तित्व एवं छवि को भी मैला करती हैं फिर भले ही आप कितनी भी हमदर्दी जताएं या मीठे बोल बोलें। ऐसा स्वभाव भविष्य में आपको सदा ही दुष्परिणाम देगा, अपनों की नजरों में गिराएगा तथा कार्यस्थल में आपको व्यावहारिक भी नहीं बनने देगा।

सिर्फ कमियां ही न ढूंढे

माना कि कोई भी पूर्ण नहीं होता पर इसका मतलब यह नहीं कि आपका नजरिया ही नकारात्मक हो जब भी आप किसी से मिलें या कुछ खरीदें सबसे पहले उसमें कमी ही देखें। कभी-कभी हम स्वयं को दूसरों से भिन्न दिखाने के लिए भी ऐसा करते हैं ताकि औरों से कुछ अलग नजर आएं या पहचानें जाएं परंतु होता उल्टा है आप पहचानें तो जाते हैं परंतु अपने नखरों के कारण जिसके कारण लोग आपके साथ से बचने की कोशिश करते हैं। कोशिश करें सामने वाले की अच्छाई भी देखें, कभी-कभार तारीफ भी करें। हमेशा सामने वाले की कमी निकालकर उसको छोटा और स्वयं को श्रेष्ठ साबित करने की कोशश न करें।

बातों को न खींचे

गलती किससे नहीं होती परंतु इसका मतलब यह नहीं कि खत्म हुई बात को लंबी खींचते रहें। नए दिन के साथ नए ल हे बुनें। पुरानी बातों को घसीटकर अपना आज न खराब करें। बहस करने की बजाय चिंतन पर ध्यान दें। दूसरों से आमने-सामने की लड़ाई करने की बजाय रचनात्मकता की ओर ध्यान दें। अपने स्वभाव को शांत बनाए रखें। जीवन में अनेक ऐसे लोग मिलते हैं जो हमें उत्तेजित कर देते हैं।

1. अपने विचारों पर ध्यान दें, उन्हें समझें। विचार, मात्र विचार नहीं होते, जॉन ऑलिवर हाब्स के शब्दों में वे ही कर्म में परिवर्तित होकर भाग्य बन जाते हैं। एक बार आदत बन जाने पर वह टूटती नहीं। यही आदतें आपका चरित्र बनती हैं। चरित्र ही भाग्य निर्माता है, लेकिन प्रारंभ विचारों से ही होता है। अत: विचारों को उदार, शुद्ध, पवित्र, सेवा-बलिदान, स्वास्थ्य, प्रसन्नता, सद्‌भावना, सफलता,

विजय, प्रेम, शांति तथा प्रसन्नता से परिपूर्ण होना आवश्यक है। ईर्ष्या, द्वेष, लोभ, घृणा, लालसा आदि विषैले विचारों से दूर ही रहें, उन्हें पास न आने दें।

2. दूसरों की आलोचना न करें। लोगों को दूसरों के दोष देखने की इच्छा होती है, वे इससे खुश भी होते हैं, चटखारे भी लेते हैं। किसी के दुर्गुण असफलताएं तथा बुराइयां न देखें। उसमें छिपे सद्‌गुण को देखने का प्रयत्न करें। किसी की बुराई करने या देखने पर स्वयं अपना मन मैला होता है। यदि अच्छाई देखोगे, तो आप स्वयं भी दिन-प्रतिदिन अच्छे ही बनते जाओगे। किसी भी कार्य के लिए, असंभव न कहें। हवाई जहाज, स्टीम बोट आदि बनने से पहले इन चीजों को कोरी कल्पना ही कहा जाता था। किन्तु बाद में सब सत्य प्रमाणित हुआ।

3. सकारात्मक सोच के लिए आवश्यक है, अपने अभावों को नहीं अपितु आभारों को गिनना। यह अभावों के कारण अवसाद में डूबे व्यक्ति के लिए एक अचूक उपाय है। एक कागज लेकर उसमें वह सब लिखें, जिनके लिए आप ईश्वर के आभारी हैं। शारीरिक अंग, परिवार के सदस्य, सामाजिक व्यवस्था वह सब लिखिए, इस प्रकार अवसाद का असर सूर्य के सामने धुंध के समान समाप्त हो जाएगा। शुक्रिया की भावना अवसाद तथा दुख को दूर करती है। इसलिए जो मिला है उसका आभार व्यक्त करने से कभी न चूकें।

4. संगीतमय हृदय, गाता हुआ मन, मनोवृत्ति बदलने का एक अन्य साधन है। अब लोग गीत गाना भूल गए हैं। हृदय को गाना चाहिए। सुबह जाकर, बिस्तर से उठने से पहले कोई सरल सी धुन गुनगुनाइए सप्ताह भर के बाद ही आप अपने में परिवर्तन अनुभव करेंगे।

5. हमारे मन का स्वभाव है कि किसी भी घटना, परिस्थिति या व्यक्ति के प्रति एकदम प्रतिक्रिया करता है। हमें मन की पहली प्रतिक्रिया के अनुसार व्यवहार नहीं करना चाहिए। कुछ देर प्रतीक्षा करनी चाहिए और मन के भीतर उठ रही उथल-पुथल को देखना चाहिए। इस विधि से मन शांत और एकाग्र हो जाता है और निश्चयात्मक बुद्धि उत्पन्न होती है।

सेल्फ मैनेजमेंट
(आत्म प्रबंधन)

किसी ने ठीक ही कहा है 'स्वयं परिवर्तन तब जगत परिवर्तन' यानी दूसरों को सुधारने या परिवर्तित करने से पहले हमें स्वयं को परिवर्तित करना चाहिए। यही सुनहरा नियम एक प्रबंधक के लिए जरूरी होता है क्योंकि कोई प्रबंधक दूसरे का प्रबंधन तभी कर सकता है जब वह खुद प्रबंधित हो। जो 'सेल्फ मैनेज्ड' नहीं होता वह दूसरे को क्या मैनेज करेगा? यानी जो स्वयं अस्त-व्यस्त हो वह दूसरों व उनसे जुड़ी गतिविधियों को क्या व्यवस्थित करेगा? इसीलिए सेल्फ मैनेजमेंट यानी आत्म-प्रबंधन स्वयं को अनुशासन में रखना, नियमबद्ध रखना, अपने बनाए हुए मार्गों पर चलना, समय के मूल्य को समझना, अपनी दिनचर्या एवं जीवन को संतुलित रखना, विचारों एवं वाणी पर संयम रखना ही है।

चुनौतियां हों या संघर्ष वक्त के मोड़ और पड़ावों के साथ किसको, कैसे जीना चाहिए यह सिखाने से पहले सिखाने वाले को खुद उसकी व्यावहारिकता पर अमल करना चाहिए। और यह अमलता बिना आत्मानुशासन के संभव नहीं है। और यही आत्मानुशासन आत्म प्रबंधन की रीढ़ है। जो स्वयं सबल होगा वही दूसरों को सबलता प्रदान कर सकता है इसलिए किसी संघ, संस्था या कार्य आदि के प्रबंधन से पहले प्रबंधक के अन्दर आत्म-प्रबंधन के गुणों का होना अनिवार्य है। वरना संबंधित समूह या कार्य कभी भी अपने अन्जाम तक नहीं पहुंच सकते। इसलिए जरूरी है कि आप नि न बातों पर गौर करें।

अहम्

यानी 'मैं' भाव। हमारी 'ईगो' ही हमारी सबसे बड़ी समस्या है। जो न हमें हमारी गलती को मानने देती है न ही इस बात को स्वीकार करने देती है कि सामने वाला हमसे अच्छा व समझदार है। इसलिए न तो हम झुकना चाहते हैं और न ही किसी दूसरे से कुछ सीखना चाहते हैं। हमारा अहंकार, हमारी झूठी अकड़ ही हमें ठीक से जीने नहीं देती। जिसके कारण न केवल छोटी-छोटी बातें हमें चुभती हैं

बल्कि बने-बनाए सारे कार्य एवं संबंध तहस-नहस हो जाते हैं, जिसके कारण हमारा विकास रुक जाता है और हम अपने आसपास एक नर्क निर्मित कर लेते हैं।

ईर्ष्या

ईर्ष्या एक ऐसी समस्या है जो इनसान को अंदर से खोखला कर देती है। ईर्ष्या सदा हमें दूसरों के पास उपलब्ध सुख-सुविधाओं के पाने के लिए उकसाती है तथा जो हमारे पास है, हमें मिला हुआ है उसे देखने नहीं देती। हमारा मन सदा कुढ़ता रहता है तथा दूसरे के सुकून में, आनंद में विघ्न डालने की योजनाएं बनाता रहता है। हम स्वयं को हीन समझने लगते हैं और जो कुछ भी हमारे पास है हम उसे गवां बैठते हैं। एक दिन यही जलन हमें जला देती है और हम दुखी होने लगते हैं।

आलस

आलस मनुष्य का सबसे बड़ा शत्रु है। जो लोग आज के काम को कल पर टालते हैं वह कभी सुखी व कामयाब नहीं हो पाते क्योंकि कल कभी नहीं आता। हाथ कुछ नहीं आता, कुछ आता है तो वह है अफसोस और पछतावा। जो मेहनत से डरते हैं वही आलसी होते हैं। एक दिन यही आलस इन्सान को नाकाम और निक मा बना देता है।

धैर्य

धैर्य यानी सब्र। सब्र सबसे बड़ा गुण है। जल्दबाजी से न केवल काम खराब होते हैं बल्कि मेहनत भी जाया होती है। शीघ्रता एवं धैर्य में कमी के कारण हम कई गलत फैसले ले लेते हैं। हम न किसी को ठीक से समझ पाते हैं और न ही खुद को दूसरों के समक्ष सही ढंग से प्रस्तुत कर पाते हैं। हमारा उतावलापन अर्थ का अनर्थ कर देता है। धैर्य की कमी के कारण ही इन्सान न केवल अपने जीवन में गलतफहमी को जन्म देता है बल्कि बने-बनाए काम को भी बिगाड़ देता है।

क्रोध

क्रोध यानी गुस्सा जिसकी अग्नि में जलकर इन्सान स्वयं को नष्ट कर लेता है। इसी क्रोध के चलते वह अपना आपा खो बैठता है और अपने पैरों पर कुल्हाड़ी मार लेता है। क्रोध में आदमी सही-गलत, अच्छे-बुरे, अपने-पराए आदि का भी ध्यान भूल जाता है, और वह कुछ का कुछ कर जाता है जिसकी उसने कल्पना भी नहीं की होती। क्रोध इन्सान के पतन की जड़ है। इससे जितना हो सके बच कर रहना चाहिए।

जिद

किसी चीज के लिए जुनून होना अलग बात है और स्वभाव से जिद्दी होना अलग बात है। हमारा जिद्दी स्वभाव ही हमें नए लोग, नए विचार आदि को स्वीकारने नहीं देता। स्वभाव में लचीलापन होगा तभी चीजें, संबंध एवं परिस्थितियां आदि संतुलित रहेंगी वरना जिद्दी आदमी का वही हाल होता है जो तूफान में सूखे पेड़ का होता है। सदा अपनी चलाने या हांकने वाले कभी भी स्वयं को विस्तार नहीं प्रदान कर पाते। वह अपनी कमियों और गलतियों के साथ कुएं का मेंढक बन कर रह जाते हैं।

बदला

जो हो गया सो हो गया। जिसने जैसा कर दिया उसे उसकी करनी पर छोड़ दो। जीवन के प्रति हमारी यही सोच रहती है लेकिन हम बदले की भावना में जीते हैं। जब तक हम अपने अपमान या हानि का मुंहतोड़ जवाब नहीं दे देते तब तक हम चैन से नहीं बैठते। जो समय, जो शक्ति हम अपने को बनाने, संवारने में लगा सकते थे उसे हम दूसरे को बर्बाद करने की योजनाओं में लगा देते हैं और दूसरा हमारे बदले का हिसाब देने में जुट जाता है।

स्वीकारें

इन्सान के दुख का मूल कारण है उसका अस्वीकार भाव। वह अपने हालात एवं परिस्थितियों को स्वीकारना नहीं चाहता। वह दुखों से भागना चाहता है। तकलीफों के बिना जिंदगी जीने की कामना करता है, लेकिन इस बीच वह यह भूल जाता है कि जीवन में दुख का कारण उसका अस्वीकार भाव है। जीवन को सही ढंग से जीने के लिए जरूरी है जीवन के हर मोड़ को, हर पड़ाव को उसकी हकीकत के साथ स्वीकारा जाए। जो लोग सहमत होना नहीं जानते वह अपने लिए दुख के बीज बोते हैं। मृत्यु इस जीवन का सत्य है, इस बात को स्वीकारें। जो आज मिला है वह कल बिछड़ भी सकता है। जो अपना है वह कल पराया भी हो सकता है, मिलन जुदाई में बदल सकती है आदि। पूर्ण अस्तित्व को स्वीकारना सही जीवन जीना है।

चुगली

चुगली करना न केवल दुर्गुण है बल्कि व्यक्तित्व विकास में सबसे बड़ी बाधा है। इधर की उधर करना, पीठ पीछे बुराई करना, शिकायत लगाना या बातों को

बढ़ा-चढ़ाकर बताना आदि मात्र आपके चुगलखोर या शिकायती स्वभाव को ही नहीं दर्शाते बल्कि यह भी बताते हैं कि आपको दूसरे में कितना इंट्रेस्ट है। आप अपने बारे में कम लोगों के बारे में अधिक सोचते हैं। आपकी शक्ति पूरे दिन सामने वाले की कमी या बुराई गिनाने में ही व्यय होती है। जो इन्सान दूसरों के जीवन में ताक-झांक करता है, दूसरों के घर, संबंध या योजनाओं आदि को खराब करने का जाल बुनता रहता है वह अप्रत्यक्ष रूप से अपने लिए ही समस्या उत्पन्न करता है। इसलिए इससे बचें और दूसरों से ज्यादा स्वयं की खबर रखें तभी जीवन सुंदर हो पाएगा।

वही बनिए जो आप हैं

अपना विस्तार करो। विस्तार करने से ही मनुष्य का विकास होता है। अपने अन्दर विस्तार करो। व्यापक बनो। व्यापक बनकर अपने वास्तविक स्वरूप में आ जाओ। अपनी अनन्तता को अनुभव करो।

दूसरों के बनाये पैरों के निशानों पर अपने पैर मत बढ़ाइये बल्कि अपने पैरों के निशान स्वयं ही बनाइये। दूसरों की तरह बनने की कोशिश करने वाला व्यक्ति अपने आप को खो देता है। क्या आप इस संसार में स्वयं को सिद्ध करना चाहते हैं? एक अलग पहचान बनाना चाहते हैं तो अपने आपको पहचानने की, अपनी खूबियों को जानने की जहमत उठाइये। वही बनिए जो कि आप हैं। खुद की खूबियों को जिस दिन आप जान लेंगे उस दिन आकाश के सारे सितारे स्वयं ही आपकी मुट्ठी में आ जाएंगे। हर इंसान कहने को तो लगभग समान ही होता है परन्तु फिर भी बहुत सी बातें होती हैं जो एक इंसान को दूसरे से अलग करती हैं। इसलिये आप में भी कुछ भिन्नता होगी जो आपको दूसरो से अलग करती होगी। उस भिन्नता को पहचान कर आप वही बनें जो आप हैं क्योंकि भेड़चाल से निराशा के अलावा कुछ भी हाथ नहीं लगता। हमेशा इंजन बनने का प्रयास करें डिब्बा नहीं। क्योंकि इंजन खुद को सिद्ध कर सकता है डिब्बा नहीं।

इसलिये आप जो हैं वही बनिये इससे बेहतर उपलब्धि कोई दूसरी नहीं होगी। जब आपका मन निराश हो और किसी और की शर्सियत आप पर हावी होने लगे, तो तुरन्त आप जाग जाइये और स्वयं से ये सवाल पूछिये कि अगर मैं दूसरों की तरह बनने लगा तो फिर मेरी तरह कौन बनेगा? अगर मैं स्वयं ही कुछ नहीं बन सका तो कौन फिर मेरी तरह बनने का प्रयास करेगा मजा तो तब है जब हम किसी की नहीं बल्कि कोई और हमारी नकल करे। जब आप अपनी क्षमताओं,

योग्यताओं का सही आंकलन करने लगेंगे तब किसी ओर की तरफ देखने की जरूरत ही नहीं होगी।

शिकायत क्यों, शुक्रिया क्यों नहीं?

शिकायत इंसान का स्वभाव है क्योंकि वह सदा असंतुष्ट रहा है। असंतुष्ट आदमी 'अग्नि' है तो शिकायत उसका 'धुआं' है। जो इंसान स्वयं के सुख के लिए दूसरों से उ मीद रखेगा वह शिकायत करेगा ही। वह सदा अपने दुख का जि मेदार किसी और को ठहराएगा ही।

शिकायत इस बात का सबूत है कि इंसान कितना स्वार्थी है। जब चीजें, व्यक्ति या परिस्थितियां इंसान के अनुकूल नहीं होतीं तो वह शिकायतों से भर जाता है। और शिकायत से भरा मन सदा बेचैन रहता है और यही बेचैनी उसकी आदत बन जाती है और शिकायत करना उसका स्वभाव। मनोविज्ञान कहता है कि कई बार इंसान अपनी ओर ध्यान केंद्रित करने के लिए भी शिकायत करते हैं ताकि कोई उन्हें समझे, उन पर गौर करे, ध्यान दे, जैसे अमूमन बच्चे करते हैं। कितनी अजीब बात है इंसान अपने सुकून के रास्ते भी दूसरों के सहारे खोजता है। सच तो यह है कि इंसान बहुत अजीब है, उसे जो नहीं मिलता है उसकी शिकायत करना नहीं भूलता, लेकिन जो मिलता है उसका शुक्रिया अदा करना जरूर भूल जाता है। इंसान, किसी अनजान, अपरिचित को एक बार शुक्रिया अदा कर भी देता है, लेकिन किसी अपने को शुक्रिया कहने में हिचकिचाता है। क्योंकि किसी अपने को धन्यवाद देना उसको झुकना लगता है। उसके अहंकार को ठेस लगती है इसलिए वह शुक्रिया करने से बचता है।

शिकायत और शुक्रिया की जड़ कहीं और नहीं, मनुष्य के भीतर ही है। जिस दिन मनुष्य अपनी नजर इस संसार से, इस जन्म से और इस संसार से जो मिला है, इस पर रखेगा, उस दिन वह दिल से आभार व्यक्त करेगा। लेकिन इंसान को चाहिए कि वह जीवन में आए दुख-तकलीफों के प्रति भी शुक्रिया का भाव रखे। इ तिहान पास करने के लिए जरूरी है इ तिहान में बैठना, बिना बैठे पास होने का सुख असंभव है। ऐसे ही बिना पीड़ा के आनंद असंभव है। इसीलिए परमात्मा का शुक्रिया अदा करो कि आपको इन सबसे गुजरने का सौभाग्य मिला। ध्यान रखो जिस वृक्ष पर फल लगते हैं उसी की टहनियां झुकती हैं। झुकने से कोई छोटा नहीं हो जाता। सच तो यह भी है कि झुकना भी एक कला है, एक साधना है और शुक्रिया अदा करना एक पूजा है।

जीवन में हमें जो नहीं मिलता है उसके प्रति हम सदा शिकायत से भरे रहते हैं, कभी भी जो हमें मिला है उसके प्रति अपना आभार या धन्यवाद नहीं प्रकट करते। इसलिए यदा-कदा हमें अपने जीवन का मूल्यांकन करते रहना चाहिए तथा सदा उन बातों का याल रखना चाहिए जिससे भगवान ने हमें नवाजा है और उसका धन्यवाद देना चाहिए। सही जीवन जीने का यही अर्थ है कि हमें हमेशा इस बात का होश रहे कि कितना कुछ भगवान एवं इस जीवन ने हमें दिया है अन्यथा शिकायतों के चलते इस जीवन को नर्क बनने में देर नहीं लगती।

दूसरे को बदलने का जुनून

इंसान सदा दूसरे को बदलने की कोशिश में लगा रहता है। वह चाहता है दूसरा बदल जाएगा तो उसके द्वारा मिलने वाला दुख खुद-ब-खुद सुख में बदल जाएगा। लेकिन हर दूसरा आदमी यही कर रहा है। वह दूसरे के बदलने के इंतजार में बैठा हुआ है। लेकिन इंसान बहुत अजीब है वह यह भूल जाता है कि जब वह स्वयं को अपनी इच्छानुसार अपने लिए नहीं बदल सकता तो दूसरा कैसे उसके कहने या प्रयास से बदल सकता है। यदि यह बात सबकी समझ में आ जाए तो इंसान जितनी ऊर्जा, जितना समय दूसरे को बदलने में लगाता है उससे आधे श्रम में वह स्वयं को बदल सकता है और सुखी हो सकता है।

लेकिन हमें दूसरे को बदलना ज्यादा सरल और सुविधाजनक लगता है। इसलिए हम दूसरे को बदलने के जुनून में स्वयं का सुख-चैन गंवा देते हैं। परिवर्तन यदि कहीं संभव है तो वह स्वयं में है। यदि कहीं उ मीद की जा सकती है तो स्वयं से की जा सकती है। भरोसा करना ही है तो इंसान खुद पर करे। तभी कुछ हो सकता है वरना इंसान सदा भटकता ही रहेगा और उम्र भर शिकायत ही करेगा।

यूं तो हर इंसान पल-पल बदलता है लेकिन स्वयं में, स्वयं के हित के लिए जो इंसान स्वयं को बदलता है उस परिवर्तन को, परिवर्तन नहीं आत्म रूपांतरण कहते हैं। आत्म रूपांतरण में आदमी की नजर किसी दूसरे पर नहीं स्वयं पर होती है। वह कमी दूसरे में नहीं खुद में ढूंढता है। उसके सुख दूसरे पर निर्भर नहीं होते। रूपांतरित आदमी मुक्त होता है किसी से बंधा या जकड़ा नहीं होता। वह हर पल नया होता है। उसकी हर अवस्था नई होती है। वह हर परिवर्तन को स्वीकार करता है। जो मिला है उसका धन्यवाद करता है। हर परिवर्तन उसके लिए उसकी परीक्षा होती है। इस भाव से जब इंसान जीवन में परिवर्तन को लेता है तो धीरे-धीरे परिवर्तन आत्म रूपांतरण में घटित होने लगता है।

बदलो बदले की भावना को

बहुत कुछ बदलने को है। वो भी कहीं और नहीं हमारे अंदर है। लेकिन बदलने के लिए, रूपांतरित होने के लिए जो सबसे जरूरी है वह है इंसान के भीतर छिपी बदले की भावना। क्योंकि बदला लेना ही इंसान की फितरत है। बदले की भावना इंसान में स्वत: ही जन्म लेती है। बदला लेकर इंसान स्वयं को सामने वाले के बराबर समझता है। इंसान भले ही अच्छे के बदले कभी अच्छा करे न करे लेकिन बुरे का बदला लेने में, जवाब देने में, कभी नहीं चूकता क्योंकि चुप रहने में उसे अपनी हार लगती है। इंसान सदा बदले की अग्नि में जलता है। इंसान अपना आधा जीवन उन लोगों से बदला लेने में, षड्यंत्र रचने में लगा देता है जिसने उसे दुख पहुंचाया था। वह सोचता है बदला लेने से हिसाब बराबर हो जाएगा। लड़ाई खत्म हो जाएगी। लेकिन ऐसा कभी नहीं होता। बुद्ध कहते हैं 'बैर से बैर कभी खत्म नहीं होता बल्कि और भी घना होता है।'

बुद्ध ठीक कहते हैं क्योंकि बदला एक श्रृंखलाबद्ध खेल है जो अपनी हर नई पारी में और भी कुरूप होकर सामने आता है। क्योंकि जिससे हम बदला लेंगे वह पुन: अपनी हार का, अपमान का बदला लेगा। फिर जितना बड़ा उसका जवाब रूपी प्रयास होगा उससे ज्यादा हम उसके उत्तर में बदला लेने की कोशिश करेंगे। धीरे-धीरे फिर यही बदले की भावना हमारे चारों ओर एक नर्क निर्मित कर देती है और हम बदले की आग में भस्म हो जाते हैं और चीजें बनने की बजाय बिगड़ने लगती हैं। जो परिवर्तन हमें जगा सकता था, हमें संभाल सकता था वह हमें गर्त में ले जाता है और हम लड़खड़ा जाते हैं। इसलिए छोड़ो बदले की भावना को बस स्वयं को ही परिवर्तित करो ताकि कुछ रुपांतरित हो सके।

शक

शक का कोई इलाज नहीं है शक आदमी को पूरी तरह निगल जाता है तथा बने बनाए विश्वास के घर को गिरा देता है। हम शक इसलिए करते हैं क्योंकि हमें दूसरे पर नहीं स्वयं पर विश्वास नहीं होता। लेकिन हमारी जिंदगी दूसरों पर शक करने तथा उनकी जासूसी करने में ही बीत जाती है। हम अपनी उम्र को, सही-गलत को, साबित करने में या दूसरे की छानबीन करने में ही गंवा देते हैं। अपने बारे में, अपनी कमियों पर ध्यान नहीं देते, जिसके चलते हमारा खुद का ध्यान स्वयं से हट जाता है और हमारे हाथों से हमारा बहुमूल्य जीवन खोने लगता है। इसलिए सही जीवन जीने के लिए एक-दूसरे के साथ-साथ स्वयं पर विश्वास होना भी जरूरी है।

समय को बर्बाद न करें

समय बहुत कीमती है। इसे यूं ही बर्बाद न करें। बीता हुआ वक्त कभी लौट कर नहीं आता। जो कुछ हमें मिलेगा या मिल सकता है इसी समय के माध्यम से ही मिल सकता है। इसलिए गलत लोगों एवं कार्यों में समय व ऊर्जा को व्यर्थ न गंवाएं। ऐसे लोगों पर अपना वक्त जरा भी खर्च न करें जिन्हें न अपने समय की परवाह हो और न ही आपके समय की।

सफाई देने में न लगे रहें

यह ठीक है कि अपनी इमेज यानी छवि की चिंता सबको होती है। और जहां इमेज होती है वहां गलतफहमियां एवं इल्जाम जैसी चीजें उभर ही जाती हैं। परंतु इसका मतलब यह नहीं कि आप अपना सारा समय एवं ऊर्जा अपनी सफाई देने में ही लगा दें। ध्यान रखें जिन्हें आप पर विश्वास नहीं है उन्हें आप विश्वास नहीं दिला सकते और जहां विश्वास है वहां कोई सफाई की जरूरत नहीं पड़ती। जो दुश्मन है वह सफाई सुनकर भी दुश्मन ही रहेगा और जो दोस्त होगा उसे सफाई सुनने की भी जरूरत नहीं पड़ेगी।

लोग क्या कहेंगे

हम अमूमन कार्य अपने हिसाब से कम औरों के हिसाब से अधिक करते हैं। दूसरों का याल रखना, उनकी भावनाओं की कद्र करना अच्छी बात है लेकिन अपना मन मारना, अपनी स्वतंत्रता से न जीना गलत है, जो हमें दुख देता है। यहां तक कि अधिकतर लोग अपनी पसंद-नापसंद, जरूरतें-प्राथमिकताएं, रीति-रिवाज आदि भी लोग समाज आदि को देखकर तय करते हैं। छोटी-छोटी बातों के सुकून के लिए लोग खुद को कष्ट में कर लेते हैं पर लोगों की मानते जरूर हैं। इसी भय के कारण इंसान दिखावा करता है। अपने मूल्यों और सिद्धांतों के साथ समझौता करता है। इससे उसके जीवन में सहजता कम बनावट अधिक आ जाती है। बनावट सदा दुख देती है। जैसे ही हम अपना जीवन, अपने अनुसार खुलकर नहीं जी पाते तो हमें तकलीफ होती है और हम दुखी होने लगते हैं।

वर्गीकरण एवं प्राथमिकता

अपनी सभी समस्याओं, चिंताओं एवं उलझनों को एक कागज पर लिखें, फिर उनको प्राथमिकता अनुसार क्रम में लगाएं और छांटें, कौन-सी चिंता जायज है और कौन-सी आपने बे-वजह निर्मित कर ली है। आप पाएंगे एक-दो के

अलावा सब बेकार की हैं। चिंता को चुनने के बाद सोचें कि फलानी चिंता क्यों है तथा इस चिंता से मुक्त होने के लिए मैं क्या कर रहा हूं? फिर एक कागज और पैन उठाएं और उस पर अपने रोज के कार्य एवं अपनी प्राथमिकताएं लिखें, आप पाएंगे कि आप अपनी चिंता से मुक्त होने के लिए कुछ नहीं कर रहे और आपकी ऊर्जा बेवजह सिर्फ सोचने में ही खर्च हो रही है। इसलिए अपनी चिंताओं एवं समस्याओं का वर्गीकरण करें, प्राथमिकता अनुसार उनका निपटारा करें और मन को स्वस्थ रखें।

प्रयत्नशील रहें

समस्याएं सिर्फ चिंता करने या व्यवस्था को कोसते रहने से ही कभी नहीं सुलझतीं। उनका एकमात्र हल होता है कोशिश करना। ऐसी कोशिश करनी चाहिए जो कि सही दिशा में की जाए। पूरी लगन और तन्मयता के साथ की जाए ताकि सफलता अवश्य प्राप्त हो। असफलता का अर्थ होता है कि प्रयास में कोई कमी थी। उस कमी को दूर किया जाए और फिर नए सिरे से प्रयास किया जाए। लक्ष्य बनाएं। स्वच्छ, स्वस्थ, सुयोग्य और समृद्ध रहने के लिए सदैव प्रयत्नशील रहें। जीवन की जटिलताओं को बढ़ाने के स्थान पर घटाएं। आलस्य, अकर्मण्यता, उदासीनता और अनभिज्ञता प्रगतिशील होने के सबसे बड़े शत्रु होते हैं। इसी प्रकार के दुर्व्यसन भी अंदर ही अंदर खोखला करते रहते हैं। अंततः इनसे स्वास्थ्य गिरता है और क्षमता घटती है। दुर्गुणों से दूरी और सद्गुणों, सुरुचियों तथा सद्प्रवृत्तियों का विकास करना चाहिए ताकि व्यक्तित्व और कृतित्व में निखार हो सके।

दूसरों पर आश्रित रहने के स्थान पर आत्मनिर्भर होने का प्रयास करें। इसके लिए जरूरी है खुद अपने आपको तराशना। ऐसा करके कठोर पत्थर को भी सुंदर मूर्ति में बदला जा सकता है। ऊंचा उठने के लिए, आगे बढ़ने के लिए खुद अपने अंदर इच्छाशक्ति जगाएं और लक्ष्य पूर्ति के लिए जुट जाएं। शत-प्रतिशत परिणाम प्राप्त करने के लिए शत-प्रतिशत प्रयास करें। अपनी जानकारी का दायरा बढ़ाएं। व्यर्थ की बातों में और बेकार के कामों में अपना समय नष्ट न करें।

लाइफ मैनेजमेंट
(जीवन प्रबंधन)

जीवन प्रबंधन जितना आवश्यक है उतना कठिन भी। आवश्यक इसलिए क्योंकि जीवन ही सब कुछ है। यदि यह प्रबंधित व नियोजित है तो यह जन्म और जीवन दोनों ही सुखपूर्ण व सफल हो जाते हैं। और कठिन इसलिए क्योंकि जीवन अपने आप में अज्ञात है, रहस्य है, कब क्या होगा कहना व जानना मुश्किल है। जीवन का प्रबंधन ही तब संभव है जब हमें इसका पता हो कि जीवन है क्या? जीवन कोई एक-दो घंटे या एक दिन का नाम नहीं बल्कि इसमें तो भूत, वर्तमान, भविष्य सभी कुछ समाहित है। जन्म से लेकर मृत्यु तक की पूरी यात्रा शामिल है। ऐसे में किसे, कैसा व कितना प्रबंधित किया जाए? यह कहना कठिन है।

क्योंकि भूत यानी जो बीत गया उसे बदला नहीं जा सकता, भविष्य हमें पता नहीं इसलिए उसका प्रबंधन भी असंभव है। रह गया वर्तमान। हम वर्तमान समय का ही प्रबंधन कर सकते हैं। हमारा बस, हमारा हक वर्तमान तक ही सीमित है। हम इसी का नियोजन एवं प्रबंधन कर सकते हैं। क्योंकि हमारा भविष्य हमारे वर्तमान पर आधारित होता है इसलिए हम उसको रूपांतरित व प्रबंधित कर अपने जीवन को प्रबंधित कर सकते हैं। यह भविष्य, यह जीवन सुंदर रहे, इसके लिए जरूरी है कि हम अपने आज को सुधारें। आज ही अपने जीवन की सुध लें और जुट जाएं इसके प्रबंधन में।

जीवन प्रबंधन से पहले जरूरी है कि हम जीवन को समझें। जीवन का मतलब मात्र सांस लेना, खाना-पीना, सोना-जागना या कमाना ही नहीं है। जीवन की परिभाषा, इसका अर्थ जितना सूक्ष्म है उतना ही व्यापक भी है। इसका अर्थ सिर्फ अपने आप से नहीं है। उन सबसे है जो कुछ भी हमारे साथ प्रत्यक्ष व परोक्ष रूप से जुड़ा है। फिर वह देश हो या समाज, घर हो या द तर, परिवार हो या रिश्तेदार, छोटी-छोटी मजबूरियां एवं परिस्थितियां हर चीज इसमें शामिल है।

इन सबके साथ, इन सबके बीच हम कैसे जीते हैं यह विशिष्ट बात है। इसलिए अन्य अर्थ में जीवन का प्रबंधन स्वयं का प्रबंधन है। जिसने स्वयं को प्रबंधित कर लिया, स्वयं को व्यवस्थित व नियोजित कर लिया उसका न केवल आज बल्कि उसका कल ी प्रबंधित हो जाता है। उसका पूरा जन्म व जीवन सफल हो जाता है। इसलिए स्वयं को प्रबंधित करें ताकि हमारा आज व जीवन प्रबंधित हो सके, जिसके लिए जरूरी हैं नि न बातें।

1. जीवन के महत्त्व को समझें- *जीवन क्या है और ये हमें कितनी मुश्किल से मिला है, हमें इसका महत्त्व पता होना चाहिए। ये हर एक को नहीं मिलता, हर एक को मिलता है तो कई कष्टों के साथ मिलता है। कहते हैं कि काफी तपस्या और साधना के बाद मनुष्य को ये मानव योनि मिलती है। हमें ईश्वर को इस बात का धन्यवाद देना चाहिए कि हमें मनुष्य रूप में जीवन जीने का अवसर मिला है। भले ही इस जीवन में कितने ही दुख व तकलीफ हों लेकिन हमें उनसे हार नहीं माननी चाहिए। हमें इस बात को स्वीकारना चाहिए कि जीवन में हमारे साथ कुछ भी हो सकता है। सिर्फ सांस लेना ही जीवन नहीं है। जन्म के साथ ही जीवन में हमारे लिए कई संभावनाओं के द्वार खुल जाते हैं। हम किसी भी क्षेत्र में कुछ ी बनकर नाम कमा सकते हैं या किसी की सेवा में अपना जीवन व्यतीत कर सकते हैं। यदि हम जीवन का महत्त्व समझेंगे तभी हम इसका प्रबंधन कर पाएंगे। इसलिए पहले खुद को इस जीवन के प्रति धन्यवादी बनाएं, आभार व्यक्त करें कि हम इस जीवन में आए और हमें कुछ कर दिखाने का मौका मिला।*

2. जीवन की सही परिभाषा तय करें- *हम जीवन को किस अर्थ में देखते हैं और जीवन से हमारा क्या अभिप्राय है, यह भी हमें सोचना होगा। सुख हम किसे कहते हैं? खुशी हम किसे कहते हैं? सफलता के हमारे लिए क्या मायने हैं? किस्मत किसे कहते हैं, इन सबकी परिभाषा तय करें। क्योंकि अगर हम छोटे सुख और खुशी में ही खुश रहने लगेंगे तो हम ज्यादा आगे तक नहीं जा पाएंगे। सफलता हम किसे कहते हैं? क्या नौकरी पा लेना हमारी सफलता है, प्रेम विवाह कर लेना सफलता है? सफलता की परिभाषा तय करना जरूरी है तभी हम जीवन के प्रति आभार व्यक्त कर पाएंगे। ऐसे ही किस्मत के प्रति भी हमें सकारात्मक विचार रखने चाहिए। ऐसा नहीं होना चाहिए कि हमें जरा सा दुख मिला और हम अपनी किस्मत को दोष देने लग गए या किसी को हमसे ज्यादा मिल गया तो उसकी किस्मत को अच्छा मान लें। इन चीजों में उलझकर हम*

अपना जीवन प्रबंधित नहीं कर पाएंगे। इसलिए हमें जीवन से जुड़ी कुछ चीजों को समझना होगा। सुख, खुशी, सफलता, किस्मत व जीवन आदि को जब हम समझ पाएंगे तभी हम जीवन को प्रबंधित कर पाएंगे।

3. कमाना क्या है? नाम या पैसा- जीवन प्रबंधन करने के लिए हमें इस बात पर ी चिंतन करना होगा कि हमें जीवन में क्या कमाना है नाम या फिर पैसा। जीवन में सिर्फ हम नौकरी करना चाहते हैं, अपना परिवार संभालना चाहते हैं, हमारे लिए यही जीवन है या फिर हम कुछ और ी कमाना चाहते हैं? और अगर हमें कमाना है तो क्या कमाना है। क्या पैसा कमाना हमारा मु य उद्देश्य है या फिर अपने आत्मस मान को बचाना हमारा उद्देश्य है? यदि आत्मस मान कमाना हमारा मु य उद्देश्य है तो उस क्षेत्र में काम करें। इस काम के लिए अपना एक आदर्श चुनें और उसका अनुसरण ी करें। इसके बाद अपने जीवन को इस लायक बनाएं कि हम इस जीवन में कुछ नाम कमाकर जाएंगे, न सिर्फ नाम कमाकर जाएंगे बल्कि सेवा भी करेंगे। चाहे वह सेवा मनुष्य की हो या समाज की, हम कुछ न कुछ योगदान देकर जाएंगे। क्योंकि जीवन सिर्फ खाना-कमाना नहीं बल्कि इससे आगे और बहुत कुछ है। इसलिए जीवन प्रबंधन के लिए जरूरी है कि हम तय करें कि हमें क्या कमाना है? नाम या पैसा।

4. कैसे जीना है- कैसे जीना है का मतलब है कि हम गुलाम बनकर जीना चाहते हैं या मालिक बनकर जीना चाहते हैं। हमें इस जीवन में सेवा करनी है या करवानी है? हमें रिश्वत देनी है या दान करना है? हमें जीवन जीने के प्रति अपना नजरिया साफ रखना चाहिए। कुछ लोग अपना पूरा जीवन किसी की चापलूसी करने में ही निकाल देते हैं। कुछ लोग किसी काम को ना-नुकर करने में निकाल देते हैं। कुछ लोग अपने जीवन व किस्मत का रोना रोने में पूरा जीवन बिता देते हैं। आप सम्राट बनके अर्थात् कुछ हासिल करके जीना चाहते हो तो उसी क्षेत्र में काम करें और ये तय करें कि मुझे जीना कैसे है? लेकिन अगर आपको गुलामी पसंद है, जी-हजूरी करना पसंद है, तो आप फिर इन्हीं चीजों में उलझकर रह जाएंगे और पिछड़ जाएंगे। फिर आप अपनी तुलना अपने दोस्त या रिश्तेदार से करने लगते हैं कि फलां आपसे आगे निकल गया। आगे चलकर अपनी किस्मत को न कोसें। तय करें कि जीना कैसे है। जब तक हम अपने जीने का ढंग तय नहीं करेंगे तब तक हमें उचित परिणाम नहीं मिलेंगे।

5. उम्र अनुसार जीयें- *जीवन के विभिन्न पड़ावों को जीने के तरीके अलग-अलग होते हैं। जब आप बच्चे होते हैं तो आपका जीवन अलग होता है, युवाकाल में आप अलग तरीके से जीवन जीते हैं और बुढ़ापे में आपका जीवन बिल्कुल अलग हो जाता है। इसलिए जरूरी है कि आप अपनी उम्र के अनुसार व्यवहार करते हुए ही अपना जीवन व्यतीत करें। कुछ लोग बचपन में अधिक परिपक्व होकर जीवन जीते हैं तो कुछ व्यस्क होकर बचपना भरा जीवन जीते हैं। हम किस उम्र में हैं, इस बात का हमें खास याल रखना चाहिए। उस उम्र के लक्षण व जरूरतों के अनुसार हमें व्यवहार करना आना चाहिए। अगर हम इस बात पर ध्यान नहीं देंगे तो हमें कई परेशानियों का सामना करना पड़ सकता है और हम जीवन का प्रबंधन सही तरीके से नहीं कर पाएंगे। हमें कब पढ़ाई करनी है, कब जॉब करनी है, कब शादी करनी है, जॉब करनी है या बिजनेस करना है या फिर सेवा करनी है, ये चीजें दिमाग में स्पष्ट होनी चाहिए। हमें पहले से तय करना होगा कि हमें क्या करना है और फिर उसी के अनुसार अपना जीवन जीना चाहिए।*

6. समय का विभाजन व नियोजन- *जीवन प्रबंधन के लिए बहुत जरूरी है कि हम अपने समय का सही विभाजन करें। हमें कितना समय किस काम को देना है, ये तय करें। कितना समय हमें परिवार को देना है, कितना समय जॉब को तथा कितना समय दोस्तों व रिश्तेदारों को देना है, इसकी प्राथमिकता तय करना बहुत जरूरी है। हमें पता होना चाहिए हम किसके लिए जी रहे हैं। लोग लगातार नीरस जीवन जीते चले जाते हैं। जॉब मिली तो जॉब कर ली, बिजनेस आया, बिजनेस किया या शादी तय हुई तो शादी कर ली, सब कुछ होता चला जाता है, हम कुछ तय नहीं करते। इसलिए इन चीजों का निर्धारण आप खुद करें। अपने जीवन के पूरे समय को आप विभाजित कर लें कि आप निश्चित समय तक अमुक कार्य करेंगे। इस तरह की योजना से ही अपने समय का नियोजन करें। अगर ऐसा नहीं हुआ तो आप जीवन प्रबंधन ठीक से नहीं कर पाएंगे और आपको जीवन में कई मुश्किलों का सामना करना पड़ सकता है।*

7. परिस्थिति के अनुसार जीएं- *हर व्यक्ति के जीवन में कुछ न कुछ उतार-चढ़ाव आते ही रहते हैं लेकिन कुछ लोग उसे स्वीकार करते हैं और कुछ स्वीकार नहीं करते। जीवन प्रबंधन के लिए बहुत जरूरी है कि आप जीवन की हर परिस्थिति को स्वीकार करना सीखें। इसी में हमारी भलाई है, इसके खिलाफ*

जाने का कोई लाभ नहीं है। लेकिन इसका अर्थ ये भी नहीं है कि अगर आप दुखी हैं तो आप खुद को दुखी मानकर बैठ जाएंगे। आपको सुख के लिए कोशिश करनी चाहिए। हमारे पास उपलब्ध संसाधनों के प्रयोग द्वारा अपने जीवन को बेहतर बनाने की कोशिश करनी चाहिए। कहते हैं कि जितनी लंबी चादर हो उतने ही पांव पसारने चाहिए। इसलिए जीवन में अपने पास उपलब्ध संसाधनों के अनुसार ही अपनी परिस्थितियों को ढालने की कोशिश करें।

8. दूसरों की मजबूरियों को समझें- जीवन अकेले जीने का नाम नहीं है, समूह का नाम है। मनुष्य जहां भी रहता है वहां उसे दोस्त, रिश्तेदार या समाज मिल ही जाता है। हम हमेशा दूसरों पर शासन करने की सोचते हैं। हम सोचते हैं लोग, हमारा परिवार व समाज हमें समझे। लेकिन जीवन इसका नाम नहीं है। जीवन में हमें दूसरे लोगों को भी समझना होगा। हमें भी दूसरों की शिकायतों को दूर करना होगा। अगर कोई हमारे अनुसार नहीं है तो हमें उसकी मजबूरी को समझना होगा। अगर हमें एक अच्छा, सफल, सुंदर व प्रबंधित जीवन जीना है तो हमें अपने से जुड़े लोगों की मजबूरियों एवं कमजोरियों को भी समझना व स्वीकारना होगा। हमें सिर्फ अपनी फिक्र नहीं करनी है।

9. जो मिला है, उसका धन्यवाद दें- हमें जीवन में जो भी मिला है उसका धन्यवाद दें, जो नहीं मिला उससे निराश न हों। क्योंकि इस जीवन में ऐसा कोई भी नहीं है जिसे सब कुछ मिला हो। कोई भी पूर्ण नहीं होता। जैसे सोने के पास चमक है तो सुगंध नहीं और चंदन के पास सुगंध है तो चमक नहीं। ऐसे ही सभी का जीवन पूर्ण नहीं होता, उसमें कोई न कोई कमी जरूर रह जाती है। इसलिए आप पूरी कोशिश करें कि जो आपको मिला है आप उसे सहेजें। ऐसा करने से हमें जीवन में दुख की बजाय सुख मिलेगा। नहीं तो हम जीवन भर कुढ़ते ही रहेंगे कि हमारे पास ये कमी है और उस कमी को देखते हुए हम कभी सफल भी नहीं हो पाएंगे।

10. नकारात्मकता को नजरअंदाज करें- जीवन में सफल होने के लिए बहुत जरूरी है सकारात्मक विचारधारा का होना। इसलिए आप न केवल सकारात्मक विचार रखने की कोशिश करें बल्कि प्रयास करें कि आप अपने जीवन से उन लोगों को भी दूर रखेंगे जो आपके आसपास नकारात्मकता फैलाते हैं। हमारे जीवन के सफल होने में हमारे मित्र, सहभागियों और संगत का काफी प्रभाव पड़ता है। इसलिए नकारात्मक लोग व आत्मविश्वास को डिगाने वाले

लोगों से दूर रहें। अगर आपके जीवन में नकारात्मकता कम होगी तभी आपका जीवन सुचारू ढंग से प्रबंधित हो सकता है।

11. क्षमा करें- माना किसी को उसकी गलती के लिए क्षमा करना काफी कठिन है लेकिन अगर आपको जीवन में खुश रहना है, आगे बढ़ना है तो क्षमा करना सीखें। क्योंकि जीवन में जैसे कई बार हमसे वैसे ही दूसरों से भी गलतियां हो जाती हैं, ऐसे में उन्हें क्षमा कर आगे बढ़ना ही उचित है। अगर हम उन्हीं में उलझे रहेंगे तो कभी कामयाब नहीं हो पाएंगे। जीवन में हमसे जुड़े लोगों से अक्सर गलती होती रहती है। ऐसे में जीवन को सरल बनाने के लिए हमें माफ करने की आदत डालनी ही पड़ेगी। यही एक तरीका है आने वाले भविष्य को सुंदर तरीके से प्रसन्नतापूर्वक जीने का।

12. जो हो वही रहो- जीवन प्रबंधित करने के लिए सबसे जरूरी है कि आप जो हो वही रहो। अपने को किसी मुखौटे या बनावटीपन में कैंद न करें। किसी बाह्य प्रदर्शन के लिए अपने आपको बदलने की कोशिश न करें। आप स्वयं को अद्वितीय मानें। आपको यह स्वीकार करना होगा कि आप जैसा कोई दूसरा नहीं है। हम जैसा कोई दूसरा नहीं है। हममें अगर कोई कमी भी है तो प्रकृति द्वारा प्रदत्त है। यह आपकी कमी नहीं आपकी विशेषता है। जैसे हैं खुद को वैसा ही स्वीकारें किसी की नकल न करें। ध्यान रखें। कोई बड़ा है, कोई छोटा, तो कोई सुंदर है और कोई कुरूप कोई अपाहिज है तो कोई अनाथ अपनी सच्चाई को सहर्ष स्वीकारें। ताउम्र अपनी कमी का मलाल न करते रहें। साथ ही किसी से भी होड़ न करें। कई बार हम खुद को ज्यादा दिखाने की कोशिश करते हैं। खुश रहने के लिए जरूरी है कि आप जैसे हैं वैसे ही बनकर रहें। कई बार हम किसी से होड़ करने के चक्कर में अपना अस्तित्व मिटाकर दूसरा बनने की कोशिश करते हैं। दूसरों से प्रभावित होना, कुछ सीखना गलत नहीं लेकिन स्वयं से असंतुष्ट रहना, हमेशा स्वयं को कम आंकना या फिर स्वयं को छोड़ हमेशा वो बनकर दिखना जो आप नहीं है यह गलत है।

13. अपने मन की सुनें- हम सुबह से लेकर शाम तक कई लोगों की बात सुनते हैं। जरूर सुनें। लेकिन उनकी बातें सुनते-सुनते अपने मन की उपेक्षा न करें। अपने मन की बात जरूर सुनें। लोगों की बात सुनकर तुरंत कोई फैसला न लें। आप अन्य लोगों से विचार-विमर्श करें और फिर अपने मन की सुनें कि मन क्या कहता है, क्या चाहता है। जीवन का एक बहुत बड़ा

हिस्सा जीने के बाद हमें इस बात का एहसास होता है कि हमने अमुक व्यक्ति की बात मानी थी इसलिए आज हम पछता रहे हैं। काश हमने उसका कहना नहीं माना होता तो आज हम खुश रहते आदि। इसलिए जीवन में पछताने से अच्छा है कि आप अपने मन की भी सुनें। अपने अंतस की आवाज को दबाएं नहीं न ही नजरअंदाज करें।

14. परिवर्तन को स्वीकारें- *परिवर्तन जीवन का दूसरा नाम है यहां समय-समय पर परिस्थितियां बदलती रहती हैं। अगर आपका आज अच्छा है तो जरूरी नहीं कि कल भी अच्छा ही होगा। आप अपने बीते दिनों को याद करके दुखी न हों कि वो समय कितना अच्छा था। जो बीत गया सो बीत गया वो लौटकर वापस नहीं आने वाला। आपके जीवन में जो भी परिवर्तन आए हैं, उन्हें स्वीकारें। चाहे वो परिवर्तन आपके रिश्तों में आए या काम में तनाव को लेकर, स्थितियां जैसी ाी हों उनसे मुंह न मोड़ें।*

15. सोच-समझकर करें संबंधों का चयन- *माना कुछ संबंध हमें माता-पिता द्वारा जन्म से ही मिलते हैं लेकिन कई संबंध ऐसे हैं जो हम खुद बनाते हैं। देखा जाए तो जीवन संबंधों का ही खेल है। फिर चाहे वो संबंध विवाह का हो, मित्र का हो, बिजनेस पार्टनर या पड़ोस के रूप में हो, ऐसे में हमें अपने संबंधों का चयन बहुत सोच-समझकर करना चाहिए। क्योंकि जीवन के उतार-चढ़ाव या सुख-दुख में इन संबंधों का जीवन पर काफी प्रभाव पड़ता है। चाहे हमारी उन्नति हो या अवनति, अगर हमारे मित्र व साथी अच्छे हों तो हम हर परिस्थिति का सामना करते हुए जीवन में आगे बढ़ सकते हैं। पर अगर ये ही गलत हुए तो हमें बहुत कुछ भुगतना पड़ सकता है। इसलिए जीवन प्रबंधन के लिए जरूरी है कि आप अपने संबंधों का भी प्रबंधन करें।*

16. अपने शुभचिंतकों को पहचानें- *इंसान बहुत भावुक और संवेदनशील है। वह अपने आसपास के लोगों के बारे में हमेशा यही सोचता है कि ये हमारा भला चाहते हैं। लेकिन बाद में पता चलता है कि उनमें से अधिकतर स्वार्थी या हमारा बुरा चाहने वाले होते हैं। इसलिए जरूरी है कि आप समय रहते अपने शुभचिंतकों को पहचानें। हर किसी को अपना शुभचिंतक समझकर उसे अपनी जिंदगी में दखल न देने दें। लोगों को जांचें, परखें व उसके बाद ही उन्हें अपनी जिंदगी का हिस्सा बनाएं।*

17. स्वयं से प्रेम करें- *हमारे लिए जितना जरूरी अपने परिवार से, आसपास के लोगों से, समाज व देश से प्रेम करना उससे भी कहीं ज्यादा जरूरी है स्वयं से प्रेम करना। क्योंकि जो इंसान स्वयं से प्रेम नहीं करता वो किसी से प्रेम नहीं कर सकता। अगर आपको खुद से प्रेम नहीं है तो अपने आसपास की हर चीज व वातावरण से आपको शिकायत ही होगी। इसलिए पूरी कोशिश करें कि आप खुद से प्रेम करें, स्वयं को स्वीकारें अपने जीवन से प्रेम करें, अपने शौक से प्रेम करें। अगर हमें खुद से प्रेम होगा तभी जीवन से प्रेम होगा और जब जीवन से प्रेम होगा तभी इस जीवन का प्रबंधन करने की हम सोचेंगे।*

18. भविष्य में खुद पर गर्व हो, ऐसा कुछ करें- *आप अपने जीवन में कुछ न कुछ ऐसा जरूर करें, जिससे आपको भविष्य में खुद पर गर्व हो सके। चाहे वो आपकी कोई रचना हो, आपकी कोई योजना हो, कोई कार्य हो या कोई सेवा, जिसके लिए लोग न केवल आपकी तारीफ करें बल्कि आने वाले कल में भी आपको याद रखें। भविष्य में खासतौर पर वृद्धावस्था में साथ की भी जरूरत होती है और धन राशि की भी। इसलिए कुछ पैसा जोड़कर रखें, कुछ प्रॉपर्टी खरीदकर रखे, कोई पॉलिसी या इनवेस्टमेंट आदि कराके रखें। अपने जीवन के साथ-साथ अपने समाज, परिवार एवं राष्ट्र के लिए भी कुछ सोचें। जीवन भर स्वयं को खुद तक ही सीमित न रखें। कुछ ऐसा जरूर करें कि आपके बाद लोग आपको बाद में भी स मानपूर्वक याद कर सकें।*

19. तकलीफों से दूर रहें- *आप हमेशा इस बात का रोना न रोएं कि आपके पास कितनी तकलीफें हैं। तकलीफों की बजाय आप उन उपलब्धियों पर ध्यान दें जो आपके पास हैं। आप धन्यवाद दें कि आप बहुत सारी तकलीफों से दूर हैं। दुनिया में जहान भर के दुख हैं। आप किसी अपाहिज को देखें, किसी मजबूर गरीब को देखें, आपको एहसास होगा कि आपकी तकलीफ तो कुछ भी नहीं है। जब हम इस बात को सोचेंगे कि कई सारी तकलीफ तो आपके जीवन में है ही नहीं तो आपको थोड़ी राहत महसूस होगी। इसलिए अपने आपको इस बात के लिए मनाएं कि मैं जब भी देखूंगा तो सिर्फ उन चीजों को देखूंगा जो मेरे पास हैं। ऐसा सकारात्मक नजरिया ही रखें।*

20. मनोरंजन को भी समय दें- *जीवन में हमेशा काम व लोगों में ही न उलझें रहें बल्कि कुछ समय मनोरंजन के लिए भी रखें। जीवन को नीरस ढंग से जीना ी एक बहुत बड़ी गलती है। आपके जीवन में चाहे कितना ही पैसा क्यों*

न हो परन्तु यदि जीवन में खुशियां, हर्षोल्लास व मनोरंजन नहीं है तो वो पैसा भी आपको सुकून की बजाय कष्ट व रोग देगा। बिना खुशी के हर चीज आपको तकलीफ देगी। खुश रहने के लिए आप समय निकालकर खेलें, अपने शौक पूरे करें या फिर कुछ और काम जो आपको खुशी देते हों, आपको करने चाहिए। जीवन को सिर्फ काम, काम, और तनाव में उलझाकर न रखें। आप व्यस्त रहें, पर अस्त-व्यस्त न रहें, व्यस्त और मस्त रहें।

21. छोटी-छोटी चीजों का रस लें- *हम अपने जीवन में कई छोटी-छोटी चीजों को भूल जाते हैं जो आपको काफी खुशी दे सकती हैं। जैसे आपने कोई नया कपड़ा खरीदा हो, बाहर डिनर के लिए गए हों, घर में सफेदी कराई हो, कभी किसी का जन्मदिन मनाया हो, आपके घर में कोई आया हो, इन सब बातों में रुचि लें। खुश रहने के लिए आपको कहीं दूर जाने की या किसी विशेष दिन व मुहूर्त की जरूरत नहीं है बल्कि आप अपने दिन भर की छोटी-छोटी गतिविधियों में भी खुशियां व सुख तलाश सकते हैं।*

22. जो बीत गया वो नहीं लौट सकता, इसे स्वीकारें- *मनुष्य के दुख का सबसे बड़ा कारण ही यही है कि वो बीते दिनों की खुशियों को वापस पाना चाहता है। हमेशा उसकी चाहत रहती है कि काश वो सब फिर से मिल जाए। आप इस बात को स्वीकारें कि जो बीत गया वो वापस नहीं आ सकता। उसे न बदला जा सकता है, न मिटाया जा सकता है और न ही ठीक किया जा सकता है, सिर्फ उसे स्वीकार किया जा सकता है। इसलिए जितनी जल्दी हो सके इस बात को स्वीकार कर लें कि जो पीछे छूट गया वो छूट गया, लौटकर नहीं आने वाला। अगर हम इस ढंग से जीवन का प्रबंधन करेंगे तो जीवन को सुखपूर्ण जी सकते हैं और आने वाले कल को बेहतर भी बना सकते हैं।*

एनर्जी मैनेजमेंट
(ऊर्जा प्रबंधन)

यह जीवन ऊर्जा का खेल है। और मनुष्य उसी ऊर्जा का एक प्रतीक है जिसके बाहर भी ऊर्जा है और उसके भीतर ी ऊर्जा है, वह पूरी तरह से ऊर्जा का बना हुआ है। जब तक यह हमारे अंदर है, तब तक ही हम जीवित हैं। कई बार हम कहते हैं कि फलां आदमी मर गया। इसका मतलब यह है कि उसके अंदर की ऊर्जा समाप्त हो गई। हमें हमारे दैनिक जीवन में प्रत्येक छोटे से छोटे या बड़े से बड़ा कार्य करने के लिए ऊर्जा की जरूरत होती है। चलने के लिए, भागने के लिए या कोई भी काम करने के लिए हमें ऊर्जा की जरूरत पड़ती है।

मनुष्य के लिए ऊर्जा बहुत जरूरी है और उसका पूरा जीवन ऊर्जा पर ही टिका है। मनुष्य तन और मन दो चीजों के मेल से बना है और उसे तन व मन दोनों की ऊर्जा की आवश्यकता होती है। क्योंकि अगर मन थक गया तो शरीर भी थका हुआ महसूस करता है और यदि शरीर थक गया तो मन में भी थकान का अनुभव होता है।

ऊर्जा प्राप्त करने के बहुत से तरीके होते हैं या हो सकते हैं। किसी व्यक्ति को कुछ अच्छा खाकर ऊर्जा महसूस होती है तो किसी को कुछ अच्छा पहनकर ऊर्जा महसूस होती है। कई बार किसी को खाली बैठकर ऊर्जा मिलती है तो कई बार सोकर ऊर्जा मिलती है और तो और कई बार कोई अच्छी खुशबू सूंघकर भी ऊर्जा महसूस की जा सकती है। मनुष्य के तन व मन दोनों के लिए ऊर्जा बेहद जरूरी है। ऐसे में ऊर्जा प्रबंधन यानी ऊर्जा कमाना, उसे सही ढंग से प्रयोग में लाना तथा ऊर्जा बचाना, तीनों बेहद जरूरी हैं। सारा खेल ऊर्जा का है हम इस ऊर्जा से कुछ भी कर सकते हैं फिर वह काम अच्छा हो या बुरा। यही ऊर्जा किसी को हत्यारा बनाती है तो यही ऊर्जा किसी को रक्षक। इसलिए ऊर्जा कमाना, उसे बचाना और उसे सही जगह पर लगाने का ही नाम है ऊर्जा प्रबंधन। हमें ऊर्जा बाहरी कार्यों से भी मिलती है तो आंतरिक कार्य से भी मिलती है। कई बार हमें मन से भी ऊर्जा मिलती है। प्रस्तुत है ऊर्जा प्राप्त करने, उसे लगाने व संजने के विभिन्न माध्यम।

1. रोशनी में बैठें- *आप जब कभी भी कहीं भी बैठें, पूरी कोशिश करें कि रोशनी में ही बैठें। कभी भी लाईट बंद करके न बैठें। क्योंकि अंधेरे कमेरे में कभी भी ऊर्जा महूसस नहीं की जा सकती। वहां हम खुद को निस्तेज, हारा व थका हुआ ही महसूस करते हैं। ऐसे में निराशा और आलस अधिक पकड़ता है। इसलिए हमेशा रोशनी में ही रहें चाहे वह रोशनी प्राकृतिक हो या अप्राकृतिक।*

2. सीधे बैठें- *ऊर्जा प्राप्त करने या बचाने के लिए बहुत जरूरी है कि हम जब भी कहीं बैठें, सीधे ही बैठें। चाहे घर हो या ऑफिस हमें रोज ही बैठना पड़ता है। जितना हम सीधा बैठेंगे, उतना ही मुस्तैद रहेंगे। चाहे हमें टीवी देखना हो या कुछ पढ़ना हो, सीधे बैठने का हमारे शरीर पर काफी सकारात्मक परिणाम पड़ता है। सही तरीके से न बैठने पर हमें नींद व आलस आता है साथ ही साथ ध्यान ाी भटकता है, जिससे बेवजह हमारी ऊर्जा खर्च हो जाती है। ऊर्जा क्षीण होने से हमारे अंदर निस्तेजता आएगी। हम जागने की बजाय सोने लगेंगे जबकि ऊर्जा का मतलब जागना है।*

3. ताजी हवा जरूर लें- *आप जहां कहीं भी बैठें चाहे वो घर हो ऑफिस या अन्य कोई भी जगह आप कोशिश करें कि ताजी हवा जरूर लें। आजकल अक्सर हम बाहर की ताजी हवा नहीं लेते हैं। जिसके कारण मन बेचैन होने लगता है और ऊर्जा की कमी मासूस होने लगती है। इसलिए हो सके तो ताजी हवा लें और स्वयं को तरोताजा व ऊर्जावित महसूस करें।*

4. ज्यादा देर न बैठें- *आपको कोशिश ये करनी चाहिए कि आप चाहे कहीं भी हों एक जगह पर दो घंटे से ज्यादा न बैठें। इसलिए बीच-बीच में उठकर बाहर की ताजी हवा का लाभ जरूर उठाएं। एक ही जगह पर लगातार बैठे रहने से हाथ-पैर में हरारत होती है और रक्त संचरण सही से नहीं हो पाता। इसका असर आपके रक्तचाप पर भी पड़ता है। इससे आपकी ऊर्जा क्षीण होती है।*

5. प्रेरणादायक चित्र, किताब या फिल्म जरूर देखें- *कई बार हम किसी को देखकर या पढ़कर खुद को ऊर्जान्वित महसूस करते हैं। इसलिए बहुत जरूरी है कि आप खुद के लिए ऐसा समय निकालें जब आप अपनी पसंदीदा या प्रेरणादायक फिल्म देख सकें, किताबें पढ़ सकें। कोशिश करें कि अपने सामने या टेबल पर कोई प्रेरणादायक सूक्ति या चित्र लगा सकें जिससे आपको रोज जीवन में ऊर्जा का भाव मिल सके।*

6. संगीत सुनें- *कई बार हम अपने काम से ऊब चुके होते हैं या फिर रोज एक जैसा काम करने से हमें बोरियत महसूस होती है। ऐसे में हमें एक बदलाव की जरूरत होती है। बदलाव की इस चाहत को पूरा करने के लिए आप संगीत सुन सकते हैं। आप अपने मूड की जरूरतानुसार या फिर मूड के खिलाफ ऐसा संगीत सुनें जो आपको ऊर्जा देता हो। आपको जिस तरह का भी संगीत सुनकर ऊर्जा प्राप्त होती हो, आप उस तरह का संगीत जरूर सुनें।*

7. खुलकर हंसें- *अपने दैनिक जीवन में काम को लेकर हम इतने व्यस्त व संजीदा हो जाते हैं कि हंसना ूल ही जाते हैं, जिसका प्रभाव हमारे रक्त संचार पर पड़ता है। ऐसी अवस्था में हम बहुत अधिक निढाल या निराश हो जाते हैं। बहुत अधिक व्यावहारिक होने के कारण हम हंसने की कला ही भूल जाते हैं। इसलिए जरूरी है कि जीवन में आप हंसने के मौके तलाशें। कुछ लतीफे सुनें, सुनाएं या पढ़ा करें। अपने चारों ओर हंसी का माहौल बनाएं। हंसी होगी तो आपके चारों तरफ ऊर्जा होगी और आप उससे ऊर्जान्वित हो पाएंगे।*

8. अकेलेपन से बचें- *क ाी भी ज्यादा देर अकेले न रहें। हां, अगर आप चिंतन-मनन कर रहे हैं या कोई जरूरी काम कर रहे हैं तब दूसरी बात है वरना बेवजह बिना काम के खुद को ज्यादा देर अकेला न छोड़ें। अकेलापन हमेशा नकारात्मक या निराशाजनक परिणाम देता है, जिसके कारण हम स्वयं को ऊर्जाहीन महसूस करते हैं। कई बार इसकी परिणति आत्महत्या के रूप में भी होती है। अकेले रहने पर व्यक्ति में तन्हाई के कारण नकारात्मक विचार आते हैं। इसलिए अपने आपको ऊर्जान्वित महसूस करने के लिए अकेलेपन से बचें।*

9. चुनौतीपूर्ण कार्य करें- *जब तक हम जीवन को चुनौती की तरह नहीं लेते तब तक हम खुद को ऊर्जान्वित महसूस नहीं करते। इसलिए अपनी ऊर्जा को बढ़ाने के लिए जरूरी है कि हम कोई नया कार्य चुनें। अगर हम रोज वही काम करें जिसमें हम कुशल हैं व आराम महसूस करते हैं तो जीवन में एक तरीके का उबाऊपन सा आ जाता है। जीने में कुछ नया व अलग नहीं लगता। इसलिए कुछ नया व चुनौतीपूर्ण काम करने से आपके जीवन में उत्साह बना रहेगा और मन नए ढंग से सोचेगा। तन नई ऊर्जा जुटाएगा जिससे आपकी ऊर्जा के स्तर में वृद्धि होगी।*

10. नियमित दिनचर्या से कुछ अलग करें- *आप अपने दैनिक जीवन में जो भी काम रोज करते हैं उससे कुछ अलग करें। अपनी दिनचर्या में थोड़ा बदलाव लाएं। अगर हम खुद को एक नियम में बांधकर रोज एक जैसा ही काम*

करेंगे तो खुद को निस्तेज व उत्साहहीन ही पाएंगे। आपको लगेगा कि जीवन नीरस हो गया है, अब इसमें कुछ भी नया नहीं बचा। जीवन में नीरसता आते ही आपकी ऊर्जा में भी कमी आ जाएगी। जिन लोगों को रक्तचाप या तनाव की समस्या है, उसका मु य कारण ही उनके जीवन में आई ये नीरसता है। इसलिए कोशिश करें कि आप अपनी दिनचर्या में कुछ अलग करें जिससे आपके जीवन में थोड़ा बदलाव आए।

11. देर रात तक टीवी न देखें- *बेशक आज टेलीविजन, क प्यूटर, मोबाइल, रेडियो हमारे मनोरंजन का अहम हिस्सा बन चुके हैं लेकिन फिर ी देर रात तक इनके प्रयोग से बचें। देर रात तक लेटकर या बैठकर टीवी देखने से हमारी बहुत ज्यादा ऊर्जा खत्म होती है। इस बात का एहसास हमें उस समय नहीं होता लेकिन आपकी इस गतिविधि से आपकी ऊर्जा बहुत क्षीण हो जाती है। जब हम कोई चीज देखेंगे या सुनेंगे तो हमारी इन्द्रियां भी उतने समय गतिशील रहती हैं। इसलिए आपको पूरी कोशिश करनी चाहिए कि आप देर रात तक ऐसा कोई काम न करें जिससे आपकी ऊर्जा खत्म हो।*

क्या खाएं

ऊर्जा प्रबंधन के लिए अपने खान-पान पर ध्यान देना भी बहुत जरूरी होता है। क्योंकि खाने की कुछ चीजें ऐसी हैं जो आपको बहुत ऊर्जा देती हैं। रस वाले फल जैसे मौसमी, अनानास व संतरा तथा दूध के उत्पाद भी काफी ऊर्जा देते हैं। इसलिए इनका सेवन अवश्य करें। अपने काम के दौरान या फिर घर पर ही आप इन खाद्य पदार्थों का इस्तेमाल करें। इससे आपकी ऊर्जा का स्तर बढ़ जाता है और इसके बाद आप बिना थके अपने बहुत से काम कर सकते हैं। भोजन के द्वारा आप नि न ढंग से ऊर्जा का प्रबंध न कर सकते हैं।

1. सारा भोजन एक बार में न खाएं- *अक्सर हम अपना सारा खाना एक बार में ठूंस कर खा लेते हैं, इससे नींद बहुत आती है। इसलिए अपना सारा खाना एक बार में ही खाने की बजाय उसे थोड़ा-थोड़ा करके खाएं। एक बार में पेट भरकर सारा खाना खाने से मोटापा भी बढ़ता है तथा शरीर में आलस की मात्रा भी बहुत बढ़ जाती है। इसलिए ऐसा करने से बचें। अपने पेट को थोड़ा खाली रखें।*

2. बिल्कुल खाली पेट भी न रहें- *जैसा कि पहले ही बताया जा चुका है कि सारा खाना एक बार में न खाएं लेकिन इसका ये मतलब नहीं है कि आप*

बिल्कुल ही कुछ न खाएं। खाली पेट रहने से हाथ-पांव कांपने लगते हैं, चक्कर आते हैं और आपकी ऊर्जा बिना कुछ काम किए ही जवाब देने लगती है। इसलिए काम में इतना न खो जाएं कि आप कुछ न खा पाएं और अपने लिए ऊर्जा न जुटा पाएं।

3. थोड़ी-थोड़ी देर में खाते रहें- आप अपने खाने को एक बार में खाने की बजाय थोड़ी-थोड़ी मात्रा में कुछ समय अंतराल पर लेते रहें। कोशिश करें कि अपने पास ग्लूकोज, कोई बिस्कुट, फल या अन्य खाद्य पदार्थ रखें, जिसे आप हर दो घंटे बाद खा सकें। क्योंकि जब हम तन या मन से काम करते हैं तो दोनों ही तरीके के कामों में हमारी ऊर्जा खर्च होती है, इसलिए अपनी ऊर्जा के स्तर को बनाए रखने का सबसे बढ़िया तरीका यही है कि आप हर दो घंटे पर कुछ खाते या पीते रहें।

4. मीठा कम खाएं- हो सके तो आप मीठा कम ही खाएं। क्योंकि ज्यादा मीठा ी आलस व नींद को दावत देता है। जैसे ही आपको नींद आने लगेगी आपकी ऊर्जा का स्तर भी घटता जाएगा। काम बोझ लगने लगेगा और बे-मन से काम करने के कारण ऊर्जा का ह्रास होगा। इसलिए जरूरत से ज्यादा मीठा खाने से बचें।

5. तला-भुना भी कम खाएं- ज्यादा तला-भुना खाने से भी बचें। क्योंकि ज्यादा तला-भुना सीने में जलन व वजन में बढ़ोतरी करता है। इससे आपको हर समय एक तरह की बेचैनी रहेगी। अगर आपको जलन, गैस या कोई शारीरिक समस्या होगी तो ऐसे में अपने आप ही आपकी ऊर्जा भी घटेगी। ऐसी स्थिति में आप कोई भी काम ठीक ढंग से नहीं कर पाएंगे।

6. माउथफ्रेशनर्स रखें- अपने पास हमेशा कोई माउथफ्रेशनर, च्यूइंगम या मिंट की गोलियां रखें। ये आपको ताजगी का एहसास कराएंगी। जब भी हम किसी काम में बहुत ज्यादा घुस जाते हैं या काम से थक जाते हैं तो ताजगी महसूस करने के लिए आप ठंडे पेय पदार्थों के अलावा माउथफ्रेशनर्स का भी इस्तेमाल कर सकते हैं। इससे आपको तुरंत लाभ मिलेगा।

7. चाय-कॉफी कम करें- भले ही हमें लगता है कि चाय-कॉफी लेने से हमें ऊर्जा मिलती है लेकिन इनके अपने नुकसान भी हैं। अत्यधिक चाय या कॉफी ी हमारी ऊर्जा को कम करती है। इसलिए दिन में 2 कप से ज्यादा कैफीनयुक्त पदार्थ न लें। इनके सेवन से बचें।

8. ठंडा पानी पिएं- *जितना हो सके आप ज्यादा से ज्यादा ठंडा पानी पीएं, इससे आपको राहत मिलेगी और आपकी ऊर्जा ी बढ़ेगी। ऊर्जा के स्तर को बढ़ाने का एक और तरीका है कि आप पौष्टिक भोजन लें। आप अंकुरित भोजन अधिक मात्रा में लें। इसके अलावा सलाद, फल व घर का बना खाना अधिक से अधिक लें। बाहर का खाना, जंक फूड जैसी चीजों के सेवन से बचें। ये आपके स्वास्थ्य के लिए तो हानिकर हैं ही साथ ही साथ आपकी ऊर्जा के स्तर में भी गिरावट लाते हैं।*

इस तरह हम अपने खान-पान पर ध्यान देकर अपनी ऊर्जा के स्तर में बढ़ोतरी कर सकते हैं।

साफ-सफाई

अपने आपको ऊर्जान्वित महसूस करने के लिए साफ-सफाई पर ध्यान देना भी बहुत जरूरी है। इसके माध्यम से भी हम अपने जीवन में ऊर्जा ला सकते हैं। क्योंकि कहते हैं कि जैसा हमारा विहार होगा, रहन-सहन होना, आसपास का वातावरण होगा वैसा ही हमारा मन होगा। स्वस्थ व प्रसन्नचित्त मन ही हमारी ऊर्जा में बढ़ोतरी कर सकता है। इसलिए नि नलिखित उपायों को अपना कर आप अपनी ऊर्जा के स्तर को बढ़ा सकते हैं।

1. साफ-सफाई में रहें- *जितना हो सके अपने आसपास सफाई का माहौल बनाए रखें। पूरी कोशिश करें कि वहां पर वेंटिलेशन के कोई माध्यम जैसे खिड़की या रोशनदान हों। उसमें सीलन न हो। वहां धूल-मिट्टी न हो। सीलन होने से सांस ठीक से नहीं आती और मन बेचैन रहता है। ऐसा होने से हम हमेशा खुद को बीमार महसूस करेंगे और बीमार आदमी की ऊर्जा क्षीण होती रहती है। इसलिए स्वच्छ वातावरण आपकी ऊर्जा में बढ़ोतरी के लिए बेहद आवश्यक है।*

2. अपने नाक-कान-गले को साफ रखें- *अपने नाक-कान-गले को हमेशा साफ रखें। क्योंकि इनकी सही ढंग से सफाई न होने पर हमारे शरीर को अनेक प्रकार के रोग तो घेरते ही हैं साथ ही इनकी खराबी हमारे कार्य एवं स्वास्थ्य में अवरोध भी उत्पन्न करते हैं जिसके कारण ऊर्जा भी क्षीण होती है। अधिक समय तक बीमार रहने से आप ऊर्जाहीन हो जाते हैं। ऐसे में आपका कोई काम करने का मन नहीं करता। इसलिए अपने शरीर के छिद्रों एवं अंगों को साफ रखें। उनसे होने वाली व्याधियों से बचें। इससे आपको अपने शरीर पर किसी भी प्रकार का कोई भार महसूस नहीं होगा और आप दिनभर ऊर्जावान रह सकते हैं।*

3. शरीर को भी साफ रखें- *नाक-कान-गले की सफाई के साथ-साथ अपने पूरे शरीर की सफाई पर भी ध्यान दें। अक्सर हम अपना शरीर या बाल खुजाते रहते हैं। इससे भी एक प्रकार की बेचैनी होती है और ये बेचैनी आपकी ऊर्जा के स्तर को कम करती है। कोशिश करें कि आप कपड़े भी साफ-सुथरे ही पहनें। न केवल ऊपरी वस्त्र बल्कि अपने अंतरंग वस्त्रों की सफाई पर ी खास ध्यान दें। जुराब व जूते-चप्पलों की सफाई पर भी ध्यान दें। क्योंकि इनकी बदबू व गंदगी भी हमारे मन को बीमार करती है। रुग्ण मन आपकी ऊर्जा को बेवजह व्यय करता है। इसलिए अपनी सभी चीजों की सफाई पर ध्यान देना बेहद जरूरी है।*

4. आकर्षक वस्त्र पहनें- *हो सके तो रंग-बिरंगे, चटकदार व आकर्षक वस्त्र पहनें। अपनी पसंद के कपड़े पहनने पर हमें अंदर से एक आत्मविश्वास प्राप्त होता है। यह आत्मविश्वास आपकी ऊर्जा में बढ़ोतरी करता है। कपड़ों और साफ-सफाई का ऊर्जा वृद्धि पर बहुत प्रभाव पड़ता है। आप कभी ी ऐसी जगह न बैठें जहां मच्छर-मक्खी हों, नहीं तो आप ज्यादातर समय उन्हें उड़ाने में लगाकर अपनी ऊर्जा व्यर्थ गंवाते रहेंगे। अपनी ऊर्जा के स्तर को बढ़ाए रखने के लिए आपको अपने आसपास की साफ-सफाई के बारे में ध्यान देने की बहुत जरूरत है।*

व्यायाम

ऊर्जा प्राप्त करने के लिए व्यायाम करना ी बहुत जरूरी है। ऊर्जा हमें यूं ही नहीं मिल जाती, इसे प्राप्त करने के लिए हमें अपने स्तर पर कुछ प्रयास भी करने पड़ते हैं।

1. 30 मिनट व्यायाम करें- *रोज कम से कम 30 मिनट व्यायाम अवश्य करें। टहलना, कसरत करना या फिर योग एवं जिम जैसी चीजों को अपने जीवन में शामिल करें। इससे आपको ऊर्जा मिलती है। रोजाना धूप में जाकर अपने शरीर में विटामिन डी की मात्रा बढ़ाएं और ऊर्जा के स्तर में वृद्धि करें।*

2. अपने हाथ से सिर दबाएं- *अपने हाथ की उंगलियों से अपने सिर पर हल्का सा दबाव दें या उंगलियों के पोरों से मालिश करें। सिर पर हल्का सा दबाव देने से हमारे शरीर को बहुत राहत मिलती है साथ ही साथ हमारा तनाव भी दूर होता है। इससे हमारी ऊर्जा और अधिक बढ़ती है।*

3. गहरी श्वास लें- *अगर आप स्वयं को ऊर्जाहीन महसूस कर रहे हैं तो इसका सबसे अच्छा उपाय है गहरी श्वास लेना। सांस नाक से लेकर नाभि तक लें। सांस को कुछ देर अपने भीतर रोककर रखें फिर धीरे-धीरे छोड़ें। इससे सिर दर्द व तनाव भी दूर होता है। क्योंकि इन समस्याओं का प्रमुख कारण ही यही है कि हमारा श्वास हमारे मस्तिष्क तक नहीं पहुंचता। इसलिए गहरी लंबी सांस लेकर स्वयं को ऊर्जावान बनाएं।*

4. पलकों को हथेली से दबाएं- *जब भी आप थका हुआ महसूस करें तो अपनी हथेलियों को आपस में हल्का सा रगड़ें उसे अपनी पलकों पर रखें। जब तक आपको राहत महसूस न हो अपनी आंखों पर हाथों से हल्का दबाव देते रहें।*

5. आराम से बैठें- *जहां कहीं भी आप बैठे हैं वहां थोड़ी देर आल्ती-पाल्ती मारकर या फिर पंजों के बल उचककर बैठ जाएं। इससे भी आपको काफी राहत मिलेगी।*

6. सुबह की धूप लें- *सुबह की धूप लेने की कोशिश करें। जितने कम वस्त्रों में आप सूर्य के सामने रहेंगे आपको उतनी अधिक ऊर्जा मिलेगी। आप सूर्य नमस्कार या किसी योग के माध्यम से ाी सुबह की धूप का सेवन कर सकते हैं।*

7. तैराकी- *तैराकी भी ऊर्जा-प्राप्ति का अच्छा माध्यम है। क्योंकि पानी में उतरते ही व्यक्ति की नींद ाी गायब हो जाती है और उसका शरीर भी पूरी तरह से खुल जाता है। तैराकी के दौरान जब हम हाथ-पैर चलाते हैं तो इससे एक तरह का व्यायाम भी हो जाता है। इसलिए अपनी ऊर्जा को बढ़ाने के लिए तैराकी जरूर करें।*

8. आकाश को निहारें- *जब भी आपको समय मिले आप नीलगगन की ओर देखें। आज की व्यस्त जीवन शैली में हम आकाश को निहारना ही भूल गए हैं। रोज एक ही चेहरे, तस्वीरें व चीजें देखकर हमारी ऊर्जा ठहर सी जाती है। इसलिए घर या ऑफिस आप जहां कहीं भी हों वहां से छत पर या खिड़की पर जाकर खुले आकाश को एकटक जरूर निहारें। इससे आप अपने अंदर एक नई स्फूर्ति व गहन ऊर्जा का अनुभव करेंगे। आपको लगेगा कि आपके अंदर एक व्यापकता आ रही है।*

9. नदी के किनारे बैठें- *जब भी आपको समय मिले आप नदी के किनारे जरूर बैठें। नदी नहीं है तो किसी तालाब या झरने के किनारे, नहीं तो पहाड़ या प्रकृति से जुड़ी किसी ाी चीज के निकट अकेले जरूर बैठें। वहां बैठकर वहां हवा या पानी में मौजूद संगीत सुनें। इससे आपको काफी राहत व ऊर्जा मिलेगी।*

क्योंकि हमें जिससे राहत मिलती है उसी से ऊर्जा भी मिलती है। ऐसा करके हम अपनी ऊर्जा का स्रोत बढ़ा सकते हैं।

10. ध्यान करें- *आप परमात्मा या किसी मंत्र का ध्यान अथवा जाप अवश्य करें। आप ध्यान किसी विधि से या बिना विधि के भी कर सकते हैं। जो पंच तत्त्व हमारे ब्रह्मांड में व्याप्त है वही हमारे शरीर में ी मौजूद है। ध्यान के माध्यम से ये बाह्य पंच तत्त्व आपस में जुड़ जाते हैं, जो कि ऊर्जा प्राप्ति का बेहद उपयोगी माध्यम है। बाहर के सर्वशक्तिमान परमात्मा के साथ खुद को जोड़ देना ऊर्जा प्राप्ति का एक स्रोत है। ध्यान के माध्यम से स्वयं को उस परम शक्ति से जोड़कर आप काफी ऊर्जा संग्रह कर सकते हैं।*

11. गहरी नींद लें- *गहरी नींद जरूर लें क्योंकि नींद ऊर्जा प्राप्त करने का एक बहुत बड़ा और सरल माध्यम है। एक आदमी चाहे कितना भी शक्तिशाली हो पर यदि वो नींद और खासकर गहरी नींद नहीं लेता तो वह कभी भी ऊर्जा अर्जित नहीं कर पाएगा। यदि आप स्वस्थ जीवन, लंबी आयु व सफलता चाहते हैं तो इसके लिए नींद लेना बहुत जरूरी है। इसलिए अच्छी गहरी नींद लेकर खुद को तरोताजा महसूस करें।*

12. शरीर को शिथिल करें- *लेट जाएं अपने शरीर को शिथिल करें। पांव के पंजों से शुरू करें और सिर तक एक-एक अंग को बंद आंखों से देखते जाएं और स्वयं को ढीला करते जाएं। ऐसा करने से आपका पूरा शरीर एकदम हल्का तनाव रहित व स्वस्थ हो जाएगा और आप स्वयं को ऊर्जा से पूर्ण पाएंगे।*

अन्य उपाय

1. *जब भी खुद को निस्तेज व ऊर्जाहीन महसूस करें तो ठंडे पानी से मुंह धो लें। न केवल मुंह धोएं बल्कि कुछ देर अपनी कलाइयों व हथेलियों को ठंडे पानी में डुबोकर रखें। ऐसा करने से आपकी नींद व आलस उड़ जाएगा और आपको अच्छा महसूस होगा। इसके अलावा इस क्रिया द्वारा आपकी ऊर्जा का स्तर भी बढ़ जाएगा।*

2. *अपने दैनिक क्रियाकलापों में अपने कार्य के बीच ी 15 मिनट की एक नींद या कुछ देर की झपकी जरूर लें। इससे आपका आलस कम हो जाएगा, कार्य करने की क्षमता बढ़ जाएगी और ऊर्जा दोगुनी हो जाएगी।*

3. *वजन कम करें। अगर हमारा वजन ज्यादा होगा तो शरीर में आलस के साथ कार्य करने की क्षमता कम हो जाएगी। किसी ी काम को करने के लिए*

शरीर को ज्यादा श्रम करना पड़ेगा और इससे हमारी ऊर्जा व्यर्थ हो जाएगी। बढ़ता वजन या मोटापा भी ऊर्जा को क्षीण करता है। इसलिए अपने वजन को नियंत्रित रखें।

4. सुगंधित वातावरण में रहें। सुगंध भी एक बहुत अच्छी चिकित्सा पद्धति है। इसके लिए अपने कमरे में किसी सेंट का प्रयोग करें या स्वयं कोई खुशबू का इस्तेमाल करें। यह पद्धति हमारे शरीर की ग्रंथियों को खोलकर हमें तनाव मुक्त कर ऊर्जावान बनाती है। इसलिए हमें खुशबू के माध्यम से ऊर्जावान बनने का प्रयास करना चाहिए।

5. किसी दोस्त से अचानक बात करें। अमूमन हम लोगों से त ी बात करते हैं जब हमें उनसे कोई काम होता है लेकिन अगर आप थके हुए व उदास महसूस कर रहे हैं तो किसी दोस्त से अचानक बात करें। इससे आपको काफी लाभ होगा।

6. ए.सी. के सामने बैठें। कई बार हमें लगता है कि हमें बहुत आलस आ रहा है, पसीना और गर्मी हमारी ऊर्जा को क्षीण कर रही है तो ऐसे में ए.सी. के सामने बैठें। उसकी ठंडी हवा आपको ताजगी देगी।

7. सुबह नहाते समय कोशिश करें कि सिर के ऊपर शावर चला लें या नल खुला छोड़कर पांच मिनट के लिए सिर पर पानी पड़ने दें। अगर ये क्रिया नियमित की जाए तो इससे भी हमारी ऊर्जा में इजाफा होता है और शरीर स्वस्थ रहता है।

ऊर्जा को कैसे बचाएं

ऊर्जा कमाने के जैसे कई तरीके होते हैं, ऐसे ही ऊर्जा बचाने के भी कई उपाय हैं। अगर आपके पास कोई काम नहीं है तो थोड़ी देर के लिए अपनी आंखें बंद करें। क्योंकि काम चाहे हम मन का करें या शरीर का, सबसे ज्यादा ऊर्जा हमारी आंखों से ही खर्च होती है। इसलिए अपनी आंखों को बंद कर काम के बीच में थोड़ा सा उन्हें व्यायाम दें।।

1. चीजों को नियोजित रखें। चाहे वो घर की चीज हो या ऑफिस की, उन्हें सही तरीके से रखें। क्योंकि अगर हम इन्हें सही तरीके से नहीं र ेंगे तो हम ज्यादातर समय इन्हें ढूंढने में ही बेचैन रहेंगे। इससे हमारी काफी ऊर्जा खर्च हो जाएगी और हम जल्दी थक जाएंगे। इसलिए अपनी चीजों को नियोजित तरीके से ही रखें ताकि हमारा समय उन्हें ढूंढने में व्यर्थ न हो और उस बची ऊर्जा को हम कहीं और किसी अन्य कार्य में लगा सकें।

2. *एक समय पर एक ही काम करें। हम अक्सर सोचते हैं कि एक ही बार में कई सारे काम कर लें। हमारी इस कोशिश में हमारा कोई काम ढंग से नहीं हो पाता और हमारी सारी ऊर्जा व्यर्थ चली जाती है।*

3. *मन के अनुसार काम करें। पूरी कोशिश करें कि आप जो भी काम करें पूरे मन से करें। लेकिन जिंदगी में कई काम ऐसे होते हैं जो मन से नहीं होते। माना कई काम आपको मजबूरी वश करने पड़ते हैं ऐसे में उसे बोझ समझकर बेमन से नहीं बल्कि पूरे मन व जि मेदारी से करें। मन के खिलाफ काम न करें। क्योंकि जब ी हम किसी काम को मन के खिलाफ होकर करते हैं तो ऊर्जा संचित होने की बजाय दोगुनी गति से व्यय होने लगती है।*

4. *समय का नियोजन करें। किस समय, कब और कैसे काम करना है तथा किसे प्राथमिकता देनी है, यह सब पहले से तय ही कर लें। अगर हम बहुत से काम में उलझने के बाद यह सोचेंगे कि अरे दूसरा काम ज्यादा जरूरी था, तो उससे हमको कोई लाभ नहीं होगा। उल्टा अफसोस होने के साथ-साथ समय एवं ऊर्जा का भी नुकसान होगा।*

5. *अपने पूरे दिन की एक समय सारणी बनाएं और उसी के अनुसार अपने काम निपटाएं। इससे आपकी काफी ऊर्जा बचेगी।*

6. *अपना लक्ष्य जरूर निर्धारित करें। जिनका कोई लक्ष्य नहीं होता वे बेवजह स्वयं को व अपनी ऊर्जा को जांचने में सारी ऊर्जा खर्च कर देते हैं। इसलिए इस प्रवृत्ति से बचें। लेकिन अगर हमें हमारा लक्ष्य पता हो तो हम उसी दिशा में अपनी ऊर्जा लगाएंगे और बेवजह के काम में अपनी ऊर्जा नहीं गंवाएंगे।*

7. *जो महत्त्वपूर्ण है, वही करें। जो काम कोई और कर सकता है उसे खुद न करें। हर कार्य का जि मा अपने ऊपर न लें।*

8. *हर किसी से हर विषय पर बात न करें। क्योंकि बोलने से भी बहुत ऊर्जा खर्च होती है। इसलिए कोशिश करें कि जिन विषयों पर बात करना आपके लिए जरूरी है आप उन्हीं मुद्दों पर बात करें। बेकार की गप्पों व चुगलियों में अपनी ऊर्जा व समय न गंवाएं।*

9. *हर किसी पर ध्यान न दें। हम स्वयं को परफेक्ट बनाने की कोशिश करते हैं। हम सब कुछ अच्छा करना चाहते हैं। ये अच्छी मंशा है लेकिन ऐसा करने की कोशिश में अपने मु य कार्य के लिए हम ऊर्जा नहीं बचा पाते। हर चीज को ठीक रखने के चक्कर में हम अपने लक्ष्य से भटककर व्यर्थ ही अपनी ऊर्जा*

गंवाते रहते हैं। कभी भी ओवर परफेक्टनिस्ट बनने की कोशिश न करें। अपना लक्ष्य चुनकर उसी में अपनी ऊर्जा लगाएं।

11. *अपनी सामर्थ्य से ज्यादा काम न करें। माना कि स्वयं को जांचते रहना व बढ़ाते रहना अच्छी बात है लेकिन अपना स्तर जानने के बाद उससे ज्यादा करने की कोशिश न करें। इससे आप बीमार होंगे या किसी मुश्किल में पड़ जाएंगे। इससे आपकी ऊर्जा नष्ट होगी। मान लेते हैं कि एक दिन आपने ज्यादा काम कर लिया लेकिन अगले दिन बीमार हो गए और आपको चार दिन की छुट्टी लेनी पड़ गई। इससे आपको फायदा तो कुछ नहीं होगा बल्कि आपकी ऊर्जा व स्वास्थ्य का स्तर ही गिरेगा।*

12. *अपनी सफाई देने में न लगे रहें। लोगों से बहस करने व सफाई देने में आप बेमतलब में बहुत सारी ऊर्जा खर्च कर देते हैं जबकि इन बातों का कोई अंत नहीं होता। दूसरों को समझाने में हम अपना समय व ऊर्जा नष्ट करते रहते हैं। कई बार हम ऐसे इंसान को अपना बनाने में जुट जाते हैं जिसे हमारी कोई परवाह नहीं। इससे हमारी ऊर्जा सिर्फ नष्ट होती है। किसी को अपना बनाना, प्यार करना या उसकी परवाह करना गुनाह नहीं है लेकिन किसी को इतना भी महत्त्व न दें कि उसे समझाने या रास्ते पर लाने के लिए हम स्वयं रास्ते से भटक जाएं। इसमें हमारी ऊर्जा का ही नुकसान होता है। जो ऊर्जा हम किसी और काम में लगा सकते थे, उसे बेवजह हम यूं ही गंवा देते हैं। इसलिए ऐसा करने से बचें।*

माइन्ड मैनेजमेंट
(मन प्रबंधन)

म न को संवारने के लिए, इसकी शक्ति को विकसित करने के लिए, इसका प्रबंधन करने के लिए हमें पता होना चाहिए कि मन क्या है, कहां रहता है? अगर हमें पता हो कि मन क्या है, कहां रहता है? तो उसे पकड़ा जाए, ठीक किया जाए। बिना इसको जाने, बिना इसके नियंत्रण या प्रबंधन के न मानव जीवन का विकास संभव है न ही रूपांतरण।

जब हम मन के बारे में सोचना शुरू करते हैं तो हमारे पास या तो एक भी उत्तर नहीं होता या फिर इतने उत्तर होते हैं कि कहते नहीं बनता। मन का कोई अर्थ नहीं है परंतु फिर भी सबको अपने-अपने अर्थ देता है। मन मानव की उपज है। यह निरर्थक नहीं परंतु फिर भी व्यर्थ की बातें इसका पोषण हैं। मन का अपना लोक है। एक मायने में मन की कोई परिभाषा नहीं। मन स्वयं परिभाषाएं बनाने वाला है। मन चालाक है, चतुर है, चंचल है, अपनी सहूलियत अनुसार सब कुछ निर्मित कर लेता है। शब्द गढ़ लेता है, व्या याएं, तर्क और न जाने क्या-क्या अपने वजूद में और अपनी सफाई में प्रस्तुत कर देता है।

मन शरीर का कोई हिस्सा नहीं है जिसे अलग करके या एक्स-रे द्वारा दिखा दिया जाए या रेखा चित्र द्वारा उसका रूप बना दिया जाए। वह शरीर के हर भाग पर राज करता है। मन केवल सीने में या हृदय के पास नहीं होता। शरीर के हर अंग का एक अपना मन होता है।

मन इस शरीर में रहता है और इस शरीर के साथ विदा हो जाता है। पर कब, कहां और क्यों रहता है? इसकी जानकारी या नियंत्रण शरीर के किसी अंग में नहीं। हां ध्यान से, बोध से, मौन से इसे नियंत्रित किया जा सकता है। मन दिखता नहीं लेकिन देखता सब कुछ है, मन देखने वाला है। मन बाहर जाने का मार्ग है, जिसके माध्यम से मानव बैठे-बैठे यात्रा करता है। कल्पनाएं और इच्छाएं मन के पंख हैं, जिसके सहारे मन उड़ता है।

मन कहां रहता है? सच तो यह है मन कहां नहीं रहता। क्योंकि मन सदा रहता है, हर अवस्था और स्थिति में साथ रहता है। मन मनुष्य के साथ मनुष्य की उपज है। जहां-जहां मनुष्य है वहां-वहां मन है, विचार हैं, कल्पनाएं हैं, भावनाएं और आशाएं हैं। मन सदा वहां रहता है जो हमें नहीं मिला। मन सदा कल में रहता है। मन शिकायतों और उ मीदों में रहता है। मन अफसोस और पछतावों में रहता है। मन हिसाब-किताब, लाभ-हानि के साथ सांस लेता है तथा 'खाली दिमाग मन का घर होता है।' मन मनुष्य के सिर से लेकर पांव तक पूरी देह में विद्यमान है। दूसरे अर्थों में देखा जाए तो मन कहीं नहीं रहता क्योंकि रहता तो उसको पकड़ा जा सकता था। मन कहीं नहीं टिकता, खुद भी भागता है और हमें भी भगाता है। मन का अर्थ ही है जो चंचल है।

मन निर्बल भी है बलवान भी, मन आलसी भी है ऊर्जावान भी। मन दोनों है। सारी संभावनाएं इसके जरिये होकर निकलती हैं। क्योंकि मन सही-गलत का फर्क करना नहीं जानता। इसके नियंत्रण एवं प्रबंधन के लिए ध्यान आवश्यक है। हमें मन को ध्यान के हाथों सौंपना होगा ताकि सही ऊर्जा, सही दिशा, सही मार्ग, सही प्रयास तथा सही विषय का चयन हो सके।

हमारा मन ही हमें राजा बना सकता है और रंक भी। वह हमें गुलाम बना सकता है और स्वतन्त्र भी। हमें श्रेष्ठ भी बना सकता है और नीच भी। यह सब इस पर निर्भर करता है कि हम अपने मन का उपयोग कैसे करते हैं। वह हम पर राज करता है या हम उस पर लगाम कस कर रखते हैं। अपने मन को पहचानिए, मन की चंचलता का ही प्रबंधन करना है। हमें यह सदैव ध्यान रखना चाहिए कि हमारा मन कल्याणकारी और शुभ संकल्पों वाला हो।

जिस प्रकार नदी पर बांध बनाकर जल को इकट्ठा कर आवश्यकता के अनुसार उपयोग किया जा सकता है, उसी प्रकार मन की उफनती कामनाओं पर विवेक को बांधकर नियंत्रण साधा जा सकता है।

मन को समझें

मन ही मानव के बंधन व मोक्ष का कारण है। यह भी एक इंद्रिय है, इसकी उत्पत्ति भी प्रकृति से हुई है किंतु इसके बावजूद यह कर्मोंद्रियों से कहीं अलग है। बाह्य इंद्रियां इसे देख या छू नहीं सकतीं। यह हमारा अंतःकरण कहलाता है। यह हमारे सूक्ष्म शरीर का एक भाग है। हम स्वास्थ्य को दो भागों में बांटते हैं। एक है शारीरिक स्वास्थ्य और दूसरा है मानसिक स्वास्थ्य। यदि हम गहरे में उतरकर देखें

तो वह विभाजन जरूरी नहीं लगता। मन स्वस्थ है तो समझ लेना चाहिए कि शरीर स्वस्थ है। शरीर स्वस्थ है तो समझ लेना चाहिए कि मन स्वस्थ है। शरीर और मन-दोनों जुड़े हुए हैं। मन शरीर को प्रभावित करता है और शरीर मन को प्रभावित करता है। किन्तु मन का प्रभाव शरीर पर गहरा होता है। यदि मन स्वस्थ है तो शरीर स्वस्थ होगा ही।

मन को हारने न दें

किसी ने कितना सच कहा है कि मन के हारे हार है और मन के जीते जीत। तो मन के हारे हार इसलिये है कि मन से ज्यादा गतिमान शायद कुछ भी नहीं। मन की गति हमारे स्पंदन से भी ज्यादा है। आज दुनिया में न जाने कितने ही लोग ऐसे हैं जो मन में उठती नकारात्मक सोच की लहरों के कारण कुछ करना नहीं चाहते या करने से पहले स्वयं ही रुक जाते हैं। कि हम तो सफल हो ही नहीं सकते फिर मेहनत करने से क्या फायदा? मन की यह स्थिति हृदय को इस कदर कमजोर बना देती है कि एक अच्छा-भला, बुद्धिमान स्वस्थ व्यक्ति स्वयं को असहाय, मूर्ख व अस्वस्थ समझने लगता है। इसका प्रभाव इतना ज्यादा होता है कि वह दूसरों की नजरों में भी स्वयं को कम साबित कर देता है, सरल शब्दों में कहें तो मन का हारना निराशा की विजय है और निराशा का दूसरा नाम है भय, बैचेनी, अशान्ति, भविष्य को अंधकार में देखना और विपत्ति को बढ़-चढ़कर महसूस करना स्वयं के लिए घोर परेशानी उत्पन्न करना है।

अगर आप के मन की स्थिति सकारात्मक है तो आपके लिये संसार में कुछ भी अस भव नहीं है। आप जो चाहे कर सकते हैं, जो चाहे पा सकते हैं। क्योंकि आशा में गजब की ताकत होती है। आशाओं का दामन थामने वाला इंसान भविष्य के लिये अपने मन में सुंदर ताने-बाने बुनता है। प्रयत्न करता है। साधन जुटाता है और अंततः सफल होता है।

जैसे-जैसे आप मन को ऐसे विचार देंगे, वैसे-वैसे एक अद्‌भुत एवं चमत्कार पूर्ण परिवर्तन आप अपने जीवन में अनुभव करते जाएंगे। जितने अधिक सकारात्मक विचार आप मन को देंगे, नकारात्मक विचार अपने आप में ही दबते चले जाएंगे। आपके अंतःकरण में सकारात्मक विचारों का आधिपत्य हो जाएगा।

संकल्प करें

संकल्प हमारे अचेतन मन में पहले से ही हैं, जिसके कारण से सब व्यवहार हो रहा है। हमें इसी संकल्प को चेतन मन में लाना है। जैसे जब कपड़ें पहनें तो

संकल्प करें कि मैं कपड़े पहनूंगा, हमें तो पहनना ही था, परन्तु अगर सचेत होकर संकल्प के साथ पहनते हैं तो हमारे संकल्प में बल आ जाता है। जब कोई सचेत होकर संकल्प करता है तो वह उसका बल बन जाता है।

हां, इसके लिए धैर्य और अ यास चाहिए। परन्तु यह बात भी सही है कि अगर हम मन की चालबाजियों से परेशान हुए हैं, मन से हार जाने की पीड़ा से गुजरे हैं, तो यह प्रयोग हमें बहुत आनन्द देगा, हमें बहुत संतुष्टि देगा। कारण हम पाएंगे कि हम जीत रहे हैं और मन प्रतिपल हार रहा है। परन्तु इसके लिए हमें छोटे-छोटे कृत्यों में संकल्प का गहरा अ यास करना पड़ेगा। संकल्प के अ यास से अपने साक्षी स्वरूप में स्थित हो जाना ही साधना है।

मन को तुलना से बचाएं

आज हर व्यक्ति मन के धीर न धरने के कारण ही परेशान है। व्यक्ति मन पर नहीं, मन व्यक्ति पर कब्जा जमाए हुए है और उसे नियंत्रित करता है। वह उसे कभी यहां कभी वहां धकेलता रहता है और इसे कभी न खत्म होने वाले माया जाल में ऐसा फंसा देता है कि वहां से निकलना व्यक्ति के बस से बाहर हो जाता है।

मन जिद्दी है, सर्वशक्तिमान है। इसकी मांगें नित्य निरंतर बढ़ती रहती हैं। यह चंचल है। इसकी नजरें सब ओर रहती हैं। यह यही देखता रहता है कि उसके पास वह वस्तु है वरन् मेरे पास नहीं। उसकी यह वस्तु मुझसे बड़ी है और मेरी यह वस्तु उससे सस्ती। जहां मन को लगता है कि वह दूसरे पर कुछ कम पड़ रहा है, वह दुखने लगता है।

मन एक सागर है- कामनाओं का अथाह सागर। इसमें सदा ही इच्छाओं और कामनाओं की लहरें गिरती-उठती रहती हैं। एक लहर के गिरते ही दूसरी लहर पैदा हो जाती है। इसका अंत कहीं भी नहीं है।

मन की शक्ति को पहचानें

भले ही मन दिखता नहीं पर यह शक्ति का भंडार होता है। मानसिक एवं शारीरिक स्वास्थ्य का आधार होता है। संसार में ऐसे लोग भी होते हैं, जो शरीर से तो सुदृढ़ और शक्तिशाली हैं परन्तु वे छोटी-सी अप्रिय घटना से भी विचलित हो जाते हैं, उनका मनोबल टूट जाता है। जब मन का बल टूटता है तो उसके साथ-साथ शरीर का बल भी टूट जाता है। मन मजबूत होता है तो शरीर भी साथ देता है, अन्यथा शरीर की शक्तियां क्षीण होने लग जाती हैं। शारीरिक शक्ति भी हो, मन की शक्ति भी हो तो आदमी दस आना शक्तिशाली होता है। भावना की

शक्ति का योग होता है तब आदमी सोलह आना शक्तिशाली होता है। शरीर की शक्ति, मन की शक्ति और भावना की शक्ति होने पर ही आदमी पूरा शक्ति-स पन्न होता है। यदि हम केवल शरीर को साधने का ही प्रयत्न करें, पौष्टिक भोजन करें, रसायनों का सेवन करें, शरीर को खूब अच्छी तरह पालें-पोसें और मन की ओर ध्यान न दें। भावना की ओर ध्यान न दें तो वह पोषण केवल मांस और रक्त बढ़ाने वाला हो सकता है। शरीर को शक्तिशाली बनाने वाला भी हो सकता है, पर वह व्यक्ति को शक्तिशाली बनाने वाला नहीं हो सकता। क्योंकि हमारा व्यक्तित्त्व केवल शरीर का व्यक्तित्त्व नहीं है। उसका संबंध मन और भावना से भी है।

मन को एकाग्र कैसे करें?

इस बात की गहराई में उतरने का प्रयास करें कि शीघ्रातिशीघ्र मन कैसे एकाग्र हो? कैसे इसकी चंचलता-विक्षेपता मिटे और यह अपने-आप में आ जाए? मन बाहर न जाकर, इधर-उधर न भटककर, इत-उत का चिंतन न करके अंतर्मुखी हो क्योंकि जब तक मन बहिर्मुखी है, तब तक आगे बढ़ पाना या इसका ठहरना संदिग्ध है। जीवन में ध्यान को जोड़ें जिससे मन एकाग्र हो सके, भटके नहीं। एकाग्रता ही साधना का सार और आधार है। एकाग्रता ही ध्यानावस्था की जटिलताओं को सुलझाने या मन की ग्रंथियां खोलने की मास्टर चाबी है। यह अपने में ही मस्त होने का अचूक उपाय भी है।

मन को हावी न होने दें

एक बात याद रखें, आपने अगर मन को एक बार हरा दिया तो आप मन से सौ गुना शक्तिशाली हो जाते हैं। परन्तु हम अगर मन से एक बार हार जाते हैं तो मन हमसे हजार गुना शक्तिशाली हो जाता है। तो हम मन से हमेशा जीतने की कोशिश करें। और जीतेंगे कैसे? जीतेंगे तब, जब हम ऐसे छोटे-छोटे प्रयोग करें। एक दम से आप मन को हरा नहीं सकते, मन कभी हारा नहीं है, मन को हार स्वीकार नहीं है। तो मन को ऐसे छोटे-छोटे प्रयोगों के सहयोग से धीरे-धीरे हरा कर इसके चक्रव्यूह से बाहर निकाला जा सकता है।

मन को अपना आज्ञाकारी सेवक बनाकर रखिए न कि स्वयं को उसके अधीन रखिए। आपसे सत्ता-स्फूर्ति पाकर ही मन यहां-वहां के संकल्प-विकल्प करता है। अपने को अलग रखिए, आपकी शक्ति के बिना मन कभी एक क्षण के लिए भी सोचने को समर्थ नहीं है। संकल्प-विकल्पों में मन तभी उलझता है जब आप स्वयं मन के साथ हो जाते हैं। इस अज्ञानता को अभी इसी क्षण दूर कर दीजिए।

साक्षी भाव आपको अ यास की बुलंदियों की ओर ले जाने में एक अनुपम साधन का काम करेगा।

मन का निरीक्षण करें

मन के साथ अधिक रस्सा-कशी या संघर्ष न कीजिए बल्कि अपने को इसका साक्षी मानकर देखिए कि मन किधर जाता है, किसका चिंतन करता है तथा क्या सोचता है? इसका सूक्ष्म निरीक्षण कीजिए और फिर जहां-जहां मन जाए, वहीं-वहीं इसे आत्मा अथवा परमात्मा का दिग्दर्शन कराइए। जिस-जिस प्राणी या पदार्थ का मन चिंतन करता है, उसे मन ने उसी रूप में सत्य एवं सुख रूप मान लिया है। यह इसकी घोर भ्रांति है। यही भ्रांति मन की अशांति, चंचलता एवं अस्थिरता का कारण है और इसे ही दूर करना है। मन का निरीक्षण तथा इसकी गतिविधियों का सूक्ष्म अध्ययन जारी रखना चाहिए। समय-समय पर इसे इसी प्रकार और विचार देते रहें। इसके साथ वार्तालाप करते रहें। धैर्य और उत्साह किसी भी कीमत पर कम न होने दें।

निराश मन को तत्काल संभालें

ज्यों ही आप निराशा ग्रस्त होते हैं, आपकी उन्नति तत्क्षण अवरुद्ध होने लग जाती है। इससे आप आगे नहीं बढ़ पाएंगे। निराशा के क्षणों में आप देखेंगे कि मन ऊब सा गया है अपने लक्ष्य से, अपने निश्चय से, अपनी मंजिल से और यहां तक कि कभी-कभी अपने जीवन से भी। अपने लक्ष्य के प्रति सदैव आशावान बने रहिए। जिस क्षण मन निराशा में आने लगे, तत्काल इसे संभालिए। संभावित निराशा का कारण देखिए। कोई न कोई तदनुसार विचार मन को देकर अपनी पीठ अपने आप ही थपथपाइए। ध्यान रहे कि जीवन में यदि आपको आगे बढ़ना है तो स्वयं ही अपने में उत्साह भरते रहना होगा। यह ऐसा मार्ग है जिसमें किसी दूसरे से ऐसी आशा नहीं रख सकते और रखनी भी नहीं चाहिए। कोई भी इस मार्ग में आपको उत्साह नहीं देगा। मन को समय-समय पर प्रेरणादायक एवं स्फूर्तिप्रद विचार देकर उसे घोषित करें। महापुरुषों के वाक्यों को श्रद्धापूर्वक पढ़ें तथा उनमें उत्साहवर्धक विचार ढूंढें।

मन पर तरस न खाएं

यह समय मन पर दया करने का या तरस खाने का नहीं है। आपको कुछ कठोरता से काम लेना होगा। मन के प्रति दिखाई गई दया आप ही के लिए

हानिकारक बन सकती है। सोचिए, जिस मन ने कभी भी आपके प्रति दया नहीं दिखाई, आपके अनमोल श्वास को व्यर्थ की बातों-घातों, लेन-देन एवं दुष्वृत्तियों में ही लगवाता रहा, रह-रहकर आपको सांसारिकता की दलदल में खींचकर जीवन को पतनोन्मुखी बनाता रहा और अब भी ऐसा ही करने के लिए यह प्रयासरत रहता है, उस मन के प्रति दया-किस बात की दया? किस लिए दया? भले ही मन कितना पीछे खींचे, व्यर्थ का गिड़गिड़ाए, लाख पांव मारे, जो करता है उसे करने दें, उस पर तरस न खाएं।

मन को सकारात्मक विचार दें

जैसे-जैसे आप मन को ऐसे विचार देंगे, वैसे-वैसे एक अद्‍भुत एवं चमत्कार पूर्ण परिवर्तन आप अपने जीवन में अनुभव करते जाएंगे। संसार संबंधी विचार नकारात्मक हैं और परमात्म विषयक विचार सकारात्मक। जितने अधिक सकारात्मक विचार आप मन को देंगे, नकारात्मक विचार दबते चले जाएंगे। आपके अंतःकरण में सकारात्मक विचारों का आधिपत्य हो जाएगा। अगणित बार धन्य है ऐसा कल्याणकारी आधिपत्य। आप यह समझ चुके होंगे कि कितनी अधिक आवश्यकता है शुद्ध परमात्म विषयक चिंतन की जीवन में। कितनी उपयोगिता है मन को पुनः-पुनः क्रांतिकारी विचारों से युक्त करने तथा दैवी विचार लेकर उन पर गहन मनन करने की। इसके अलावा कोई चारा भी तो नहीं है- जीवन के हर पहलू में व्याप्त हो चुकी कड़वाहट को दूर करने का। क्या आपको खटकती नहीं जीवन में बुरी तरह घर कर चुकी दुखों, कष्टों, चिंताओं, समस्याओं और रोगों की यह भयानक कड़वाहट? आइए, इसी क्षण अपने विचारों में एक क्रांति लाने का दृढ़ संकल्प किया जाए और यह क्रांति संभव है- मन को परमात्म संबंधी सकारात्मक विचार देने से।

मन की स्थिति को जानें

अपने मन की स्थितियों को देखें, क्या यह स्थिर है? नहीं, आपने किसी की अंतिम यात्रा में भाग लिया हो और मन की यह द्विविध स्थिति देखी हो। उस विलक्षणता में क्या आपने यह जानने का प्रयास किया कि अभी कुछ समय पूर्व जब किसी की अंत्येष्टि में सर्मिलित हुए थे, उस समय मन किस तरह वैराग्य की चरम स्थिति में जा पहुंचा था। फिर कुछ ही समय पश्चात् जब घर वापस आए तो पुनः वही पुरानी मानसिक स्थिति आखिर ऐसा क्यों हुआ? क्यों इतनी हृदय विदारक घटना ने भी मन पर गहन एवं स्थायी प्रभाव नहीं डाला? क्यों नहीं मन

संसार से विरक्त हो गया? शायद कभी नहीं गए होंगे इसकी गहराई में आप। यदि जाते और मन की इस स्थिति को जानने-समझने का प्रयत्न करते तो अवश्य ही मन की ऐसी ही विपरीत चाल, भ्रामक स्थिति तथा आपको उलझाने वाली हरकतें आपके समक्ष स्पष्ट हो जातीं। फिर आप सावधान हो जाते आगे के लिए सोचें ऐसा क्यों है?

मन पर कोई दबाब न दें

स्वतंत्र क्षणों में जब आप स्वयं को सभी प्रकार से क्रिया मुक्त पाएं तो कोलाहल से दूर किसी एकांत शांत वातावरण में कुछ गंभीर मुद्रा में बैठिए। मन को खुला छोड़ दीजिए। किसी प्रकार का दबाव मन पर न रहे। कुछ क्षण के लिए यह भाव भी मन में न रहे कि आपको कुछ करना है, कुछ दायित्त्व आप पर हैं, आपका कोई है या आप किसी के हैं- ऐसे सभी विचारों को तिलांजलि देकर यह समझिए कि आप सर्वतः स्वतंत्र हैं।

मन को मारें नहीं संवारें

अक्सर हम मन को अपनी उन्नति व विकास में बाधक मानते हैं। यही नहीं हमें सदियों से यही पढ़ाया व समझाया भी गया है। मन से सदा बचने को कहा गया है, उसको मारने की बातें कही गई हैं। मन को हमने हर मुसीबत की जड़ कहा है। पर क्या मन वास्तव में इतना बुरा है? क्या मन सदा नुकसान पहुंचाता है? क्या मन से जो भी पैदा होता है वह नाश को जन्म देता है? शायद नहीं, यही एक नकारात्मक विचार है, हमें मन को मारना नहीं संवारना है क्योंकि मन को संवारना ही एकमात्र स्वयं की खिलावट है और मन को मारना यानी आत्मघात करना आत्महत्या करना है। यदि हम अपने मन को जोर-जबरदस्ती से मारते हैं तो वह नियंत्रण हमें रुग्ण कर देगा। देर-सवेर हमें पछतावे या ग्लानि से भर देगा। बोझ समझकर किया गया कार्य सदा विपत्तियां ही पैदा करता है। ऐसा त्याग एवं संयम देर-सवेर कष्ट ही देता है, सुकून नहीं। लेकिन बोध से किया गया त्याग, नियंत्रण या संयम कभी कष्ट नहीं देता।

मन एक शक्ति है, ऊर्जा है, जहां कल्पनाएं हैं, विचार है वहां कुछ-कुछ होने की संभावनाएं है। जहां संभावनाएं हैं वहां सृजन है, निर्माण है। जहां सृजन है, निर्माण है वहां लगन है, एकाग्रता है। जहां लगान हैं, एकाग्रता है वहां साधना हैं, तपस्या है और जहां साधना है तपस्या है वहां हम नहीं रह जाते, कुछ और हो जाते हैं, कुछ निखर जाते है। मन हमें मांझ देता है।

मन बीज है यदि उसे ठीक ढंग से, ठीक समय पर, उचित स्थान में बोया एवं सींचा जाए तो वह फल ही नहीं सुफल अवश्य देगा। मन को संवारने के लिए, इसकी शक्ति को विकसित करने के लिए हमें अपने भीतर सहनशीलता और आत्मनियंत्रण की क्षमता को विकसित करना है जिसके लिए ध्यान आवश्यक है। क्योंकि मन सही-गलत का फर्क करना नहीं जानता है। हमें मन को ध्यान के हाथों सौंपना होगा ताकि सही ऊर्जा, सही दिशा, सही मार्ग, सही प्रयास तथा सही विषय का चयन हो सके। यदि मन को बोध, अनुभव एवं अ यास से सकारात्मक एवं आशावादी बना दिया जाए तो आप पाएंगे वह जीवन को नष्ट करने का नहीं संवारने का काम करता है।

मन की अशांति का कारण

मन की अशांति का बहुत बड़ा कारण यह है कि व्यक्ति विचार करना नहीं जानता। आदमी सोचने कुछ बैठता है और सोच कुछ और लेता है। आदमी जानता ही नहीं कि कैसे सोचना चाहिए, कैसे चिन्तन करना चाहिए? मनुष्य का सारा जीवन विचार के द्वारा संचालित होता है। जीवन का सारा क्रियाकलाप विचार के द्वारा निर्धारित होता है, किन्तु वह नहीं जानता कि कैसे सोचना चाहिए। कैसे चिन्तन करना चाहिए? सोचते समय मनुष्य के सामने अनेक तर्क प्रस्तुत होते हैं और वह अपने सोचने के मार्ग से भटक जाता है। विचार के द्वारा व्यक्ति परखा जा सकता है। व्यक्ति के विचारों का विश्लेषण करो, तुम जान जाआगे कि वह कैसा है। विचार के द्वारा ही व्यक्ति के मानसिक स्वास्थ्य को जाना जा सकता है। जब मन स्वस्थ होता है, तब व्यक्ति की उपज भी स्वस्थ होती है। वह सही बात को सही ढंग से सोचता है।

स्ट्रेस मैनेजमेंट
(तनाव प्रबंधन)

आज की जीवन-शैली ऐसी हो गई है जिसमें प्रत्येक व्यक्ति किसी न किसी रूप में तनाव से ग्रस्त है। इसके कारण व्यक्ति के लिए जीवन एक बोझ बनकर रह गया है। बाहरी दबावों तथा भीतरी मानसिकता में तालमेल बिगड़ते ही हमें तनाव घेर लेता है। इस स्थिति में मस्तिष्क इस बेमेल स्थिति को न तो समझ पाता है और न ही सुधार पाता है परंतु हालात में थोड़ा-सा बदलाव आते ही हम उन दशाओं पर विचार कर सकते हैं तथा यह सोच सकते हैं कि क्या उन स्थितियों को टाला नहीं जा सकता था? इस तरह की परेशानी से निबटने के लिए हम भविष्य में क्या नीति अपनाएंगे?

जो तनाव से बचना नहीं जानता, वह मानसिक दृष्टि से शक्तिशाली नहीं हो सकता और शारीरिक दृष्टि से भी उसे काफी कठिनाइयां उठानी पड़ती हैं। शरीर का तनाव शरीर की शक्ति को क्षीण करता है। मानसिक तनाव मन की शक्ति को और भावनात्मक तनाव आत्मा की शक्ति को क्षीण करता है।

तनाव है क्या?

तनाव से बचने या उसका मुकाबला करने के लिए जरूरी है कि पहले हम यह जान लें कि वास्तव में तनाव है क्या? आप से जब कभी तनाव पैदा होता है यह आपके शरीर के साथ-साथ मस्तिष्क को भी प्रभावित करता है। हालांकि यह प्रभाव स्थायी नहीं होते परंतु तनाव की मात्रा जितनी अधिक होती है प्रभाव उतना ही गहरा होता है। धीरे-धीरे ऐसी स्थिति आती है जब हम तनाव का कारण तक भूल जाते हैं परंतु उस स्थिति में शरीर को उसके दुष्प्रभाव झेलने पड़ते हैं। अगर चिकित्सकों की भाषा में कहें तो तनाव शरीर की मांग के प्रति की जाने वाली एक ऐसी प्रतिक्रिया है, जिससे एड्रेनालिन तथा नॉन एड्रेनालिन द्रव्य प्रवाहित होने लगता है। यह स्थिति आशा और विश्वास भरे क्षणों में भी हो सकती है और डर

या क्रोध भरे क्षणों में भी। यह एक ऐसी प्राकृतिक क्रिया है, जो हर अनुभव और काम के साथ आती-जाती रहती है।

क्यों होता है तनाव?

तनाव उस समय पैदा होता है जब कोई नई विकट परिस्थिति हमारे सामने आती है। जैसे हमारी इच्छा पूरी नहीं होती या कोई कार्य हमारी इच्छा के अनुकूल नहीं होता। तनाव की स्थिति में प्रकृति हमारे शरीर में अधिक शक्ति उत्पन्न करती है ताकि हम तनाव का सामना कर सकें। ऐसे में यदि हम तनाव का मुकाबला करने में सफल नहीं होते तो यह शक्ति हमारे मन-मस्तिष्क पर काबू कर लेती है, जिससे हमारे भीतर भावनात्मक कमजोरी उत्पन्न होती है। इस प्रकार तनाव के प्रत्येक झटके से हमारी शक्ति उत्तरोत्तर कम होती जाती है। इसके परिणामस्वरूप एक ऐसी स्थिति आ जाती है जिससे हम निराशावादी, भीरू, दबे-दबे या चिड़चिड़े बन जाते हैं और इस प्रकार हमारा मन नकारात्मक वृत्तियों का संग्रहालय बन जाता है।

तनाव को अंग्रेजी में 'स्ट्रेस' कहते हैं और तनाव के अलावा 'स्ट्रेस' का एक और अर्थ है और वह है- 'जोर देना'। देखा जाए तो इस शब्द में ही इसका कारण और निवारण छिपा हुआ है। यानी जिस चीज पर हम जोर देते हैं या जरूरत से ज्यादा हम जिसकी चिंता करते हैं वह चीज हमें तनाव देती है। और किसी चीज पर हम जोर तभी देते हैं जब हम उस चीज को सहज भाव से, सरलता से स्वीकार नहीं करते या स्वयं को उसके अनुकूल नहीं पाते हैं, तब हम खुद पर चाहे-अनचाहे, जाने-अनजाने जोर देते हैं, दबाव डालते हैं। यही प्रेशर हमारे सुख-चैन में बाधा बनता है और हमें तनाव देता है।

फिर यह तनाव, कार्य का भी हो सकता है, माहौल का भी। आपसी रिश्तों का भी हो सकता है, पढ़ाई-रोजगार का भी। जि मेदारियों का भी हो सकता है तो अपेक्षाओं का भी। छोटी से छोटी बाते भी हमें तनावग्रस्त कर सकती है। यदि वह बात हमारे मन के, हमारी क्षमताओं के विपरीत हो तो। शायद यही कारण है कि कई बार बड़ी से बड़ी बात भी हमें तनाव नहीं देती, क्योंकि या तो वह हमारे मन के या हमारे अनुसार होती है या हम उनसे सहमत होते हैं, उन्हें पूर्ण भाव से स्वीकार करते हैं।

लेकिन जीवन इसी का नाम है। हमें सभी चीजें हमारी इच्छाओं एवं जरूरतों के अनुसार नहीं मिलती। हम चाहकर भी खुद को हर हाल एवं परिस्थिति में खुश एवं संतुलित नहीं रख सकते। हमारा शरीर, शरीर में विद्यमान ऊर्जा एवं जीवन का

समय सीमित है, जिसके कार्य करने की शक्ति व दायरा भी सीमित है, लेकिन हमारी इच्छाएं, जरूरतें, सपनें, उ मीदें आदि सब असीमित हैं। यह सब न केवल असीमित हैं बल्कि इनसे जुड़े सारे मार्ग व परिणाम भी इन्सान के लिए अज्ञात व अनापेक्षित हैं, इसलिए इन्सान जैसे ही उनको पूरा करने की सोचता है तो वह अपनी ही ऊर्जा के, शक्ति के खिलाफ कार्य करने लगता है। इससे हमारा आनंद और सुकून दोनों छिनने लगते हैं और हम स्वयं को तनावग्रस्त पाने लगते हैं। इसीलिए इसके लिए जरूरी है कि इस तनाव को समझें।

यह बात दुखद हो सकती है, लेकिन है सच ही कि आज तनाव का नकारात्मक रूप और दुष्प्रभाव ही हम अपने चारों ओर देख पा रहे हैं। इसलिए अगर हम तनाव को सचमुच नियंत्रित करना चाहते हैं तो हमें सबसे पहले इसके कारणों को जानना होगा।

तनाव के कारण बहुत मामूली से लेकर बहुत बड़े तक हो सकते हैं, जैसे- एक स्टूडेंट के लिए पढ़ाई का दबाव, अच्छे अंक लाने का दबाव इतना ज्यादा होता है कि वे खेल-कूद, मौज-मस्ती तक भूलकर अपनी उम्र से ज्यादा गंभीरता से पढ़ाई में जुटे रहते हैं। यदि इसमें कहीं जरा-सी भी कोताही रह जाए तो छोटी उम्र के बच्चों द्वारा की जाने वाली आत्महत्या का ग्राफ फिर कुछ और बढ़ जाता है। उम्र में कुछ बड़े लोगों के लिए नौकरी से संतुष्ट न होना या नौकरी छूट जाने का डर, आर्थिक संकट, प्रेम संबंधों या वैवाहिक संबंधों की समस्याएं, पारिवारिक अभाव, बच्चे का स्कूल बदलवाने या नया मकान ढूंढने से लेकर रिटायरमेंट के डर तक छोटे-बड़े कारणों की एक लंबी लिस्ट है। इनके कारण चाहे-अनचाहे हर कोई तनाव की गिर त में आ ही जाता है।

तनाव को समझना जरूरी है

तनाव मुक्त होने के लिए जरूरी है कि तनाव को समझा जाए, क्योंकि तनाव से मुक्त तभी हुआ जा सकता है जब हमें पता हो कि हमें तनाव किस बात का है। तनाव कोई ऐसी समस्या नहीं जिसके बंधे-बंधाए उत्तर हों। क्योंकि हर इन्सान के लिए उसकी परिभाषा अलग हो सकती है, उसके तनाव के कारण अलग हो सकते हैं, इसलिए तनाव को समझना जरूरी है। इसी समझ में ही तनाव का हल छिपा है।

यदि हमें यह समझ में आ जाए कि हमें तनाव किस बात का है तो हम उससे मुक्त होने का मार्ग भी ढूंढ सकते हैं। साथ ही हमें यह भी पता चल जाएगा कि यह

तनाव किसी कारणवश है या अकारण या फिर हम बेवजह ही चिंतित हैं। जैसे ही हम अपने तनाव को समझ लेते हैं वैसे ही हम पाते हैं कि तनाव भी कम हो गया। और एक बार हमें तनाव दिख जाए तो हम उसका प्रबंधन भी कर सकते हैं।

तनाव विश्लेषण करें

तनाव का विश्लेषण करें और सोचें कि फलां विषय पर मैं इतना चिंतित, तनावग्रस्त क्यों हूं? क्या मैं व्यावहारिक रूप से संबंधित कार्य या समस्या को सुलझाने का कोई काम या कोशिश कर रहा हूं? या फिर बस यूं दुखी हो रहा हूं। यदि मैं कोई कोशिश कर रहा हूं तो क्या वह कोशिश योजनाबद्ध है या नहीं? मैं उस समस्या से बचने की कोशिश में लगा हूं या उससे उबरने की कोशिश में लगा हूं।

इतना सब सोच कर यह भी सोचें कि क्या कारण है कि यह काम या स्थिति मुझे बोझ लग रही है। फिर उन कारणों को भी लिखें जिसके कारण आप स्वयं को अनुकूल नहीं बना पा रहे हैं और तनाव को बढ़ा रहे हैं। जो भी कारण सामने निकल कर आएं उन पर गंभीरता से, निष्पक्षता से सोचें कि उसका जि मेदार कौन है, आप स्वयं या फिर कोई दूसरा?

यदि आपके तनाव का कारण कोई दूसरा है तो आशावादी दृष्टिकोण रखते हुए उसे समझाएं, बात करें और हल निकालने की कोशिश करें। यदि यह संभव नहीं है तो स्वयं को रूपांतरित करें और इस तरह ढालें कि परिस्थिति एवं सामने वाले का आप पर कोई प्रभाव न पड़े और धैर्य एवं कोशिश के साथ आप इस सकारात्मक सोच से अपने ऊपर काम करें। सोचें कि 'हम किसी को नहीं बदल सकते। सिर्फ स्वयं को, स्वयं की सोच को विस्तार देकर अपने तनाव को कम कर सकते हैं और अपने हिस्से का सुख जुटा सकते हैं।'

तनाव के विश्लेषण और स्वयं के निरीक्षण के बाद आपको अपने में या अपनी योजनाओं में जो कमी नजर आई है उन्हें प्राथमिकतानुसार एक-एक करके पूरा करें। हाथ में ली गई किसी भी समस्या को बीच अधर में न छोड़ें, क्योंकि बीच में छोड़ा गया कार्य हमको हमारे अगले कार्य को पूरा करने में तंग करता है और हमारे अंदर एक नकारात्मक विचार घर करने लगता है कि 'मुझसे नहीं होगा या मैं नहीं कर सकता।' और हम तनाव से भर जाते हैं। इस तरह से तनाव को समझकर, उसका विश्लेषण कर आप तनाव को कम कर सकते हैं।

तनाव का प्रमुख कारण चिंता

दुखों और चिंता में जान बूझकर कौन जलना चाहता है? सभी इस चिता समान चिन्ता की दहकती आग से बचना चाहते हैं। लेकिन इससे न बच पाने के बहुत से कारण होते हैं और लोग इस आग में चाहे-अनचाहे तरीके से जलकर नष्ट होते रहते हैं।

दुख और चिन्ता का प्रमुख कारण तो यही है कि हम उसके विषय में सोचते अवश्य हैं इससे दुख और चिन्ता और बढ़ जाती है। केवल चिन्ता को दूर करने की ही सोचते रहें तो भी यह बढ़ती है।

चिन्ता आप करते ही क्यों हैं? चिन्ता की आवश्यकता ही क्यों आ पड़ी? डर के कारण? रोग, गरीबी, घाटे या अप्रिय की मृत्यु की चिन्ता यदि इनमें से कुछ भी है इन्हें मन से निकलना ही होगा। इन्हें पीछे की ओर ढकेल देना है। लेकिन ऐसे नहीं। क्योंकि जब आप इन्हें मन से इन्हें जब आप निकालने का यत्न करेंगे तो ये और भी गहरे होंगे। क्योंकि यह एक सामान्य नियम है- जिस चीज से मन को हटाने का प्रयत्न किया जाता है, मन बार-बार उसी में जाकर अटकता है।

अत: चिन्ता को दूर भगाने के लिए बार-बार प्रयास न कीजिए। इससे वह बार-बार आप पर आक्रमण करेगी। जब आप चेतन मन के शांत, स्वच्छ प्रकाश में इससे उचित तरीके से निपटेंगे और इसका सामना करेंगे, तभी वह भाग सकेगी।

पहले तो यह देखिए कि चिन्ता का मूल क्या है? और फिर उसी मूल या जड़ को उखाड़ दीजिए। जिस कारण से यह जिंदा है उसी कारण को समाप्त कीजिए। आर्थिक चिंता है तो शांत मन से आय बढ़ाने के तरीके सोचिए। अपने व्यय को कैसे घटायें, बजट में क्या-क्या कमी करें, यह विचार कीजिए।

तनाव के दुष्प्रभाव

जब भी हम तनाव में होते हैं तो हमारे बाकी के अन्य काम भी आसानी से नहीं हो पाते, जिसके कारण बाकी कार्यों का भी तनाव हमारे तनाव में बढ़ोतरी कर देता है और हम स्वयं को तनाव से घिरा पाते हैं। तनाव दोगुना-चौगुना न हो और जड़ से समाप्त हो जाए, इसके लिए जरूरी है असली तनाव की सही पहचान, क्योंकि अमूमन तनाव किसी एक-आध चीज का होता है, पर उसका प्रभाव हमारे बाकी के कार्यों एवं पूरी दिनचर्या पर पड़ता है, जिसके चलते हम और अधिक तनावग्रस्त हो जाते हैं।

जिस तरह तनाव के कारणों की लिस्ट अच्छी-खासी बड़ी है, उसी तरह इसके कारण होने वाले नुकसान भी बहुत ज्यादा हैं। इससे मामूली सिरदर्द, गर्दन दर्द, थकान, सुस्ती, चिड़चिड़ापन से लेकर बालों का तेजी से गिरना, हृदय रोग, डिप्रेशन, ब्लड प्रेशर से लेकर नींद न आना जैसे नुकसान भी हो सकते हैं।

अक्सर यह देखने में आता है कि तनाव के शुरुआती लक्षणों को लोग अपने रोजमर्रा के जीवन में बड़ी आसानी से स्वीकार कर लेते हैं और इसके प्रति जागरूक भी नहीं होते हैं। हां, मगर उनकी जुबान पर हमेशा यह शिकायत जरूर बनी रहती है कि आजकल उनकी कार्यक्षमता काफी घटी हुई है या फिर लगता है, जिंदगी बेकार ही जा रही है। वगैरह-वगैरह।

तनाव भगाने के कुछ रामबाण उपाय

अपने दिन की शुरुआत मॉर्निंग वॉक, या हल्की-फुल्की एक्सरसाइज या योग-ध्यान से कीजिए। दिन भर में पानी जितना ज्यादा से ज्यादा पी सकें, पीएं। खासतौर पर संतरे या नींबू नियमित रूप से अपने खाने में शामिल करें। दिन भर काम के बीच में हंसने-मुस्कुराने में कंजूसी न करें। न ही दिन भर कोल्हू के बैल बने रहें, बल्कि अपने दिन को इस तरह प्लॉन कीजिए कि आप बीच-बीच में हल्का-फुल्का संगीत सुनने, परिवार या दोस्तों के साथ गप्पे मारने या फिर अपने बच्चे या पालतू कुत्ते-बिल्ली के साथ खेलने का वक्त निकाल सकें। जब भी मौका लगे गहरी सांसें लीजिए। बेशक यह कुछ उपाय बड़े छोटे लग सकते हैं, लेकिन यह भी सच है कि हजारों कदमों का फासला तय करने की शुरुआत भी पहले कदम से ही होती है।

नियमित एक्सरसाइज करें

अगर आप किसी तरह के मानसिक तनाव से गुजर रहे हैं तो आप दवाइयां लेने के साथ एक्सरसाइज भी करें। यह आपके स्ट्रेस को काफी हद तक कम करेगा।

आप रोज नियमित रूप से योग या कोई भी एक्सरसाइज करें। इसके लिए आप किसी फिटनेस एक्सपर्ट की सलाह ले सकते हैं।

योग में आप अनुलोम-विलोम या मेडिटेशन करें। इससे आप खुद को अंदर से फ्रेश और रिलेक्स फील करेंगे।

इसके अलावा आप जॉगिंग, मॉर्निंग वॉक, बागबानी जैसी एक्सरसाइज भी कर सकते हैं।

शुरुआत में एकदम से ज्यादा योग या एक्सरसाइज न करें।

डायट चार्ट तैयार करें

अक्सर लोग अपनी व्यस्त दिनचर्या में खाने-पीने का ध्यान नहीं रख पाते हैं, जो सेहत के लिए बेहद हानिकारक होता है। इन सब चीजों से बचने के लिए आप डायटिशियन की सलाह से अपना डायट चार्ट तैयार करें और कुछ बातों का ध्यान रखें जैसे-

ब्रेकफास्ट करना कभी न भूलें और नाश्ते में दूध, दही, फल और जूस जैसी चीजें लेने की कोशिश करें।

खाने में सलाद जरूर लें।

जंक फूड अवॉइड करने की कोशिश करें।

पॉजीटिव थिंकिंग रखें

स्ट्रेस का सबसे बड़ा कारण है हमारी नकारात्मक सोच। जो हमें ज्यादा सोचने पर मजबूर कर देती है और स्ट्रेस को जन्म देती है।

इसलिए हमेशा पॉजीटिव थिंकिंग ही रखें।

छोटी-छोटी बातों में टेंशन लेने की जगह उसे इग्नोर करने की कोशिश करें।

आप हर काम को खुश होकर करें और जितना हो सकता है खुश रहें।

लाइफ स्टाइल बदलें

स्ट्रेस और टेंशन का सबसे बड़ा कारण होता है ओवर वर्कलोड। इससे बचने के लिए आप अपना डे शेड्यूल तैयार करें और सब काम उसी के हिसाब से करें।

आप अपने डे शेड्यूल में काम और खाने दोनों का टाइम फिक्स कर लें और उसी समय में उस काम को करें।

ओवर वर्कलोड से बचने के लिए आप अपने काम को भी टुकड़ों में बांटें और उसे एक-एक कर के पूरा करें।

अपने डे शेड्यूल में से कुछ समय आप व्यायाम के लिए भी निकालें।

छुट्टी वाले दिन ऑफिस का कोई काम न करें। आप सिर्फ वही करें जिससे आपका मनोरंजन होता हो।

लेट नाइट वर्क करने से बचें।

तनाव मुक्ति के उपाय

मन का तनाव से गहरा नाता है इसलिए आपको स्वयं को तनावमुक्त रखना सीखना होगा। यद्यपि इस आपाधापी से भरे जीवन में आसानी से ऐसा नहीं किया

जा सकता। लेकिन नि नलिखित उपायों के पालन से आप दिन-प्रतिदिन के बिखरे जीवन के बीच भी अपने मन से तनाव का बोझ हटा सकते हैं।

● सदा एक सी दिनचर्या भी तनाव पैदा करती है। एकरसता से जीवन नीरस हो जाता है व लगातार एक ही स्थिति से तनाव होने लगता है इसलिए अपने जीवन में नवीनता लाएं। काम करने के तौर-तरीके में बदलाव लाएं। कुछ लीक से हटकर करें, आपको अच्छा लगेगा।

● आपकी एक प्यारी सी मुस्कान तनाव दूर भगा सकती है। हंसने से शारीरिक व मानसिक स्वास्थ्य पर सकारात्मक प्रभाव पड़ता है।

● प्रसन्न होने पर संपूर्ण दुखों का अभाव हो जाता है तथा प्रसन्न चित्त मनुष्य की बुद्धि शीघ्र ही भली-भांति स्थिर हो जाती है। हंसने से मस्तिष्क का भावनात्मक केंद्र प्रभावित होता है तथा न्यूरोकैमिकल संतुलन बना रहता है अतः प्रसन्नता ही तनाव दूर करने का सर्वोत्तम साधन है।

● तनावग्रस्त होते ही हम एकांतप्रिय हो जाते हैं। मन को सारे संपर्क सूत्रों से काट देते हैं नतीजन तनाव बढ़ता ही जाता है। अतः किसी प्रिय विश्वासपत्र के आगे आपको अपने मन का बोझ हल्का कर देना चाहिए। यदि ऐसा कोई पात्र न मिले तो आप ईश्वर से भी अपना दुख बांट सकते हैं।

● जब मन चिंता व तनाव से घिर जाए और आपको कोई राह न सूझे तो अपने इष्टदेव का स्मरण करें। मानसिक जप व प्रार्थना से आपको आत्म-विश्वास मिलेगा कि प्रभु संकट की हर घड़ी में आपके साथ हैं और आपको सहारा दे रहे हैं।

● अगर आपका मन क्रोध से भरा हो तो थोड़ा ठहरें। फिर शारीरिक श्रम से मन का गुबार निकाल दें। यदि इस भावनात्मक तनाव को दबाने की कोशिश की जाए तो इसके बड़े बुरे परिणाम सामने आते हैं इसलिए व्यायाम के माध्यम से मन हल्का कर लें।

● जीवन परिवर्तन का ही दूसरा नाम है। इसमें बदलाव आते ही रहते हैं। यदि हम उन्हें पूरे उत्साह व उमंग से स्वीकारें तो वे हमारे लिए फायदेमंद ही होते हैं। इसलिए बदलाव की चुनौती को मुक्त मन से स्वीकारें।

● चिंता की बजाए चिंतन करें, समस्याओं पर चिंता करने की बजाय सोच-विचार करें ताकि संभावित हल तलाशा जा सके। इस विधि से आपकी समस्या क्षण भर में दूर हो जाएगी।

● अध्ययनों से पता चला है कि खाली दिमाग से भी तनाव पैदा होता है। इसलिए जब भी यह आपको यहां-वहां भटकाए, इसे व्यस्त कर दें। मन को

सार्वजनिक व रोचक कार्यों में लगा दें। चूंकि मन एक समय में एक ही कार्य कर सकता है इसलिए उसका ध्यान तनाव से हट जाएगा।

● स्वयं को सकारात्मक आत्म सुझाव दें। नकारात्मक सोच आपके बने-बनाए काम बिगाड़ सकती है। नकारात्मक आत्म सुझावों से मन में एक ऐसा भयावह चित्र बनता है जो मन की सुख-शांति नष्ट कर देता है।

● आत्म सुझाव का अर्थ है कि आप मन को अपने अनुसार आचरण के लिए विवश कर दें। ऐसा तभी संभव है जब हमारी संकल्प शक्ति दृढ़ हो। स्पष्ट शब्दों में दिए गए आत्म सुझाव, मन को प्रतिकूल परिस्थितियों में भी वश में कर लेते हैं।

● तनाव दूर करने के लिए मानसिक चितंन का भी विशेष महत्त्व है। जब भी अवसर मिले तो आंखें मूंद कर कल्पना करें कि आप सुनहरे समुद्र तट पर हैं, रंग-बिरंगे फूलों के बीच हैं या प्रिय पात्र के साथ घूम रहे हैं।

● इसके अलावा आप कोई भी मनचाही कल्पना कर सकते हैं। आप अपने लिए जो सोचते हैं, वही पाते हैं तथा वही बनते हैं इसलिए सदा अपने लिए श्रेष्ठ की कामना करें और इससे निश्चित आप श्रेष्ठ पाएंगे।

● चंचल मन बहुत भटकता है। यह पल भर में कहीं का कहीं पहुंच जाता है। जब भी यह भटकने लगे तो किसी एक स्थान पर इसे केंद्रित करने का प्रयास करें। किसी भी वस्तु को उठाकर ध्यान से देखें, उसके हर पहलू पर गौर करें। मुंह में कुछ खाने की चीज डाल लें। कहने का तात्पर्य यह है कि नकारात्मक भाव मन में आते ही उन्हें रोकने का कोई न कोई उपाय कर लें ताकि मन सकारात्मकता की ओर केंद्रित हो सके।

● कई बार मानसिक द्वंद्व की स्थिति से भी तनाव पैदा होता है। व्यक्ति ऊपर से शांत दिखाई देता है लेकिन उसके भीतर निरंतर एक मानसिक संघर्ष छिड़ा रहता है। इसी ऊहापोह की स्थिति में कोई भी निर्णय लेना कठिन हो जाता है।

● ऐसी अवस्था में किसी बुद्धिमान के परामर्श से विषय के पक्ष-विपक्ष में पर्याप्त विचार करके किसी एक विकल्प को अपनाना चाहिए ताकि मन शांति भाव से दूसरी ओर ध्यान लगा सके।

● आपकी सोच सकारात्मक होनी चाहिए। जब भी कोई परेशानी आए तो पूरे आत्मविश्वास से उसका सामना करें। अपने मन में यह धारणा बिठा लें कि आपका बुरा हो ही नहीं सकता। यदि कुछ बुरा हुआ भी तो आने वाले समय में उसमें उसकी कोई भलाई छिपी होगी। इसी आशावादिता के गुण को

अपने जीवन का अभिन्न अंग बना लें। आपके मन और तनाव का दूर-दूर तक कोई नाता नहीं रहेगा।

● यदि आपको कुछ ऐसा प्राप्त हो जो आनंद की बजाय दुख पहुंचाए, जिसके प्राप्त होने से आपके मन में नकारात्मक तथ्य आएं तो आपको उस तथ्य से सबक लेना चाहिए और खुश होना चाहिए कि आपको अपनी त्रुटि सुधारने के लिए सीख मिली है।

● यदि आप लाभ-हानि दोनों ही दशाओं में ईश्वर को धन्यवाद देकर अपना कार्य करते रहने में विश्वास करने लगते हैं तब मानसिक तनाव खुद खत्म हो जाता है। मानसिक तनाव से राहत पाने के सबसे कारगर साधन हैं रोजाना निरंतर अपने समस्त कार्यों को ईश्वर को समर्पित कर दें। सुबह या शाम जब भी आपको वक्त मिले कुछ पल अलग बैठकर अपने कार्यकलाप को इष्ट देव को अर्पण करें।

● जीवन में प्रकृति प्रदत्त उपहारों, प्रेम, प्रशंसा, देखभाल, प्यार, स्नेह आदि का लेन-देन करते रहें। जिससे भी मिलें उसे हंसी-खुशी का उपहार देना ना भूलें। खिल-खिलाकर मुस्कुराने से पाचन शक्ति दुरुस्त रहती है जबकि चिंता तथा तनाव से पाचन शक्ति कमजोर होती है। हंसने से चेहरा बेहतर लगता है। जबकि क्रोध करने से मुखाकृति वीभत्स दिखाई देती है। रात्रि को जल्दी सोने व सुबह जल्दी उठने से चेहरा खिला हुआ एवं नेत्र रसीले बने रहते हैं। इसलिए आप एकदम चिंता से रहित रहें। हरदम तनावग्रस्त रहने से तमाम व्याधियां काया को जकड़ लेती हैं इसलिए सदैव प्रसन्न रहने की कोशिश करें।

● संसार को हंसाने वाले एवं खुद मुस्कुराते रहने वाले लोग औसत मानव की तुलना में अत्यधिक ल बी आयु प्राप्त करते हैं। हंसना आपके तनाव रहित होने का परिचायक है। यह मुस्कान ही है, जो आपको एक नवीन चेतना देती है। आपकी जिंदगी घुट-घुटकर जीने के लिए नहीं बल्कि हंस-हंसकर गुजारने के लिए है। मुस्कान एक तरह का से टीवॉल्व है, जिसके माध्यम से व्यक्ति के बगैर व्यक्ति कु हला जाता है, मुरझा जाता है। जीवन में नकारात्मक हो जाता है, आत्मघाती हो जाता है, गंभीर हो जाता है। गंभीरता भी एक बीमारी है। नकारात्मक पक्ष से बचें। इसलिए हंसें, खिलखिला कर हंसें, सहज होकर हंसें।

● मनुष्य को अपनी मनःस्थिति को स्थिर एवं एकत्रित करके चिंताओं से दूर रहना चाहिए, क्योंकि इन कारणों से सेक्स (काम) शक्ति न्यून हो जाती है एवं शरीर का कोई हिस्सा ऐसा नहीं होता जो शिथिल न पड़ जाता हो। इसलिए चिंता

को दूर करने के लिए उतना ही काम करना चाहिए, जितना सरलता से पूरा हो जाए। ज्यादा काम सिवाय परेशानी पैदा करने के और कुछ नहीं करता।

● *आपने शायद कभी एहसास-विचार किया हो कि मानसिक तनाव जितना अधिक होगा, सेक्स की उतनी ही अधिक आवश्यकता होगी तथा तनाव जितना कम होगा, सेक्स की आवश्यकता भी कम ही महसूस होगी क्योंकि चिंता व तनाव से पीड़ित मानव अधिक उत्तेजित रहता है और आराम पाने के लिए सेक्स की जरूरत महसूस करता है। इसलिए जहां जितनी चिंता और भागदौड़ है, जितना तनाव है उतनी ही अधिक वहां कामुकता (सेक्सयुअलिटी) पनपी हुई है। काल के असर से बाल्यावस्था एवं जरावस्था तनाव रहित होती है। इसलिए इस उम्र में कामुकता भी नहीं होती। चित्त जितना शांत और तनाव रहित अवस्था में रहेगा क्योंकि उतना ही कामुकता से दूर रहेगा तब उतनी ऊर्जा खर्च नहीं होती, जितनी कामुक बने रहने से होती है।*

● *आज की भाग-दौड़ भरी जिंदगी में ज्यादातर लोग तनाव की गिर त में रहते हैं एवं तनाव व्याधियों की मूल है। इसलिए तनावपूर्ण अवस्था में अपने आपको किसी और काम में लगाने की कोशिश करें ताकि आप तनाव रहित रह सकें।*

● *समस्त कठिनाइयों तथा समस्याओं को एक साथ हल करने की कोशिश करके उलझना नहीं चाहिए। एक समय में एक समस्या का निदान करें। आप अपनी सामर्थ्य से आगे न सोचिए, न काम करने का विचार करिए। आपकी नजरों में जो उपयोगी व प्रयोग करने योग्य हो वही कीजिए।*

● *ईर्ष्या न करो, ईश्वर का मनन करो। ईर्ष्या करने से तो मन जलता है लेकिन ईश्वर का मनन करने से मन असीम शीतलता का अनुभव करता है।*

● *जितना हो सके उतना अन्य लोगों की कठिनाइयों व समस्याओं के समाधान करने का भरसक प्रयास कीजिए। दूसरों की समस्याओं के निदान में सहयोग देने से आप अपनी चिंताओं को खुद ही भूल जाएंगे।*

● *मन एवं चेतना में जो प्रदूषण पनप गया है उसके प्रति हम समग्र ध्यान नहीं दे रहे हैं। भौतिक प्रदूषण से अधिक जरूरी है मानसिक प्रदूषण से बचना। बिना अंदरूनी प्रदूषण खत्म किए बाहरी प्रदूषण से निजात नहीं मिल सकती है।*

● *तनाव और अनिद्रा का परस्पर संबंध है, इसलिए तनाव ग्रस्त रहना अच्छा नहीं है, अकस्मात तनाव से राहत पाना संभव नहीं है पर धीरे-धीरे इस तरफ कोशिश करनी चाहिए। हर वक्त गंभीरता का चोला ढंके रहना भी अच्छा नहीं है*

इसलिए आपको हल्के-फुल्के रहने की आदत डालनी चाहिए। अनिद्रा पर अंकुश पाने के लिए खान-पान पर नियंत्रण एवं थोड़ा-सा शारीरिक श्रम भी नितांत आवश्यक है। संतुलित भोजन का सेवन किया जाए एवं उसे सरलता से पचाया जाए, तो फिर शायद नींद की कोई समस्या नहीं होगी। संगीत की सुमधुर ध्वनि नींद लाने में सहायक होती है।

- *जब आप निराशा के पलों में हों, तो जीवन आधारित उपयोगी निर्णय न लें। यदि ऐसा करें भी तो अपने किसी विश्वासपात्र से परामर्श जरूर लें।*
- *मद्यपान करना छोड़ दें एवं चिकित्सक के सुझाव का पालन करें। 'जैसा खाएं अन्न वैसा होगा मन' इस लोकोक्ति के मुताबिक शाकाहार एवं खासतौर से सात्विक शाकाहार से मानसिक स्वास्थ्य प्राप्त करने में पूर्ण सहायता मिलती है। इसलिए मानसिक निरोगता और धार्मिक आध्यात्मिक विकास के लिए शाकाहार ही सर्वोत्तम है।*
- *मानसिक तनाव से राहत पाने में व्यायाम विशेष लाभकारी है इसलिए नित्य व्यायाम करें।*
- *प्राकृतिक जीवन शैली बिमारियों को खत्म नहीं करती, बल्कि काया तथा मन को ऐसा विकसित करने में सहयोग देती है कि बीमारी खुद नष्ट हो जाती है और नूतन बीमारी पैदा नहीं होती।*
- *हमारी जीवन शैली के तनाव ग्रस्त होने के कारण यह ज्यादातर रोगों के पैदा होने में अहम भूमिका निभाती है। अतः इन रोगों से बचाव का यथेष्ट साधन यही है कि हम जरूरत के मुताबिक अपनी जीवन शैली में बदलाव लाएं, तनावों को पैदा न होने दें, सामाजिक बनें। नियमित भोजन तथा समय पर नींद लें तथा जीवन के प्रति सकारात्मक रुख अपनाएं।*

मूड मैनेजमेंट
(चित्त वृत्ति प्रबंधन)

मूड का खराब व अच्छा होना एक प्राकृतिक प्रक्रिया है, जिसका प्रभाव हमारे स्वास्थ्य व काम पर अवश्य पड़ता है। देखा गया है कि बहुत से लोग अपने खराब मूड से जल्दी नहीं उबर पाते और डिप्रेशन का शिकार हो जाते हैं। कई बार ऐसे लोगों को अपना मूड ठीक करने के लिए मनोचिकित्सकों की मदद लेनी पड़ जाती है। ऐसा न हो इसके लिए जरूरी है कि हम अपने मूड का प्रबंधन करें जिसके लिए नि न बातों पर गौर देना आवश्यक है।

● यदि हमारी सोच निराशावादी है तो हमारा मूड अच्छा कैसे हो सकता है? यद्यपि प्रत्येक व्यक्ति चाहे तो अपने विचारों पर नियंत्रण पा सकता है। यह आपकी ही मर्जी होगी कि आप दिमाग में कैसे विचारों को स्थान देना चाहते हैं। हमेशा सावधानी यही बरतें कि आप नकारात्मक विचारों से दूर रहें क्योंकि ये धीमे जहर की तरह आपको अपनी पकड़ में ले सकते हैं।

● अपनी चिंतन-प्रक्रिया पर पूरी नजर रखें। इसी तरह आप दिमाग पर काबू रख सकते हैं और नकारात्मकता को सकारात्मकता में बदल सकते हैं। केवल अ यास से ही नकारात्मकता का चक्र तोड़ा जा सकता है। जब आप आशाजनक होते हैं तो आपके विचार भी आशावादी हो जाते हैं।

● आधारभूत सच यही है कि आपका मूड आपके विचारों के अनुसार ही होता है। कई बार मैं भी किसी घटना की वजह से बुरे विचारों में घिर जाता हूं। फिर मैं आधी रात तक अपनी उस सोच को बदलने की कोशिश करता हूं। फिर इस काम में सफलता मिलने पर, अगली सुबह मैं बिल्कुल प्रसन्न और तरोताजा होता हूं।

● प्रसन्नता पाने के लिए आप प्रसन्न लोगों के बीच बैठें और उनके सकारात्मक विचार सुनें। आपको महसूस होगा कि इस तरह आप एक नए जोश से भर गए हैं। किसी आशावादी मित्र के साथ लिया चाय का एक प्याला भी आपका मूड बदल सकता है। जब भी आप तनाव या अवसाद से घिर जाएं तो

अकेले न बैठें, क्योंकि एकांत पाते ही आप उन्हीं नकारात्मक विचारों में उलझ कर रह जाएंगे। इससे बचने के लिए आप कपड़े बदलकर बाजार या पुस्तकालय चले जाएं, घर का कोई काम कर लें, बस इस तरह का कोई छोटा-सा बदलाव ही आपके मूड में सुधार कर देगा।

● कई लोग सोचते हैं कि सेवा निवृत्त होने के बाद उनका जीवन व्यर्थ हो गया। अपनी इसी विचारधारा के चलते वे स्वयं को एक दायरे में कैद कर लेते हैं, जिससे उनके आत्म-स मान को गहरी ठेस लगती है। उनका मन अवसाद से भर जाता है। ऐसे में उनके माहौल में बदलाव लाकर अन्य लोगों का साथ उन पर सकारात्मक प्रभाव डाल सकता है। इस तरह की परिस्थितियों से बचने के लिए कंप्यूटर पर कई घंटे काम करने के बाद मैं यूं ही बाहर आंगन में निकल आता हूं। वहां पर पड़ोसियों से हल्की-फुल्की गपशप करने से मेरी थकान दूर हो जाती है और मैं फिर से तरोताजा हो जाता हूं, इससे मेरे काम की एकरसता भी टूटती है।

● कई बार हमें लगता है कि हममें किसी काम को करने की योग्यता नहीं है, इससे भी हमारे भीतर नकारात्मक सोच पैदा होती है। कई लोगों में अपने आपको छोटा या नीचा मानने की आदत होती है। उन्हें लगता है कि वे कभी भी लक्ष्य तक पहुंच ही नहीं सकते और यही सोच उनके मूड को खराब बनाए रखती है। वे हमेशा यही सोचते हैं, 'हम कभी जीत ही नहीं सकते' 'हमें यह मिल ही नहीं सकता' आदि। इससे उनका मूड खराब बना रहता है।

● आप पर भी जब ऐसा ही मूड हावी हो तो सकारात्मक वाक्यों से उसे बदलने की कोशिश करें। वैसे आपको हमेशा ही दिमाग को सकारात्मक वाक्यों की खुराक देते रहना चाहिए। इससे आपका मूड कभी खराब नहीं होगा और आप खुश भी रहेंगे।

● आप जीवन की छोटी-छोटी असुविधाओं व कुंठाओं का रोना छोड़ दें। हमें पूरी लगन से उन्हें बदलना चाहिए, यदि वे बदली न जा सकें तो उन्हें सहर्ष स्वीकार कर लेना चाहिए।

● कठिन से कठिन उत्साह हीन परिस्थितियों में भी आत्मालोचना न करें। ऐसा कभी न कहें कि 'मैं इसी लायक हूं' इसकी बजाय सकारात्मक व प्रसन्नता दायक चुनावों पर विचार करें।

● कई बार कोई अनचाहा काम भी हमारा मूड खराब कर देता है। जिन कामों को हम पसंद नहीं करते, उन्हें देर तक टालते रहते हैं। ऐसे में बेहतर तो यही

होता है कि इन कामों को सबसे पहले निपटाया जाए। इससे आपको एहसास होगा कि उस काम को पहले करके आपने अपने सिर का भार हल्का कर लिया है।

- *सकारात्मक लोगों के आस-पास रहने की चेष्टा करें। इस तरह आपका दिमाग परेशानियों से बच जाएगा। जरूरत पड़ने पर मित्रों की मदद करें। सकारात्मक लोगों का साथ आपको भी ऊंचा उठने की प्रेरणा देता रहेगा। उनके मिजाज की खुशी आप पर भी हावी हो जाएगी।*
- *अगली बार आप जब भी तनाव, उदासी या अवसाद के घेरे में फंसें तो पूरी तरह सजग होकर अपने सोचने का तरीका बदल लें। उसी समय आपके मूड में बदलाव आ जाएगा, क्योंकि हम वही होते हैं, जो सोचते हैं।*

उखड़े मूड पर काबू पाएं

हंसिये और जीवन को तनाव से सदा दूर रखिये- *कहते हैं कि हंसना किसी स्वास्थ्यवर्धक औषधि से भी ज्यादा प्रभावी औषधि है जो कि इंसान के व्यक्तित्व को, तन-मन दोनों पक्षों से पुष्ट बनाती है। हंसते वक्त न केवल व्यक्ति का तनाव दूर होता है जो कि हृदय को मजबूत बनाता है, मस्तिष्क की वर्जिस करता है बल्कि चेहरे की मांसपेशियो में कसाव लाकर चेहरे की झुर्रियों को दूर करता है। वह इंसान को शारीरिक, मानसिक रूप से मजबूत करता है। मदन कटारिया ने हंसने के महत्त्व को समझा और ला टर क्लब का श्री गणेश किया। जिसका प्रभाव ये हुआ कि लोगों ने उनके इस प्रयास को सराहा और जीवन के तनाव को दूर करने में इसे अपना सहयोगी बनाया। परिणामस्वरूप आज भारत के छोटे-बड़े सभी शहरों में लांखों की तादाद में ला टर क्लब सक्रिय रूप से कार्यशील हैं जो कृत्रिम रूप से ही सही पर लोगों को हंसने पर मजबूर कर रहे हैं।*

बातें करें अपनों व परायों से- *बात करना ईश्वर प्रदत्त वो वरदान है जो ईश्वर ने सिर्फ इंसान को ही दिया है। जब इंसान बोलता है तो वह अपने विचारों को दूसरों तक आसानी से पहुंचा देता है। इससे ना केवल उसका मन, मस्तिष्क जिज्ञासाएं शान्त होती हैं बल्कि वो अपनों के और भी करीब आता है, जिससे रिश्तों को मजबूती मिलती है। बातों को एक-दूसरे से बांटने से अलौकिक आनंद मिलता है इसलिये अपने से ही नहीं परायों से भी बेझिझक बातें करें, एक दूसरे की खुशी व गम के ल हें एक-दूसरे के साथ बातों के माध्यम से बांटें और आनंद का अनुभव करें।*

दिल जीतें दूसरों का- *हमें सर्वाधिक आनंद की प्राप्ति तब होती है जब हम दूसरों पर एक सकारात्मक प्रभाव डालने में सफल होते हैं अर्थात् दूसरों का दिल जीतकर उनके हृदय पर राज करने में सक्षम हो जाते हैं। परन्तु इस आनंद की प्राप्ति के लिये जरूरी है कि कुछ अच्छा किया जाये जो न केवल आपके पक्ष में हो बल्कि दूसरों के पक्ष में खरा उतरें।*

अपनी कला को निखारें- *हर इंसान में ईश्वर प्रदत्त कुछ न कुछ ऐसी खूबी होती है जोकि उसे दूसरों से अलग व विशिष्ट बनाती है, कोई ऐसा गुण जो उसे जन्मजात ईश्वर से प्राप्त होता है। अनेक बार ये गुण प्रायः दबे ही रह जाते हैं, विकसित होना तो दूर इंसान ये जान भी नहीं पाता कि वो कोई विशेष खूबी भी रखता है। इसलिए ये जरूरी है कि इंसान अपनी प्रतिभा को स्वयं पहचाने और उसे आगे बढ़ाये और अपने अंदर छिपी खासियत का दिल खोलकर आनंद उठाये और स्वयं की एक पहचान बनायें जो सिर्फ आपकी हो किसी और की नहीं। आप जितनी ईमानदारी से इसे विकसित करेंगे उतना ही आनंद पायेंगे। नृत्य, गायन, वादन, लेखन आदि ऐसी आंतरिक खूबियां हैं जो इंसान के आनन्दित होने पर ज्यादा परवान चढ़ती हैं।*

संगीत सुनें व अच्छा साहित्य पढ़ें- *संगीत वह जादू है जो सिर चढ़के बोलता है। डॉ. प्रियंक का कहना है कि 'अच्छा, शांत, अर्थपूर्ण संगीत मन, मस्तिष्क, हृदय को ना केवल शांत करता है बल्कि हृष्ट-पुष्ट रखकर स्वस्थ व मजबूत बनाता है।'*

गौरतलब बात यह है कि मधुर संगीत सुनते वक्त खुद-ब-खुद पैर थिरकने लगते हैं। होठ फड़कने लगते हैं। शरीर झूमने लगता है, ये आनंद की चरम सीमा होती है। इसी समान एक अच्छा साहित्य ना केवल प्रेरणादायक होता है बल्कि इतना जीवन्त लगता है कि पाठक को आनंद से भर देता है।

अपनों के साथ समय बितायें- *परिवार से बड़ी इकाई कुछ भी नहीं है। माता-पिता, भाई-बहन, पति-पत्नी, पुत्र-पुत्री वह करीबी रिश्ते हैं जो इंसान को न केवल जीना सिखाते हैं बल्कि जीवन का हर सुख देते हैं और दुख, परेशानियों से उबरने का साहस देते हैं। कहते हैं कि ये सभी रिश्ते अगर इंसान के जीवन में ना आयें तो इंसान का जीवन रसहीन व आनंद रहित होता है। इसलिये अगर जीवन में वास्तविक आनंद प्राप्त करना है तो इन सभी रिश्तों को दिल से स्वीकार करना होगा, इन्हें पूरा स मान व पर्याप्त समय देना होगा। इसके लिये बुजुर्गों को स मान, हमउम्र को अपनापन, बच्चों को प्यार देने की पहल करनी होगी। अगर*

आपने ये कार्य सफलतापूर्वक कर लिया तो निश्चित ही आपका हर पल आनंद से सराबोर होगा।

अधूरे पड़े कार्य निपटाएं- *जीवन में ऐसे कितने ही कार्य होते हैं जो कि समय अभाव या अन्य किसी कारण वश अधूरे ही पड़े रहते हैं जिन्हें कितनी बार इंसान चाहकर भी पूरा नहीं कर पाता है। इसलिये जब आपको लगे कि आप कुछ अलग सा करना चाहते हैं तो अपने अधूरे पड़े कामों को पूरा करने में लग जायें। इससे काम तो पूरा होगा ही साथ ही काम पूरा होने की जो सन्तुष्टि और आनंद प्राप्त होगा वो अविस्मरणीय होगा।*

बच्चों के साथ बच्चे बन जायें- *बचपन जिंदगी का वह सुनहरा पड़ाव होता है जिसमें न छल होता है, न कपट, न अपनापन होता है न परायापन होता है, होता है तो सिर्फ भोलापन, सादगी, निश्छलता। इसलिये जब भी मौका मिले छोटे बच्चों के हमसफर बन जाइये। उनके साथ खेलकर, हंस-बोलकर समय गुजारिये और वास्तविक निर्बाध आनंद का अनुभव करिये।*

दूसरों की खुशियों में शामिल हों- *इंसानियत का तकाजा यही संदेश देता है कि दूसरों की खुशियों में दिल से उत्साहित होकर शामिल हों। अगर कोई आपसे ज्यादा बेहतर है तो उससे ईर्ष्या ना करें, तहे दिल से उसका स मान करें। जो अच्छे गुण दूसरो में हैं उन्हें आत्मसात करने की कोशिश करें। अगर यह प्रवृत्ति आप अपने अंदर ला पाये तो निश्चित ही आपका हर पल स्वयं ही आनंदित हो जायेगा।*

कुछ अच्छा करने का प्रयास करें- *जीवन का वास्तविक सुख व आनंद इसी में निहित है कि आप अपने परिवार, समाज देश के लिये कुछ बेहतर, अच्छा करने का हर संभव प्रयास करें। आपकी कोशिश ये ही रहे कि आप दूसरों को सहयोग दें।*

अब तो आप भली-भांति जान ही गये हैं कि आनंद क्या है। ये वह महत्त्वपूर्ण वस्तु है जिसका जीवन में होना बहुत जरूरी है क्योंकि इसके मूल में ही सच्चा सुख व जीवन की सार्थकता है। तो फिर आज से ही कसम खाइये कि आप न सिर्फ स्वयं आनंद लेंगे बल्कि दूसरों को भी देंगे।

मूड ठीक करने के लिए टिप्स

- *पुरानी बीती बातें, जिन्हें याद कर आपका मन अवसाद ग्रस्त हो जाता है, उन्हें भूलने में ही भलाई है। दुखद बातों को आप जितना याद करेंगे, वे आपको उतना ही अधिक दुख देंगी। मन प्रसन्न करने के लिए आप हर सांस लेते समय यह सोचें कि आपके मन में अच्छे विचार समा रहे हैं तथा सांस छोड़ते*

समय ऐसा महसूस करें कि आपके बुरे विचार पसीने की तरह आपके मन से बाहर आ रहे हैं।

- *भूतकाल में जीने की बजाय वर्तमान में जिएं।*
- *अपना पसंदीदा कार्य सबसे पहले करें, जैसे- संगीत सुनना, किताबें पढ़ना, घूमना-फिरना, नजदीकी मित्रों से मिलना, कोई पसंदीदा खेल खेलना।*
- *अक्सर व्यायाम करने से मूड ठीक हो जाता है। मनोचिकित्सकों के अनुसार व्यायाम द्वारा मस्तिष्क में ऐसे रसायनों का रिसाव होता है जो किसी के मूड को ठीक करने में रामबाण औषधि का कार्य करते हैं।*
- *सप्ताह में एक बार कहीं घूमने के लिए जरूर जाएं या रात्रि का भोजन बाहर करें, क्योंकि बाहर निकलने से मूड अवश्य चेंज होता है।*
- *टीवी पर कॉमेडी प्रोग्राम देखें।*
- *समय प्रबंधन सीखें। नजदीकी रिश्तों को समय दें। समय प्रबंधन से सभी काम ठीक-ठाक हो जाते हैं और मूड भी अच्छा बना रहता है।*
- *अपना मूड अच्छा करने के लिए अगर आपकी जेब इजाजत दे तो आप शॉपिंग भी कर सकते हैं। यदि आप शॉपिंग न कर सकें तो अपनी पसंदीदा चीजों को खरीदने की कल्पना कीजिए ऐसा करने पर आपको स्वयं लगने लगेगा कि आपका मूड फ्रेश हो रहा है।*
- *जब भी मौका मिले तो खुलकर हंसें। खराब मूड वालों के लिए 'ला टर थैरेपी' एक मरहम का कार्य करती है।*
- *मूड खराब होने पर अपने अच्छे पलों को याद कीजिए। आपका मूड अपने आप ठीक हो जाएगा।*
- *जब आपका मूड बहुत ज्यादा खराब हो तो शीशे के सामने खड़े होकर आप गुस्से का अभिनय कीजिए। खुद को मुक्का दिखाएं। दांत भींचें और आंखों से गुस्सा प्रकट करें। थोड़ा-बहुत चिल्लाएं, ऐसा करने पर आपको लगेगा कि आपकी सारी नेगेटिव फीलिंग्स आपके शरीर से बाहर आ रही हैं। फलस्वरूप आपका मूड फौरन ठीक हो जाएगा।*
- *अपने दोस्तों की सं या बढ़ाएं। दोस्त जिंदगी में रोनक लाते हैं। आपके जितने ज्यादा दोस्त होंगे आपकी जिंदगी उतनी ही आसान और खूबसूरत हो जाएगी। खराब मूड होने पर आप उनसे अपने दिल की बातें करके अपना मूड फ्रेस कर सकते हैं।*

● लतीफें और शायरी सुनाएं। इससे दूसरों के साथ-साथ आपका भी मनोरंजन होता है।

इस तरह की कितनी ही बातें हैं जिन्हें ध्यान में रखकर आप अपने खराब मूड पर विजय पाकर अपनी जिंदगी खूबसूरत बना सकते हैं।

खुश रहने के अचूक नुस्खे

'डोंट वरी, बी हैप्पी' हम सब कहते-सुनते हैं, लेकिन हमेशा खुश रह नहीं पाते। मनोविज्ञान के अनुसार खुशी हमारे शारीरिक स्वास्थ्य का भावनात्मक पहलू है। अगर आप खुश रहते हैं तो आपकी कार्यक्षमता, रचनात्मकता बढ़ती है और आप हर प्रकार की समस्या को सुलझा पाते हैं। खुश रहने से आपकी ऊर्जा का स्तर बढ़ता है, विचारों में स्पष्टता आती है और आप भली प्रकार समझ पाते हैं कि आपके जीवन का उद्देश्य क्या है। खुशी एक आत्मिक अनुभूति है जो आपके आसपास ही कहीं है, जरूरत है उसे खोज निकालने की।

1. अपने मन को जानिए। यह जानिए कि आपको किन बातों से खुशी मिलती है। दिखावे के लिए, दोस्ती या रिश्ते की खातिर दूसरों की खुशी में खुश होने का अभिनय मत कीजिए। यकीन मानिए, अपनी खुशी तलाशना स्वार्थ नहीं है। जब आपका मन प्रसन्न होगा, तभी आप दूसरों के बारे में सोच सकते हैं।

2. अपनी पसंद-नापसंद को पहचानने की कोशिश कीजिए, क्योंकि उम्र व जीवन शैली के हिसाब से आपकी रुचि बदल जाती है। पहले जो काम आपको अच्छा लगता था, एक समय के बाद वही काम आपको बोर करने लगता है।

3. अपना आत्म-स मान बनाए रखें और यह मानकर चलें कि आप भी बेहतर काम कर सकते हैं। कोई आपकी प्रशंसा करता है या कॉ प्लीमेंट देता है तो उसे हंसकर स्वीकार कीजिए। इससे आपको खुशी मिलेगी।

4. कुछ ऐसे कामों की सूची बना लीजिए, जिन्हें करने में आपको मजा आता है। सूची बनाते समय इस बात पर ध्यान मत दीजिए कि काम बड़ा है या छोटा। कई लोगों को पौधों की देखभाल करना अच्छा लगता है, तो किसी को बच्चों के साथ समय बिताना अच्छा लगता है।

5. तनाव से दूर भागने के लिए हम खुशी ढूंढते हैं और खुशी का मतलब कई लोग मनोरंजन समझते हैं। फिल्में देखना, बेवजह शॉपिंग करना, अनाप-शनाप खाना, इन सब से क्षणिक आनंद की अनुभूति होती है। इसलिए कुछ ऐसे काम

कीजिए जिनसे आपके मन को सुकून मिले। मन का सुकून ही खुशी तक पहुंचने का रास्ता है।

6. *हर रोज कम-से-कम एक काम ऐसा करें, जिससे दूसरों को खुशी मिले। किसी की परेशानी बांटना, सहकर्मियों की मदद करना, सड़क पर अपनी कार रोककर लोगों को रास्ता देना, बस में किसी जरूरतमंद को अपनी सीट देना, अध्ययनों से यह बात साबित हो चुका है कि जरूरतमंदों की मदद करने से अनोखा आत्म संतोष मिलता है।*

7. *अपनी खुशियों को भविष्य की किसी योजना या किसी खास लक्ष्य से जोड़कर मत रखिए। यह मत सोचिए कि अमुक चीज मिल जाने से या अमुक बात के होने से आपका जीवन सुंदर बन जाएगा। खुशियों को किसी खास स्थिति से बांधा नहीं जा सकता। यदि आप अपने शहर के किसी पार्क में टहलकर खुश नहीं हो सकते, तो शिमला या खंडाला जाकर भी आपका मन अशांत ही रहेगा।*

8. *अपनी दिनचर्या में हर किसी से मुस्कुराकर मिलें और बात करें। आप पाएंगे कि ऐसा करने पर लोग भी आपकी बातों का जवाब खुशमिजाजी से देंगे। दरअसल आपकी मुस्कुराहट उन्हें आभास कराती है कि आपके मन में उनके लिए स मान है।*

9. *जीवन और समय पर आपका नियंत्रण नहीं है, इसलिए हर आने वाली स्थिति को खुले दिल से स्वीकार करना सीखिए। मनोवैज्ञानिकों का कहना है कि कोई खास स्थिति या घटना नहीं, बल्कि उसके प्रति हमारी प्रतिक्रिया ही हमें दुखी करती है। बिना सोचे-समझे अपनी प्रतिक्रिया व्यक्त कर देने से तनाव बढ़ता है। हर हाल में स्वयं को व अपनी सोच को संतुलित बनाए रखने का प्रयास कीजिए।*

10. *दूसरों से अपनी तुलना मत कीजिए। हर इंसान की प्राथमिकताएं व खुशी का मापदंड अलग-अलग होता है। ऐसी बेतुकी तुलना से कुंठा पनपती है। जो आपके पास है, वह दूसरों के अधिकार में नहीं है इसलिए स्वयं को कमतर मत आंकिए। खुद से प्यार करना सीखिए, तभी दूसरे भी आपका महत्त्व समझेंगे।*

11. *ऐसे लोगों से करीबी बढ़ाइए जो आशावादी हों। निराश लोगों का साथ निराशा ही पनपाएगा। चहकते रहने वाले लोग अपने आस-पास का माहौल भी खुशनुमा बनाए रखते हैं। खुशमिजाज लोगों से दोस्ती कीजिए और आप भी खुशी बांटिए। खुशियां बांटने से बढ़ती हैं।*

लोन्लिनेस मैनेजमेंट
(अकेलेपन का प्रबंधन)

तन्हाई जीवन का एक ऐसा पहलू है जिसका लगभग हर इंसान को जीवन में एक बार सामना करना ही पड़ता है। जीवन मे तन्हाई किन्हीं दो कारणों से घटती है, या तो जीवन में किसी साथी के न होने या फिर साथी के बिछड़ जाने। दोनों ही सूरतों में अकेलेपन का स्तर इतना बढ़ जाता है कि इसका प्रभाव हमारे व्यक्तिगत जीवन पर पड़ने लगता है। किसी के साथ की कमी या बिछुड़ने का दुख इतना गहरा होने लगता है कि मन की शांति के साथ-साथ आत्मविश्वास भी घटने लगता है। ऐसी हालत में हम न केवल मानसिक एवं शारीरिक रोगों को न्यौता देने लगते हैं बल्कि आत्महत्या की भी सोचने लगते हैं।

इतना ही नहीं तन्हा लोग अपनी तन्हाई से तो परेशान होते ही हैं उनकी हालत से उनके नजदीक रहने वाले सगे-संबंधी भी चिंतित रहते हैं। जिसके कारण घर-परिवार में हमेशा एक नकारात्मक माहौल पनपने लगता है। इसलिए ऐसा न हो इसके लिए जरूरी है कि तन्हाई का प्रबंधन किया जाए जिसके लिए जरूरी है नि न बातों पर गौर करना।

सच स्वीकारें- *किसी का साथ छूटने के बाद अक्सर हम इस बात को मानने को तैयार ही नहीं होते कि अब वो हमारे जीवन में नहीं हैं तथा उनके जीवन में भी हमारे लिए कोई जगह नहीं है। हमेशा हम सच से नजरें चुराते हैं और खुद को सांत्वना देते रहते हैं कि जल्द ही वे आपके जीवन में लौट आएंगे। जो कि गलत है। जो आपको छोड़कर चला गया है, वो अब वापिस नहीं आने वाला। इसलिए जितना जल्दी हो सके इस बात को मान लें कि आपके साथी का साथ अब आपसे छूट गया है, वो अब नहीं आने वाले। सच को स्वीकारने से ही आपकी मुश्किल हल होगी।*

स्वयं को संभालें- *जब ी आपसे किसी का साथ छूट जाता है आप चारों ओर से अकेलेपन से घिर जाते हैं। इस अकेलेपन में भी आपको अपनी नहीं*

बल्कि उसकी ही चिंता रहती है जो आपको तन्हा छोड़ गया है। ऐसे में सबसे जरूरी है कि आप उनकी चिंता छोड़ दें जो कि आपको छोड़ गया है, बल्कि उनकी चिंता करें जो आज भी आपके साथ हैं। जिनके लिए आपकी खुशी अहमियत रखती है। आपका खिला हुआ चेहरा देखकर जिनके चेहरे पर मुस्कान आती हो आपको ऐसे ही लोगों के बारे में सोचकर अपना बचा हुआ जीवन संभालना है और न केवल संभालना है, उसको बेहतर से बेहतर तरीके से जीने का प्रयास भी करना है।

रोने में कंजूसी न करें- *अगर आपको लग रहा है कि हंसने की कोशिश में दिल और भर आता है तो स्वयं को रोने से रोकें, खुलकर रोएं। जिन गानों को सुनकर या फिल्म आदि देखकर आपका मन हल्का होता है उन्हें जरूर सुनें व जरूर देखें। भले ही दूसरों से छिपाएं पर स्वयं से अपने आंसू न छिपाएं। रोना किसी कमजोरी की निशानी नहीं बल्कि एक औषधि है। कभी-कभी रोने से मन हल्का हो जाता है।*

खुद से प्यार करें- *क्या हुआ अगर कोई बेहद चाहने वाला आपको अकेला छोड़ गया। अपने लिए उसी पल एक 'नया' साथी चुन लीजिए, जो न सिर्फ आपको बेहद प्यार करे, बल्कि कभी आपको छोड़कर भी न जाए। और आपका वह साथी जानते हैं कौन होगा ? आप खुद। खुद को वक्त दें। अपने बारे मे सोचें, अपने शौक पूरे करें, खुद को सजाएं-संवारे। सजना-संवरना तो पहले भी होता था, लेकिन इस बार संवरिए सिर्फ अपने लिए। बिल्कुल वैसे, जैसा आप चाहें। अगर चाहें तो कोई नया हेयर स्टाइल अपना लें या फिर कोई ऐसी ड्रेस पहनिए, जो अब से पहले आपने कभी न ट्राय की हो। एक शानदार ब्यूटी ट्रीटमेंट या 'स्पा' भी लिया जा सकता है।*

अपनी पसंद का यूजिक सुनिए, किताबें पढ़िए, मूवी देखिए, कार्टून शो देखिए, डांस कीजिए। कुछ वक्त के लिए वह सब कीजिए, जो आपको अच्छा लगता हो। वह सब भी कीजिए, जो आपको करना आता हो, जैसे- कुकिंग या सॉ ट टॉय बनाना और वह भी कीजिए, जो आपको करना नहीं आता, जैसे- अपना चित्र खुद बनाना।

कुछ जिंदगियों की जिम्मेदारी लें- *एक छोटा-सा लेकिन गहरा नियम अपना लीजिए कि हर रोज एक कोशिश जरूर करें, किसी की मदद करने की, किसी के चेहरे पर मुस्कुराहट लाने की, सच का साथ देने की, वह भी बिना किसी वजह*

या अपेक्षा के। अगर किसी अनाथ जिंदगी या बेबस बुढ़ापे को आप खिलखिलाहट और साज-संवार भरे कुछ पल दे सकें तो इससे बढ़कर क्या हो सकता है। थोड़ा वक्त निकालकर किसी सीनियर सिटीजन होम या अनाथालय में वक्त गुजारें। ये पल आपको होंठों से नहीं, दिल से मुस्कुराना सिखाएंगे। इंसानियत की सच्ची कद्र ही भगवान की सच्ची पूजा होती है, इसलिए ये सैकड़ों दुआएं आपकी मुस्कुराहट को हर बुरी नजर से बचाएंगी।

लक्ष्य निर्धारित करें- किसी भी स्थिति से उबरने का सबसे अच्छा तरीका होता है जीवन में अपने लिए कोई लक्ष्य चुन लें तथा उसे प्राप्त करने के लिए पूरी मेहनत, ईमानदारी व लगन से जुट जाएं। जब आपके जीवन में आपके साथ आपका कोई लक्ष्य होगा तो वह आपके जीवन से आपका अकेलापन व किसी का साथ छूटने का गम बिल्कुल ही भुला देगा। आपका लक्ष्य आपको एक नया जीवन देगा, जिसमें आपको आपके नए सपनों में रंग भरने हैं। फिर देखिए किसी के जाने के बाद भी आपका जीवन कितना सहज, सरल व सुखमय हो जाएगा।

जानवर पालें- आप घर में तोता, खरगोश, बिल्ली और कुत्ते जैसे जानवर पाल सकते हैं। इनकी देखभाल करने तथा इनसे लगाव होने के बाद आपको अकेलेपन का एहसास नहीं होगा और आपको किसी के जाने का गम भुलाने में भी आसानी होगी। आप इनके सामने अपने दिल की बात करके ी खुद को हल्का महसूस कर सकते हैं। बेशक ये बेजुबान जानवर कुछ बोल नहीं सकते। लेकिन अपने प्रेमपूर्ण स्पर्श से वे आपको यह एहसास जरूर करा सकते हैं कि वे आपकी तकलीफ को समझ रहे हैं और जीवन के इस कठिन समय में ी आपके साथ हैं।

खुद को व्यस्त रखें- खुद को ज्यादा से ज्यादा व्यस्त रखें। इसके लिए आप किताबें पढ़ सकते हैं, बच्चों के साथ खेल सकते हैं, अपनी रुचि का कोई कार्य कर सकते हैं, पौधे लगा सकते हैं, बगीचे में फुलवारी पर ध्यान दे सकते हैं, घर में फालतू पड़े सामान से सजावटी चीजें बनाएं इत्यादि कोई भी काम से आप खुद को व्यस्त रख सकते हैं। आपकी व्यस्तता आपको उनकी यादों से धीरे-धीरे दूर कर देगी।

सोशल नेटवर्किंग साइट से जुड़ें- खाली समय में इंटरनेट पर सोशल नेटवर्किंग साइट पर समय बिताएं। वहां अच्छे दोस्त बनाएं। इससे अच्छा समय व्यतीत होता है। सोशल नेटवर्किंग साइट पर नए-नए लोगों से जुड़कर आप उनके विचार व

जीवन से परिचित हों। उनसे प्रेरणा लें तथा खुद को अपने अकेलेपन से बाहर निकालने के लिए पूरी ईमानदारी से कोशिश करें।

लोगों से मिलें- *अक्सर जब कोई आपके जीवन से अचानक चला जाता है तो आप खुद को तन्हाई की आगोश में सौंप देते हैं। खुद को स्वयं तक ही सीमित कर देते हैं। लोगों से मिलना-जुलना छोड़ देते हैं, जबकि ऐसा करना गलत है। आप खुद को स्वयं तक सीमित रखने की बजाय लोगों से मिलें, उनसे बातें करें। हो सके तो दोस्तों या परिजनों के साथ पिकनिक मनाने जाएं। कुछ समय के लिए अनाथाश्रम और वृद्धाश्रम में समय बिताएं, मन को शांति मिलेगी। उनका दुख-दर्द जानें, आपको अपनी पीड़ा कम लगने लगेगी।*

नए साथी बनाएं- *जब भी कोई आपका साथ छोड़कर चला जाए तो ऐसे में अन्य लोगों से मिलने में न कतराएं। खुद को उनसे दूर रखने की कोशिश न करें। किसी नए साथी को अपनी ओर आने से रोकें नहीं। उनसे जुड़ें तथा नए दोस्त बनाएं। आपकी जिंदगी का खालीपन दूर हो जाएगा।*

भावनात्मक स्पर्श- *अकेलापन मिटाने का एक तरीका भावनात्मक स्पर्श भी है। आदमी केवल शरीर से शरीर को नहीं छूता, दृष्टि और हृदय से भी दूसरों को स्पर्श किया जा सकता है। अकेलापन मिटाने की इस क्रिया में मन और हृदय सक्रिय हो जाते हैं। भावनात्मक स्पर्श अपना काम तो करता है, लेकिन जरूरी नहीं कि इससे अकेलापन मिट जाए, पूर्ण तृप्ति और संतुष्टि तब भी नहीं मिलती। भावनात्मक रूप से अकेलापन मिटाने में मन केवल विचार और जानकारियां भीतर भरता है और बाहर उगलता है। जब आप मन से हटकर जब हृदय से जुड़ जाएंगे तो अकेलेपन में आपका हृदय कुछ अधिक पवित्र होता है, ठीक बदलाव लाता है। इसलिए अपना गम भुलाने के लिए आप किसी से भावनात्मक रूप से जुड़ जाएं। उनसे अपने दिल की बात कहें और उनकी भी सुनें।*

मित्रों व रिश्तेदारों को समय दें- *माना जीवन के सफर में कोई एक आपको अकेला छोड़कर चला गया है लेकिन बाकी सभी तो अब भी आपके साथ हैं। तो फिर ऐसे में आप सिर्फ उस एक की चिंता में आपके साथ रहने वाले अन्य लोगों की उपेक्षा क्यों कर रहे हैं। आप उन लोगों से क्यों दूर हो रहे हैं, जिन्हें आपकी परवाह है। जो आपको खुश देखकर ही मुस्कुराते हैं। किसी एक के जाने के*

कारण आप अन्य बाकी लोगों को भी अपने जीवन से दूर कर रहे हैं, इसमें कहां की समझदारी है। इसलिए ऐसे में जरूरी है कि आप अपने सभी संबंधी तथा रिश्तेदारों को समय दें। शुभचिंतकों से फोन आदि पर बातें करें और एक-दूसरे का दुख बांटें।

हर किसी से दुख न बांटें- अक्सर जब आप परेशान होते हैं तो जो भी आपके सामने आता है आप उसे अपना दुख बताने लगते हैं। वही आपको आपका अपना और आपके दुखों का साथी लगने लगता है। ऐसा करने से बचें। किसी का साथ छूटने के बाद बेशक आप अकेले हो जाते हैं और ऐसा साथी ढूंढने लगते हैं जो कि आपका अकेलापन बांट ले। लेकिन वो हर कोई नहीं हो सकता। लोग अक्सर आपकी तकलीफों के बारे में सुनकर आपको उनसे बाहर निकालने की बजाय आपका मजाक बनाना शुरू कर देते हैं। आपकी बातों को बढ़ा-चढ़ाकर दूसरों से कहते हैं और आपकी तकलीफ के मजे लेते हैं। इसलिए अपना दर्द हर किसी से बांटने की बजाय सही दोस्त का चुनाव करें और उसको अच्छी तरह जांच-परखकर ही उससे अपना दर्द बयां करें।

मिलनसार बनें- किसी का साथ छूटने पर खुद को बंद अंधेरे कमरे में कैद करने की बजाय आप अधिक मिलनसार बनें। ज्यादा से ज्यादा दोस्तों से मिलें। न केवल दोस्तों से बल्कि नए लोगों से भी मिलें। आप अपने दोस्तों के घर मिलने-जुलने जाएं और उन्हें भी अपने घर पर बुलाएं। उनके घर जाकर पुरानी बातें करें। अपने जीवन के सुखद क्षणों को याद करें। बचपन की कोई ऐसी शरारत याद करें जिससे आपके व अन्य लोगों के चेहरों पर मुस्कुराहट आ जाए।

शॉपिंग करने जाएं- अपना मन बहलाने के लिए आप बाहर घूमने जा सकते हैं। इसके अलावा शॉपिंग के लिए भी जा सकते हैं। शॉपिंग का मतलब यह नहीं है कि आप हर बार बहुत ज्यादा खर्च कर बैठें और खुद को अकेलेपन की कवायद से निकालने के चक्कर में आर्थिक संकट से घिर जाएं। आप कई ऐसी छोटी-छोटी चीजें खरीद सकते हैं जो आपको खुशी दे सकती है। इसके अलावा आप विंडो शॉपिंग के जरिये भी अपना मन बहला सकते हैं।

घर की देखभाल करें- अपना समय अपने घर की देखभाल करने में लगाएं। अपने घर की चीजों का रख-रखाव सही तरीके से करें। समय और इच्छानुसार कमरे की इंटीरियर व्यवस्था बदलते रहें। घर की सभी चीजों में समय-समय पर

बदलाव करते रहें। इससे एक तो आपका मन भी लगा रहेगा और आपका घर भी हमेशा एक नए लुक में रहेगा। खुद को ऐसे क्रियाकलापों में व्यस्त रखकर आप अपना अकेलापन और उनकी यादों को काफी हद तक दूर रख सकती हैं।

उनकी यादों से दूर रहें- *जितना हो सके उनकी याद दिलाने वाली चीजों से दूर रहें। इसके लिए आप दीवारों तथा अलमारी से उनकी तस्वीरों को हटा दें। उनके दिए हुए तोहफे जैसे कपड़े, सेंट, ज्वेलरी आदि का प्रयोग बंद कर दें और उन्हें अपनी पहुंच से भी दूर कर दें। उनके पत्र और कार्ड आदि जला दें। जिन जगहों पर आप उनके साथ गए हों, वहां न जाएं। क्योंकि उनकी यादें संभालने से वह तो आपके जीवन में लौटकर आने वाले नहीं हैं लेकिन इससे आपको सिर्फ तकलीफ ही होगी। उनकी यादें संभालकर खुद की मुश्किलें और न बढ़ाएं।*

खुद को उनकी पसंद के अनुसार न ढालें- *जब वो आपके साथ होते हैं तब तो आप उनकी पसंद का याल रखते ही हैं बल्कि उनके जाने के बाद भी आप उनकी पसंद को भुला नहीं पाते। आप अपना पूरा जीवन उन्हीं की पसंद व नापसंद के अनुरूप ढाल लेते हैं। जैसे उनकी पसंद के कपड़े पहनना, उनकी पसंद का हेयर स्टाइल बनाना या फिर उनकी पसंद का खाना खाना। ये सब करना छोड़ दें। इससे कुछ हासिल होने वाला नहीं है। इन सबसे वो आपकी जिंदगी में लौटकर आने वाले नहीं हैं। इन सबसे उल्टा आप उन्हें याद कर-करके उन्हें भुला पाना खुद के लिए कठिन कर देंगी।*

नकारात्मक चीजों से दूर रहें- *अपने जीवन से नकारात्मक चीजों को पूरी तरह दूर कर दें। उदासीन व नकारात्मक गीत न सुनें, साहित्य न पढ़ें तथा घर में कोई ऐसी कलाकृति या पेंटिंग न लगाएं जो आपको आपके दिल टूटने का एहसास कराती हो। इसकी जगह आप सकारात्मक लोगों से जुड़ी किताबें पढ़ सकती हैं, उनकी तस्वीर घर की दीवारों पर लगा सकती हैं। अपने जीवन को ऊर्जावान बनाकर उसे नए पथ पर आगे बढ़ाएं।*

सकारात्मक बनें- *अपने घर या ऑफिस की दीवार या टेबल पर महान लोगों के विचार लगाएं और अपने आसपास के वातावरण को सकारात्मक बनाएं। उनके साथ रहकर आपको किन मुसीबतों का सामना करना पड़ा या नुकसान उठाना पड़ा, इस पर विचार जरूर करें और इसका मूल्यांकन करें।*

कॉमन फ्रेंड्स से न मिलें- *जो लोग आप दोनों को जानते हैं तथा आप दोनों की चर्चा करते हैं, उनसे मिलना-जुलना बंद कर दें। ऐसे में न चाहते हुए भी उनमें से किसी के मुंह से आप दोनों से जुड़ी कोई बात निकल ही जाएगी, जो आपको तकलीफ पहुंचा सकती है। इसके अलावा कॉमन फ्रेंड्स से मिलने पर आपको न चाहते हुए भी उनकी याद आ ही जाएगी। इसलिए हमेशा उनसे मिलने से बचें।*

खुशियां जरूर मनाएं- *जब कोई आपको छोड़कर चला जाता है तो आप उसके गम में इतना खो जाते हैं कि आप सभी त्योहार व खुशियों के पल को जीना भूल जाते हैं। ऐसे में अपना जन्मदिन तथा तीज-त्योहार मनाना बंद न करें। नए लोगों को बुलाएं और मस्ती करें। अपना नहीं तो अपने से जुड़े लोगों की खुशी का याल रखें। उनके लिए त्योहार व खुशियों भरे पल का जश्न जरूर मनाएं। किसी एक से बंधने तथा उ मीद रखने की बजाय सबका ध्यान रखें। उनके बिना घर तथा समाज में अपनी अलग पहचान व स्तर बनाए रखने की कोशिश करें।*

हीनता से बचें- *अगर कोई आपको छोड़कर चला गया है तो इसका मतलब यह नहीं है कि जरूर आप में ही कोई कमी रही होगी, जिसकी वजह से उन्होंने आपका साथ छोड़ दिया। ऐसे नकारात्मक विचार और हीनता भाव से बचें तथा सकारात्मक दृष्टिकोण रखें। हो सकता है कि आप उनसे कहीं बढ़कर हों और उन्हें ही आपके गुणों की कद्र न हो। ऐसे में आपके साथ जो कुछ भी हुआ है, उसके लिए खुद को दोषी मानना बंद कर दें। स्वयं को कमजोर व कम न आंकें, बल्कि दुख के इस क्षण में अपने गुणों को पहचान कर उन्हें अपनी ताकत बनाएं। इससे आपका आने वाला जीवन बहुत आसान हो जाएगा। साथ ही साथ अपना दिल और दिमाग अपनी इच्छानुसार कहीं और लगाने की कोशिश करें।*

रिलेशनशिप मैनेजमेंट
(संबंध प्रबंधन)

दुनिया में आकर जब हम आंखें खोलते हैं तब किसी रिश्ते से हमारा कोई परिचय नहीं होता। लेकिन एक इंसान होने के नाते जिंदगी में बहुत सारे नाते-रिश्ते ऐसे भी जुड़ते चले जाते हैं, जिनसे हमारा कोई रक्त-संबंध होता है, कुछ रिश्ते हमें विरासत में मिलते हैं, कुछ हम खुद चुनते हैं। इनकी अहमियत किसी की भी जिंदगी में बेहद खास होती है। हर रिश्ता अपने-आप में अनूठा होता है, पर जहां संबंध हैं वहां सिर्फ प्यार ही नहीं तकरार भी है। मिलन और जुदाई भी है। ऐसे में नफरत को, गुस्से को दरकिनार कर संबंधों में सदा के लिए मधुरता घोलना तथा स्थिरता बनाए रखना अस भव लगता है लेकिन सच तो यह है कि यदि संबंधों का रहस्य यानी इनके बनने, टूटने के रहस्य को समझ लिया जाए तो यह स भव है। देखा जाए तो संबंध बनने में ही संबंधों के टूटने के कारण छिपे हैं और संबंधों के टूटने में ही संबंधों को सफल बनाने का राज छिपा है। संबंधों की डोर काफी नाजुक होती है। बस थोड़ी समझ चाहिए, थोड़ा होश चाहिए।

यह संबंध मन के हों या बेमन के, जाने-अनजाने उन्हें निभाना ही पड़ता है। अपनों से बड़े-छोटे एवं बराबर वालों के साथ, सगे, घर-परिवार वालों एवं बाहर वालों के साथ कैसे जीया जाए व उन्हें खुश रखा जाए यह चुनौती पूर्ण कार्य है। सच तो यह है कि संबंध पारिवारिक हों या निजी, व्यक्तिगत हों या व्यावहारिक हमें इनके साथ जुड़ना ही पड़ता है व एक दूसरे से काम लेना ही पड़ता है। इंसान चाहकर भी इन सबसे कटकर अलग नहीं रह सकता। ऐसे में हर वर्ग, आयु और स्तर आदि के इंसानों से दो-चार होना पड़ता है।

हमें कहीं किसी को समझना होता है तो कहीं किसी को समझाना होता है, कहीं किसी को सहना पड़ता है तो कहीं कोई हमें बर्दाशत करता है। संबंधों का यह ताना-बाना हमें एक दूसरे पर आश्रित रखता है। इसलिए कहीं न कहीं ये संबंध जीवन का आधार बन जाते हैं। और फिर यही संबंध सांसारिक हों या

आध्यात्मिक यदि लड़खड़ाने लगते हैं तो हमारा मन प्रभावित होता है, मन के प्रभावित होने से हमारी दिनचर्या और फिर हमारा जीवन प्रभावित होता है। इसलिए इन संबंधों को बनाना व बनाए रखना बहुत जरूरी है, क्योंकि संबंध चाहे पारिवारिक हों या व्यावसायिक सब में आपसी मेलजोल व सौहार्द बना रहना चाहिए। क्योंकि 'टीम वर्क' में संबंधों की यही कसौटी उभर कर आती है। जो इंसान रिश्तों-नातों या अति भावुकता एवं संवेदनशीलता में बह जाता है वह कभी सफल नहीं हो सकता। इसलिए संबंधों का प्रबंधन, प्रबंधन का एक मु य एवं महत्त्वपूर्ण अंग है।

पड़ोसियों के साथ संबंध

आज भी किसी भी परिवार के लिए पड़ोसी से अच्छे संबंध बहुत मायने रखते हैं। इसे किसी भी हालत में नजरअंदाज नहीं किया जा सकता। वैसे पड़ोसियों से मधुर संबंध बनाए रखना बहुत मुश्किल नहीं तो आसान भी नहीं है। यह इतना नजदीकी रिश्ता है, जहां अगर थोड़ा-सा प्यार, स मान और देखभाल आत्मीयता की कोंपलों के लिए खाद का काम करती है, तो वहीं जरूरत से ज्यादा दखलअंदाजी से कड़वाहट या असुविधा भी पैदा हो सकती है। इस संबंध को निभाने के लिए बहुत संतुलन की जरूरत होती है। यानी जरूरत पड़ने पर आप उनके काम आ सकें और उनसे मदद भी ले सकें, मगर यह नजदीकी इतनी ही होनी चाहिए कि ज्यादा मिठास से पैदा होने वाली कड़वाहट जैसी स्थिति न बन पाए।

दोस्तों के साथ संबंध

दोस्ती तो एक ऐसा रिश्ता है, जिसके लिए जितना भी कुछ कहा जाए, कम है। कहते हैं न कि माता-पिता, रिश्तेदार सब हमें मिलते हैं, हम इन्हें चुनते नहीं हैं। मगर दोस्ती का रिश्ता ऐसा है, जिन्हें हम खुद अपनी मर्जी से चुनते हैं। दोस्ती का रिश्ता खास ही नहीं, बहुत खास होता है। साथ ही नाजुक भी उतना ही होता है कि निभे तो बरसोबरस निभता चला जाए, टूटे तो जरा सी ठेस काफी है।

अगर किसी से दोस्ती की है तो उसके लिए सिर्फ इतना ही काफी है कि आप उसे पसंद करते हैं। कभी भी आपसी विश्वसनीयता के बीच किसी को भी न आने दें, न किसी तीसरे व्यक्ति को, न आर्थिक-पारिवारिक स्थिति को और न ही छिटपुट मतभेदों या अतिरिक्त अपेक्षाओं को। अगर इस रिश्ते को संभालकर चलना है तो पहली बात तो हमेशा यह याद रखने की जरूरत है कि आपसी समझदारी चाहे जितनी हो, एक-दूसरे की गरिमा और स मान का पूरा-पूरा ध्यान

रखें। आपसी विश्वसनीयता को कभी न टूटने दें। अगर कभी किसी वजह से मनमुटाव भी हो जाए, तब भी एक-दूसरे की विश्वसनीयता पर आंच न आने दें। इसके अलावा चाहे बात मिलने-जुलने की हो या फिर कोई बड़ा मामला अपनी तरफ से पहल करने से कभी न झिझकें।

सहकर्मियों के साथ संबंध

चाहे स्त्री हो या पुरुष, अगर आप कामकाजी हैं तो स्वाभाविक है कि आपके दिन का एक बड़ा हिस्सा सहकर्मियों के बीच ही गुजरता है। यह संबंध सिर्फ कामकाज की स्थिति पर ही नहीं, बल्कि मानसिक शांति और व्यक्तिगत जीवन पर भी गहरा असर डालती है। ऑफिस एक ऐसी जगह है जहां हर कदम फूंक-फूंककर रखना है तो सहकर्मी वे व्यक्ति, जिनके साथ व्यवहार भी बहुत सावधानी की मांग करता है। जरूरी है कि यहां ज्यादातर संबंध संक्षिप्त और संतुलित रहें। किसी की व्यक्तिगत जिंदगी में कम से कम दिलचस्पी लें और दूसरों से भी अपने बारे में कम से कम बात करें। व्यवहार को मधुर तो बनाए रखें, लेकिन साथ ही अनुशासित भी रहें, ताकि आत्मीयता होने के बावजूद ऐसा न हो कि आपको कोई भी कुछ भी कह जाए।

विश्वास एवं सम्मान न खोएं

विश्वास रिश्तों की नींव है और स मान वह इमारत जो रिश्तों को जीवन पर्यन्त चलाने की क्षमता रखती है और किसी रिश्ते से अधिक विवाहित जीवन में इनकी आवश्यकता कहीं अधिक है। आज के जीवन में जहां पति-पत्नी स्वयं को एक दूसरे के बराबर समझते हैं और स मान की अपेक्षा रखते हैं, स मान एवं विश्वास रिश्तों के अभिन्न पहलू बन जाते हैं।

रिश्तों में विश्वास आपके रिश्ते को जोड़े रखता है और आपसे अपने रिश्ते में पूरी ईमानदारी की मांग करता है। स्वयं भी उन पर विश्वास रखें और उनका भी विश्वास जीतें। शक्की न बनें, इससे कुछ हासिल नहीं होगा बल्कि जितना आपने रिश्ते में जोड़ा है वह भी खो जाएगा। विश्वास को बनाए रखने का सबसे पहला चरण है एक दूसरे से खुलकर बात करना। वह पति-पत्नी जो एक दूसरे से कुछ नहीं छिपाते और एक दूसरे के विश्वास की कसौटी पर खरे उतरते हैं, परंतु वे जो छोटी से छोटी बात भी नहीं बताते या बताने की जरूरत महसूस नहीं करते वे विश्वास की नींव को कमजोर बनाते हैं।

अपने जीवन साथी के प्रति स मान को बनाए रखें। यदि वह कुछ गलत भी करते हैं तो अपशब्द न निकालें। एक-दूसरे को उनकी खामियों के साथ स्वीकारते हैं तो इससे एक-दूसरे के प्रति स मान बढ़ता है, जिससे रिश्ते में दूरी कम नजदीकियां ज्यादा आती हैं। क्योंकि अगर आप एक-दूसरे का स मान करेंगे तो सामने वाला भी आपको उसी तरह स मान देगा। अगर आप ही अपने पार्टनर की बुराइयां व कमियां गिनाने लगेंगे तो घर के अन्य सदस्य भी गलत तरीके से बात करेंगे। प्यार हर मुसीबत का इलाज है। स मान से आप उन्हें जीत सकते हैं और सही-गलत का आभास करा सकते हैं।

अपने रिश्ते को समय दें

अपने रिश्ते को समय देना बेहद ही जरूरी है। क्योंकि समय दिए बिना एक-दूसरे को समझ पाना मुश्किल होता है। जब भी समय मिले चाहे वह कुछ सेकेंड का ही क्यों न हो उनके साथ जरूर बिताएं। समय न देना आपके रिश्ते के लिए घातक हो सकता है। एक दूसरे से दूरियां बढ़ाने का यह प्रथम कारण है। इसका उपाय यह कदापि नहीं है कि पति-पत्नी अपनी दिनचर्या के काम छोड़ दें या साथ में समय व्यतीत करने के लिए नौकरी पर न जाएं?

यही सारी बातें आपके अन्य महत्त्वपूर्ण रिश्ते जैसे मां, पिता, भाई, बहन और बच्चों पर भी लागू होती हैं जिन्हें आप दिन भर में उतना समय नहीं दे पाते जितना वे आपसे अपेक्षा करते हैं। जरूरत है अपने समय को योजनापूर्वक बांटने की, जिससे आपका कोई भी रिश्ता वंचित न रह जाए। यदि आप ऑफिस के लिए निकलने से पहले अपने मां-बाप से श्रद्धापूर्वक बात करें और उनकी परेशानियों को या जो बातें वे आपसे कहना चाहते हैं उसे सुन लें तो आप देखेंगे कि वे आपसे कितने प्रसन्न रहने लगे हैं और उनका आशीर्वाद भी आपके साथ रहेगा। यदि आप अलग रहते हैं तो इतवार को उनके पास जाने का नियम बना लें। यदि आप किसी कारणवश नहीं भी जा पाते हैं तो बीच के विराम को ज्यादा लंबा न होने दें।

एक-दूसरे को समय देना उतना महत्त्वपूर्ण नहीं है बल्कि महत्त्वपूर्ण यह है कि आप कितना समय अच्छे से बिता रहे हैं। कोशिश हमेशा यही करें कि जो भी समय आप उनके साथ बिता रहे हैं, वो सिर्फ उन्हीं के लिए हो। इस बात का रोना न रोएं कि समय नहीं था पर तु हारे लिए निकाला। अगर आपके पास टाइम की कमी है तो उसे बढ़ाएं नहीं, बल्कि खत्म करने की कोशिश करें।

जरूरी है बातचीत

किसी भी रिश्ते में यह महत्त्वपूर्ण है कि बातचीत के सारे रास्ते खुले रहें। अक्सर देखा गया है कि हम छोटा सा कोई झगड़ा या कहा-सुनी होने के बाद बातचीत लगभग बंद कर देते हैं। ऐसा करके आप यह मानते हैं कि बात न करने से आप अपना विरोध व गुस्सा शांत तरीके से दिखा रहे हैं लेकिन आप का यह रवैया एक छोटी सी बात को खाई जैसा इतना बड़ा बना देता है, जिसे फिर बाद में पार पाना बेहद ही मुश्किल हो सकता है। इसलिए इस संवाद को हमेशा बनाए रखें और इस बात को दिमाग से निकाल दें कि आपका पार्टनर बिना कुछ बोले आपकी हर बात समझ लेगा। हर रिश्ते को मजबूत बनाए रखने के लिए जरूरी है आपसी बातचीत, क्योंकि बातचीत से ही हमें एक-दूसरे के सुख-दुख के बारे में पता होता है और जब परिवार की बात हो तो बातचीत बहुत महत्त्वपूर्ण हो जाती है। इसलिए इस सिलसिले को जारी रखें, ताकि कोई भी समस्या परिवार में न हो। आपसी बातचीत से भावनाओं समेत अच्छे-बुरे अनुभव को भी बांटने में मदद मिलती है और आपसी संबंधों में निकटता व प्रगाढ़ता आती है। बातचीत हर मर्ज की दवा है, इसलिए कोई भी बात मन में न रखें, बल्कि खुलकर कहें ताकि मन की बात मन में रहते-रहते नासूर न बन जाए। एक-दूसरे की बात सुनने की आदत डालें, अगर साधारण बातचीत से संतुष्टि नहीं मिलती तो साप्ताहिक स्तर पर बातचीत करें।

दूरी भी जरूरी है

यह बात सही भी है कि जब हम किसी से प्यार करते हैं तो बहुत ज्यादा अपेक्षाएं पाल लेते हैं और यह मान लेते हैं कि जो मैं कहूंगा दूसरा वही बात मान जाएगा। लेकिन जब अपेक्षाएं पूरी नहीं होती तो रिश्ते में दरार पड़नी शुरू हो जाती है। ऐसा न हो इसके लिए बहुत जरूरी है कि हर रिश्ते में दूरी बनाए रखें, ताकि दूसरा व्यक्ति अपने ढंग से जी सके।

रिश्ता तभी मधुर बनता है, जब उसमें प्यार, लगाव व अपनेपन की भावना के साथ-साथ स्पेस हो, क्योंकि हर रिश्ता एक स्पेस चाहता है। ऐसा नहीं है कि सिर्फ दांपत्य जीवन में ही स्पेस की जरूरत होती है, बल्कि हर रिश्ता एक स्पेस चाहता है, क्योंकि ज्यादा अपनेपन की भावना रिश्तों में घुटन पैदा करने लगती है। हर रिश्ते में एक सीमा में रहकर एक-दूसरे को स्वतंत्रता का अधिकार देना चाहिए, ताकि उन्हें दूर रह कर भी करीब होने का एहसास हो। हर आदमी का

अपना नजरिया व अपनी सोच होती है, इसलिए उन्हें अपने अनुसार जीने का मौका दें। ऐसे संबंधों को न स्वीकारें जो घुटन भरे हों, बल्कि उन्हें कम करने की कोशिश करें।

दांपत्य संबंध और प्रबंधन

आज पति-पत्नी सात जन्म तो क्या, एक जन्म भी एक छत के नीचे साथ रहने से उकता जाते हैं। हैरानी की बात तो यह है कि खुद देख-परख कर प्रेम विवाह करने के बावजूद पति-पत्नी एक-दूसरे के साथ वह खुशी नहीं बांट पाते, जिसकी वह उ मीद रखते हैं। यदि पति-पत्नी नि न बातों का याल रखें तो संबंधों में आने वाली खटास को बहुत हद तक रोका जा सकता है।

रिश्तों में तुलना से बचें

आपस में तुलना करना दा पत्य जीवन में मन-मुटाव का कारण बनता है और समयांतर में इसके कारण रिश्ते टूट जाते हैं। गलती यदि जरा-सी है तो सुधार भी छोटा-सा ही है। जरूरत है तो इस बात की कि रिश्ते को रिश्ता माना जाए। आपसी तुलनाओं से न जोड़ा जाए।

वर्तमान से अतीत की तुलना

अक्सर यह देखा गया है कि विवाह चाहे लव हो या अरेंज्ड, शादी के कुछ साल बाद पति-पत्नी यह भूल जाते हैं कि समय कभी एक-सा नहीं रहता। समय के अनुसार प्यार करने का और जीवन जीने का ढंग भी बदलता है। समय के अभाव तथा वक्त की बदलती र तार के कारण संबंधों में आए परिवर्तन को वे स्वीकार नहीं कर पाते और अपने साथी से पूर्व जैसे संबंध की ही उ मीदें रखते हुए अपने हर नए दिन को भूतकाल में घसीटते रहते हैं। यही तुलना धीरे-धीरे गहरा जाती है और संबंधों में दरार का कारण बनती है।

जिम्मेदारियों की तुलना

शादी एक ऐसा रिश्ता है, जो हमें नई-नई जि मेदारियों तथा अनुभवों से बांधता है। इसीलिए पति-पत्नी को चाहिए कि अपनी जिंदगी को सुचारू रूप से चलाने के लिए अपने समय तथा जि मेदारियों का नियोजन ठीक प्रकार से करें, लेकिन याद रखें कि पति या पत्नी के प्रति आपका प्रेम कम न होने पाए। किसी काम में होड़, प्रतिस्पर्धा या जलन जैसी भावनाओं और विचारों को न आने दें, क्योंकि एक-दूसरे के काम तथा जि मेदारियों की तुलना रिश्तों में कड़वाहट लाती

है। जैसे- घर तथा बाहर का काम कौन ज्यादा करता है? कौन किसे ज्यादा प्यार करता है तथा एक-दूसरे का स मान करता है? कौन-सा काम किसकी वजह से पूरा नहीं होता या बिगड़ जाता है। कौन किसके काम में अधिक मदद करता है? बिना बोले तथा बिना कहे कौन किसे समझता है? घर तथा बच्चों की जरूरतों को कौन अधिक पूरा करता है और ध्यान देता है? कौन कितना सहकर संबंधों को संभालता है आदि?

आय-व्यय की तुलना

पैसा जिंदगी जीने के लिए जरूरी ही नहीं आवश्यक भी है। इसलिए पैसों का हिसाब-किताब रखना जरूरी है, परंतु यह पैसा रिश्तों के बीच आ जाए तो संबंधों में प्रेम के सुरों पर पैसों की खनक हावी हो जाती है, विशेषकर तब, जबकि पति-पत्नी दोनों पैसा कमा रहे हों। आय-व्यय की तुलना पति-पत्नी के लिए उचित नहीं, जैसे- घर चलाने के लिए कौन कितना कमाता है? बचत आदि करके कौन अपनी जरूरतों को पूरा नहीं करता? नौकरी करते समय खुशी जाहिर करें, एक-दूसरे पर कमाने का ताना न मारें। अपने ओवर टाइम के लिए अपने साथी को जि मेदार न ठहराएं। बहस न करें कि अपने खर्चों पर रोक लगाने की किसे जरूरत है, किसे नहीं?

घर-परिवार की तुलना

शादी के कई साल बाद भी कई पति-पत्नियों में मेरा-तेरा की भावना नहीं आती, लेकिन कई बार मां-बाप और परिवार को लेकर तुलना आर भ हो जाती है। कभी भी अपने माता-पिता की आदतों एवं व्यवहार को लेकर तुलना न करें। किसके घर की हालात किसके घर से बेहतर हैं, इस तरह की बातें निरर्थक हैं और यह भी आधारहीन है कि किसके घर के सदस्य अधिक पढ़े-लिखे और प्रतिष्ठित हैं। इसी तरह इस पर भी कभी टीका-टिप्पणी नहीं की जानी चाहिए कि शादी के बाद किसके घर वालों ने किसे पूर्ण रूप से अपनाया या इज्जत दी या कौन दिखने में अधिक सुंदर अथवा आकर्षक है और किसकी आदतें, कपड़े पहनने का तरीका, चलना-फिरना व्यवहार आदि श्रेष्ठ है आदि।

ईगो को कहें 'गो'

ईगो एक ऐसा मीठा जहर है जो दिखाई तो नहीं देता पर अंदर ही अंदर इंसान को जला देता है। ईगो सारे रिश्तों को खत्म कर देता है और हर रिश्ता तभी आगे

चल सकता है जब उसमें बराबरी की बात होती है, इसलिए जब तक ईगो है तब तक किसी भी रिश्ते को समेट कर रखना मुश्किल होता है।

उम्मीदें रखें पर ज्यादा नहीं

अक्सर देखने में आता है कि लोग एक-दूसरे से कुछ ज्यादा ही उ मीदें लगाकर चलते हैं। खासतौर पर पति-पत्नी के बीच यह बात देखने को ज्यादा मिलती है, क्योंकि शादी से पहले जहां पति को लगता है कि पत्नी पूरा घर संभालती है वहीं पत्नी सोचती है कि पति उसे ऐशो-आराम की सारी चीजें देगा। और जब यह उ मीदें पूरी नहीं होती तो गहरी चोट लगती है। इसलिए बेहतर है कि उ मीदें न पालें, क्योंकि उ मीदें करना तो अपने हाथ में है, पर पूरा करना नहीं।

चुनौती न दें

जैसे-जैसे महिलाओं ने अपना स्थान प्राप्त किया वैसे-वैसे ईगो ने अपना रौद्र रूप धारण किया, क्योंकि आज भी पुरुषों के लिए बर्दाश्त करना मुश्किल हो रहा है कि कोई महिला उनसे आगे निकले। आजकल के पति अपने को श्रेष्ठ मानते हैं और पत्नी को चुनौती देते हैं कि वही सब कुछ कर सकते हैं। पर बदलते समय ने पत्नियों को बदल दिया है, क्योंकि आज महिलाएं झुकना नहीं चाहतीं, बल्कि हर हालात का सामना करने को तैयार खड़ी रहती हैं। यही बातें ईगो का रूप धारण कर लेती हैं और लड़ाई की जड़ बन जाती हैं, क्योंकि पत्नी अगर पति से ज्यादा कमाती है, तो पति को ईर्ष्या हो जाती है। ऐसा न हो इसके लिए पति-पत्नी को समझना चाहिए वे एक-दूसरे के पूरक हैं और एक-दूसरे के बिना अधूरे हैं। इसलिए एक-दूसरे का स मान करें, क्योंकि जैसा स मान आप देंगे वैसा स मान आप पाएंगे।

मैं क्यों, तुम क्यों नहीं

रिश्तों में कभी भी इस बात को हावी न होने दें कि मैं क्यों काम करूं, तुम करो। अक्सर देखने में आता है कि इस तरह की भावना पति-पत्नी में ज्यादा होती है, क्योंकि शुरू से ही पुरुष प्रधान समाज में लड़कियों को यही सिखाया गया है कि लड़कियां हमेशा झुकती हैं, इसलिए वही झुकेंगी। पुरुष शक्तिशाली होते हैं वो नहीं झुकते, जो कि गलत है। झुकना अपमान का प्रतीक नहीं है, बल्कि समझदारी का प्रतीक है, इसलिए अगर आप अपने गुस्से पर काबू पा

कर झुक गए तो ईगो आप पर कभी हावी नहीं होगा। झुकने से यहां यह अभिप्राय नहीं है कि आप उनकी गलत हठों पर भी झुक जाएं या उनकी गलती पर भी उन्हें माफ करें, क्योंकि कभी-कभी इसी रूठने-मनाने से जीवन में एक खाई बन जाती है, इसलिए कभी इन सब चीजों को अपने जीवन में शामिल न करें, क्योंकि पति-पत्नी के बीच मनाने का भाव जितना हावी होगा, जीवन उतना ही सुखमय होगा।

रिश्ते केवल खुशी ही नहीं देते

यदि आप जीवन का यह मूल मंत्र जान लेंगे कि जीवन या रिश्तों में केवल सुख ही नहीं कुछ दुख भी लिखे होते हैं तो अपने रिश्तों से होने वाली आपकी शिकायतें कुछ कम हो जाएंगी। क्या यह मुमकिन है कि हमारा हर रिश्ता चाहे वह हमारे जीवनसाथी के साथ हो या जन्म देने वाले माता-पिता से, वह बिना किसी दुख, मुसीबत या परीक्षा की घड़ी से गुजरे निभा हो? जीवन केवल गुलाबों से भरा नहीं है, उसके साथ कांटे भी आते हैं। जो यह एहसास करा देते हैं कि यह जीवन है और जीवन में कुछ भी इतनी आसानी से नहीं मिलता। यह दुनिया हर चीज में (बैलेंस) पलड़ा बराबर कर देती है। न सारा ही सुख, न सारा ही दुख।

कभी भी अपने जीवनसाथी को अपने सुखों व दुखों के लिए जि मेदार न समझें। आप अपनी इस ताकत को जान लें कि आप स्वयं को, अपने जीवनसाथी को और अपने आसपास के सभी लोगों को सुखी रख सकते हैं। आप अपने जीवन में खुशी के लिए दूसरों पर मोहताज न रहकर उसकी तलाश स्वयं करें। ऐसी खुशी ही पाक होती है और लंबे समय तक आपका साथ निभाती है।

छोटे-छोटे कामों में हाथ बंटाएं

बहुत कम पुरुष होते हैं जो घर के कामों में हाथ बंटाते हैं। अधिकतर पुरुष तो यह सोचते हैं कि घर संभालना स्त्री का कार्य है, लेकिन यदि आप पत्नी का थोड़ा सा भी हाथ बंटा दें तो आपकी इस बात पर वह गदगद हो उठेंगी। जैसे- सफाई करना, पानी भरना आदि ऐसे काम हैं, जिनको करके आप उनके कामों को आसान कर सकते हैं। आपके द्वारा किए गए इन छोटे-छोटे कामों से आपकी पत्नी को खुशी होती है कि आपको उनका याल है। यह बात तब और भी ज्यादा मायने रखती है जब पति-पत्नी दोनों ही नौकरी करते हों।

एक-दूसरे के सहयोगी बनें

जहां तक हो सके दोनों को एक-दूसरे की इच्छाओं को पूरा करने की कोशिश करनी चाहिए। कभी अपने लिए दूसरे की इच्छाओं को दबाने की कोशिश न करें। एक-दूसरे की इच्छाओं को समझकर उन्हें पूरा करने में सहयोगी भाव रखें। यदि आपने ऐसा करना सीख लिया तो सात जन्मों का बंधन और मजबूत हो जाएगा।

भावनाओं को दर्शाएं

कई बार ऐसा होता है कि पति-पत्नी दोनों ही अपनी भावनाओं को खुलकर नहीं बताते, जो कि कहीं से सही नहीं है। आप अपने दुख दर्द एक-दूसरे के सिवा और किसे बता सकते हैं। आप दोनों एक-दूसरे के सुख-दुख के साथी हो तो फिर भला क्यों अपने दुखों को छिपाना। भावनाओं को हमेशा व्यक्त जरूर करें ताकि वो समझ सकें कि आपको क्या परेशानी है।

एक-दूसरे के पूरक बनें

पति-पत्नी के रिश्तों में यह जरूरी है कि वे एक-दूसरे के पूरक बनें ताकि वो जान सकें कि वे एक-दूसरे से क्या चाहते हैं। हमेशा एक-दूसरे की बात को सुनें और समझें। कभी भी मन में ये विचार न लाएं कि यह तो पत्नी की परेशानी है, मैं क्यों पड़ूं इस पचड़े में। विवाह तभी सफल बन सकता है जब आप एक-दूसरे को समझेंगे।

भाषा पर संयम रखें

प्रेम पाने व देने के लिए प्यार भरे शब्दों का प्रयोग होना बहुत जरूरी होता है, इसलिए अपने प्यार को केवल मधुर शब्दों के साथ ही व्यक्त करें। जब भी बहस और तकरार की स्थिति पैदा हो तो इस बात को जानने का प्रयास करें कि आखिर ऐसा क्यों हुआ या इसकी वजह क्या है? बिना समझे कठोर शब्दों में न बोलें और न ही कटाक्ष करें। तेज आवाज में न बोलें। ऐसे कटु शब्दों का प्रयोग भूलकर भी न करें जिससे पार्टनर का दिल दुखता हो। वाणी से पूरी दुनिया को जीता जा सकता है, इसलिए वाणी में मिठास बनाए रखिए। बहस या झगड़े के समय संयम से काम लें। अपनी बात को प्यार व शांति से व्यक्त करें, ताकि सुनने वाले को भी गुस्सा न आए और अपनी गलती का भी एहसास हो जाए।

जीवन को महकाएं

कामकाजी होने का मतलब यह तो नहीं कि आपकी खुशियां खो गई हैं। अपने दांपत्य जीवन में खुशियों की बौछार करें, ताकि जीवन उबाऊ न लगे। ऑफिस की टेंशन को ऑफिस तक ही रखें, घर में न लाएं। हमेशा सकारात्मक विचार रखें। घर को बांधने में यह बहुत महत्त्वपूर्ण भूमिका निभाता है। सकारात्मक विचार से बड़ी से बड़ी परेशानी छोटी लगने लगती है। इन छोटी-छोटी बातों को अगर आप ध्यान में रखकर चलेंगे तो आपके जीवन की बगिया हमेशा महकती रहेगी।

तारीफ जरूर करें

एक-दूसरे की तारीफ जरूर करें। तारीफों के पुल बांधें, किसी भी तरह की कोई भी कसर न छोड़ें। उनकी तारीफों का पुलिंदा कुछ ऐसा बांधें कि वो आपके पास खिंचे चले आएं। तारीफ करने में किसी भी प्रकार की कोई कंजूसी न करें। इस बात का ध्यान रखें कि तारीफ के दौरान लंबे-चौड़े शब्दों का इस्तेमाल व कहानी न गढ़ें। शादी में जाना हो या पार्टी में या फिर अपने मित्रों से मिलवाना हो, हर जगह इस बात का ध्यान जरूर रखें कि अपने पार्टनर को कॉ पलीमेंट जरूर दें। आपके इस तरह के रवैये को देखकर उनकी नजर में आपकी इज्जत और बढ़ेगी तथा आपको भी खुशी होगी, आपके द्वारा दिए गए कॉ पलीमेंट से सारे लोग आपकी पत्नी की तारीफ करेंगे।

प्यार का उपहार

कहते हैं कि उपहार प्रेम का प्रतीक होता है, इसलिए समय-समय पर एक-दूसरे को उपहार जरूर दें। उपहार हमेशा सामने वाले की जरूरत को ध्यान में रखकर दें। उपहार देते समय कीमत की जगह उपयोगिता का महत्त्व देखें। ऐसा उपहार न दें, जो महंगे तो हों पर उसका कोई इस्तेमाल न हो। उपहार देने के बाद यह नहीं पूछें कि तु हें पसंद आया। उपहार की कीमत का रोना अपने प्यार के आगे न रोएं।

प्यार का स्पर्श

स्पर्श भी किसी भी संबंध को बिगाड़ने व बनाने में सक्षम होता है, क्योंकि यह अभिव्यक्ति का सबसे अच्छा माध्यम है। स्पर्श एक ऐसा जादू है जिसके सामने शब्द बेमानी हो जाते हैं, इसलिए एक-दूसरे को प्यार भरा स्पर्श दें ताकि आप इसमें समा जाएं।

स्पर्श के दौरान इस बात का विशेष ध्यान रखें कि स्पर्श हमेशा हल्के ढंग से करें, जोर से भूलकर भी साथी को न पकड़ें। स्पर्श में कठोरता की जगह कोमलता का एहसास बनाएं।

शॉपिंग करें

उनका दिल जीतने का शॉपिंग से अच्छा कोई और तरीका नहीं होगा, इसलिए उन्हें शॉपिंग पर ले जाएं और उनकी पसंद की चीजें दिलाएं। अगर उन्हें कोई चीज पसंद नहीं आ रही है तो विंडो शॉपिंग करें और उस दौरान उनकी पसंद को जान लें।

शॉपिंग के दौरान जल्दबाजी न करें। अगर उनको कोई चीज पसंद नहीं आ रही है तो गुस्सा न करें, बल्कि उनकी सहायता करें। रुपये-पैसों को लेकर दुकानदार से बहस न करें।

जरूरी है मजाक व छेड़छाड़

प्यार में छेड़छाड़ व मनुहार बहुत जरूरी होती है, इसलिए मौका मिलते ही इसे हाथ से न जाने दें, बल्कि छेड़छाड़ करें, जैसे- अचानक से पीछे से पकड़ लेना, किस कर लेना, पढ़ाई के दौरान लाइट बंद कर देना, अपने हाथों से उनकी आंखों को बंद कर देना आदि। आपके द्वारा की गई ये हल्की-फुल्की छेड़छाड़ व मजाक रिश्ते को और भी मजबूत बनाते हैं।

छेड़छाड़ व मजाक बेसमय न करें। उस समय मजाक न करें जब वो सीरियस काम कर रहे हों। ज्यादा मजाक व छेड़छाड़ को लड़ाई न बनने दें।

दोस्ताना व्यवहार

शादी के बाद अगर आपकी आपके पार्टनर के साथ दोस्ती है तो सारी मुश्किलें आसान हो जाती हैं। इसलिए अपने पार्टनर से दोस्ती भरा रवैया अपनाएं, उसकी हर चीज में उसका साथ दें तथा गलत चीज पर फटकारें भी। अगर वैवाहिक जीवन में ऐसी दोस्ती बनी रहेगी तो दांपत्य जीवन में परेशानी आने का सवाल ही नहीं उठेगा।

आदतें न बदलें

अक्सर देखने व सुनने में आता है कि दांपत्य जीवन में लड़ाई तब ही ज्यादा होती है जब पति-पत्नी एक-दूसरे की आदतों को बदलने का प्रयास करते हैं, जो कि गलत है। इस बात को गांठ बांध लें कि व्यक्ति की आदतों को बोल कर नहीं

बल्कि प्यार से बदला जा सकता है। जोर-जबरदस्ती से किसी भी कार्य में सफलता नहीं मिलती, बल्कि असफलता हासिल होती है। इसलिए अगर आप चाहते हैं कि आपके पार्टनर की आदतों में बदलाव आए तो उन्हें एक बार प्यार से बोलें कि आपको उनकी कौन-सी आदतें पसंद नहीं हैं। फिर आप दोबारा उनसे न कहें। थोड़े दिन बाद आप देखेंगे कि जो आदतें आपको नापसंद थी, उसमें कितना बदलाव आया है।

फैसला साथ में लें

फैसला चाहे छोटा हो या बड़ा पति-पत्नी दोनों को चाहिए कि साथ मिलकर लें, क्योंकि अकेले फैसले लेने से कभी-कभी गलत फैसला ले लिया जाता है। एक-दूसरे से राय-मश्वरा करने के बाद अपना-अपना निर्णय एक-दूसरे के समक्ष रखें और फिर नोट करें कि किसका फैसला सटीक है। उसके बाद ही कोई निर्णय लें। अगर आप दोनों अपने फैसले से संतुष्ट नहीं हैं तो परिवार के सदस्यों की मदद लें।

जरूरी है सेक्स

दांपत्य जीवन में मधुरता बनाए रखने में सेक्स की महत्त्वपूर्ण भूमिका होती है, इसलिए उसे अनदेखा न करें, बल्कि थोड़ा बदलाव लाकर रंग भरें। काम की व्यस्तता के चक्कर में सेक्स पर ब्रेक न लगाएं बल्कि प्लान करें कि इसमें ताजगी कैसे बनाए रखी जा सकती है। समयाभाव व व्यस्तता के दौरान भी पार्टनर के मूड को भांपकर कुछ नया करें, ताकि उनके मन में भी प्यार की लहर दौड़ पड़े और बोरियत का एहसास छूमंतर हो जाए। अपनी सेक्सुअल लाइफ में एक्सपेरिमेंट करें। सेक्स के लिए सिर्फ बेडरूम ही नहीं, बल्कि बाथरूम, ड्रॉइन्गरूम आदि जगह का चुनाव करें।

सेक्सुअल लाइफ में एक्सपेरिमेंट पार्टनर की मर्जी के खिलाफ न करें। सेक्स में जोर-जबरदस्ती न अपनाएं। एक-दूसरे की भावनाओं को चोट न पहुंचाएं। साथ-साथ पल बिताने का सबसे अच्छा तरीका यह है कि मूवी देखें। मूवी के दौरान अपने हाथों को उनके कंधे पर रखिए, फिर देखिएगा कि कैसे मोहतरमा अपने आप आपके करीब आ जाएंगी। मूवी के दौरान कोई भी ऐसी बात न करें, जिससे उनका मूड बिगड़ जाए। सिनेमा हॉल देर से न पहुंचें।

रुचियों को सपोर्ट करें

शादी के बाद अगर आपको लगता है कि पति या पत्नी अपनी रुचियों को खत्म कर रहे हैं तो पार्टनर की रुचियों को अनदेखा करने की बजाय उसे निखारने की कोशिश करें और हौसला दिलाएं कि तुम इससे अच्छा कर सकते हो या सकती हो। अगर आप इस तरह का व्यवहार एक-दूसरे के प्रति रखेंगे तो प्यार की डोर कमजोर नहीं पड़ेगी।

बात को न काटें

घर हो या बाहर पति-पत्नी दोनों को चाहिए कि एक-दूसरे की बात को बीच में न काटें। अक्सर देखने में आता है जब पति या पत्नी किसी मित्र या घर के सदस्य से बात करते हैं तो पति या पत्नी बीच में ही बात को काटते हुए कहते हैं कि अरे वे तो ऐसी ही बोलते हैं या वो ऐसे ही करते हैं। आपके द्वारा बोले गए ये शब्द जब कोई तीसरा सुनेगा तो न तो आपकी बात को महत्त्व देगा और न ही पत्नी की। इसलिए एक-दूसरे की बात का स मान रखते हुए उन्हें बात करने का पूरा मौका दें।

बुराई न करें

सदस्य चाहे घर का हो या बाहर का, इस बात को ध्यान में रखें कि उनके सामने पार्टनर की बुराई न करें, बल्कि अच्छाइयों को उजागर करें। अगर आप अपने पार्टनर की बुराइयों का पुलिंदा लेकर लोगों के बीच बैठेंगे तो इससे आपकी इज्जत तो घटेगी ही साथ ही पार्टनर की इज्जत भी नहीं रहेगी। इसलिए बाहर के लोगों के सामने शालीनता के साथ पेश आएं और पार्टनर की जो भी कमी है उसे सबके सामने उजागर न होने दें।

अगर आप इन छोटी-छोटी बातों का ध्यान रखेंगे तो प्यार की बगिया के फूल मुरझाने की बजाय हमेशा खिल-खिलाते रहेंगे।

रिश्ते की बुनियाद

अपने रिश्ते की बुनियाद को और उसके मकसद को पहचानिए। यदि आपका रिश्ता दिशाहीन रह जाता है तो उसे निभाना मुश्किल हो जाता है। आपके रिश्ते का मकसद रिश्ते को चलाने भर में सिमट कर ही नहीं रह जाना चाहिए। पति-पत्नी के रिश्ते में यह मकसद केवल साथ में समय व्यतीत करना, घूमना-फिरना, परिवार बनाने से कहीं ऊपर होना चाहिए। यदि आपका रिश्ता इन्हीं

उपरोक्त बातों तक सीमित है तो उसे दूर तक ले जाने में आपको काफी मेहनत करनी पड़ सकती है। अपने जीवनसाथी के मूल्य और एक सही मकसद को पहचानें।

जब शिड्यूल हो बिजी

प्रतियोगिता की दौड़ में इंसान समय से ज्यादा तेज व आगे निकलना चाहता है, जिसके चलते वह इतना व्यस्त हो गया है कि किसी दूसरे के लिए तो दूर उसके पास खुद अपने लिए भी समय नहीं है। इंसान का यही लालच है कि वह आज अपना जीवन साथी भी कमाऊ चाहता है जिसके चलते आपसी रिश्तों में प्यार कम शिकायतें अधिक आ जाती हैं और बात इस बात पर आकर अटक जाती है कि 'मैं बिजी हूं।' जीवन में यदि पैसा जरूरी है तो प्यार भी जरूरी है पर प्यार के लिए वक्त कहां? इसलिए यदि आप अपने बिजी शिड्यूल में भी प्यार के लिए वक्त निकालना चाहते हैं तो नि न बातों पर गौर करें।

- पहले तो आप अपने काम को नियमबद्धता के साथ समयबद्ध करें यानी कि सूची बनाएं कि किस काम की प्राथमिकता प्रथम एवं अधिक है। उसे पहले करें, इससे आपका समय बचेगा और आपको भी रिलैक्स मिलेगा और आप पति को टाइम दे पाएंगी।
- कभी-कभी टीवी या कोई मूवी घर पर ही साथ बैठकर देखें, साथ ही अपना कोई गृह कार्य जो उन्हें पसंद हो करें।
- दैनिक जीवन में लग रहे अनावश्यक समय की जांच करें और उसे रोकने की कोशिश करें।
- तकरार की बातों में अपने आप को न उलझाएं, इससे समय नष्ट होगा और आपसी मन-मुटाव बढ़ेगा।
- खाना उनकी पसंद का बनाएं और उसके बारे में उनके विचार पूछें, अगर वह कुछ बताएं तो धैर्य से सुनें, पसंद न आने पर बहस न करें।
- खाना साथ-साथ खाएं, इससे प्यार बढ़ता है।
- एक-दूसरे की जरूरतों का ध्यान रखें।
- छोटी-छोटी बातें जैसे- कपड़े निकाल कर देना, ऑफिस जाते समय गले लगना, उनकी आवश्यक चीजों को देना या याद दिलाना भी रोमांस पैदा करता है।
- जहां तक संभव हो बेडरूम में वही बातें करें जो आवश्यक हों, बेकार की बातों में समय बर्बाद न करें।

● साल में एक बार लंबी ट्रिप या हनीमून पर जरूर जाएं, इससे आपको अपने लिए अच्छा समय मिलेगा और जीवन में नवीनता आएगी।

● कभी-कभी बाहर मॉल में या रेस्टोरेंट में डिनर/लंच पर भी जाएं।

● अगर आप अपने इनके साथ किसी पार्टी या कहीं घूमने गई हैं और आपको कोई परिचित मिल गया तो अगर आवश्यक न हो तो कोई स्कू... देकर बाद में बात करने के लिए कहें।

● शाम की चाय साथ पिएं, लेकिन याद रहे उनके आते ही घर की या कोई परेशानी की बात न छेड़ें। पहले उनके दिन के बारे में पूछें और बाद में अपनी कहें।

● उन्हें अपने या आप उनके अनुरूप ढलने और ढालने की बात भी तभी सोचें जब परिस्थिति आपके अनुकूल हो, ऐसा न होने से तकरार बढ़ती है।

● शाम के समय आधा घंटा उनके साथ ही बिताने की कोशिश करें।

● नाइट वॉक पर भी आप जा सकते हैं।

● शॉपिंग या घर का सामान या अन्य किसी चीज की खरीदारी करनी हो, तो जहां तक संभव हो साथ में करें।

● अपने मन की बात कभी भी उनसे न छुपाएं, अपने हर कार्य में उनकी मर्जी जानें। बिना उनकी मर्जी के कोई काम न करें।

● जो उन्हें न पसंद हो बिल्कुल न करें और यदि भूल वश हो भी गया तो किसी और के बताने से पहले खुद बताएं, इससे आपसी विश्वास पनपता है।

● रात में सोते वक्त उनको रिझाने के लिए लाइट मेकअप, पर यूम वगैरह छिड़क कर रात का माहौल बदल दें।

● जहां तक संभव हो टिपटॉप बनकर रहें, पतियों को रूखा और बोझिल रूप पसंद नहीं आता है।

● सेक्स को हम इग्नोर नहीं कर सकते। यह प्यार को बढ़ाने में मददगार साबित होता है।

● पारिवारिक समस्याओं को साथ में बैठकर समझदारी के साथ निपटाएं।

● कभी भी अकेले मुश्किलों से लड़ने की कोशिश न करें, ये निराशा ही देती है।

● कभी अगर इनकी ऑफिस की परेशानियां इन्हें परेशान कर रही हों, तो सहजता से पूछें व जहां तक संभव हो उनकी अपने विचारों से मदद करें।

- *अगर आप ऑफिस गोइंग हैं तो कभी-कभी अपने प्रिय को रास्ते में से लेने के लिए बोलें और अगर समय गवाही दे तो आउटिंग पर भी जाएं।*
- *प्री प्लानिंग अपने प्यार को बढ़ाने के लिए अच्छा तरीका है।*
- *नवीनतम सोच, आपसी समझदारी ही आपको अपने प्यार के लिए समय निकालने में मदद कर सकती है।*
- *जहां तक हो सके ज्यादा से ज्यादा समय एक-दूसरे के साथ बिताने की कोशिश करें।*
- *अगर आप त्योहारों में घूमने का मन बना रहे हैं तो दो दिन पहले और एक दिन बाद में जाएं, इससे आपको अपने लिए थोड़ा समय मिलेगा, वहीं भीड़-भाड़ और बेकार की परेशानियों से बचेंगे।*
- *अगर इनके साथ कहीं जाना है तो रात में ही इनकी पसंद की साड़ी, ज्वैलरी वगैरह निकाल के रख लें, ताकि अगले दिन जाने से पहले इनको लेकर मूड खराब न हो।*
- *यकीनन अगर आप उनका और वो आपकी इन छोटी-छोटी बातों का ध्यान रखेंगे, तो हो ही नहीं सकता कोई भी पल आपको बिना प्यार बांटे वहां से निकल जाए।*

लव मैनेजमेंट
(प्रेम प्रबंधन)

यह सच है कि प्यार कब और कैसे हो जाता है पता ही नहीं चलता पर जब हो जाता है तब हर पल, हर सांस में उसका एहसास होना शुरू हो जाता है। न दिखने व न कहा जा पाने वाला प्यार इतना नाजुक होता है कि यह कब टूट जाए इसका पता ही नहीं चलता। प्यार में छोटी-छोटी चीजें यदि प्यार को और गहरा बना देती हैं तो छोटी-छोटी चीजों से दिल दुखने में देर भी नहीं लगती।

यूं तो प्यार दिल, जज्बात और विश्वास का मामला है जिसके कोई कायदे-कानून या बने-बनाए रास्ते नहीं होते। इसमें न तो कोई सीमा होती है न ही कोई शर्त। फिर भी यदि ठीक ढंग से प्रबंधन के जरिये इसे देखभाल से किया जाए तो हम अपने प्यार की उम्र को न केवल लंबा कर सकते हैं बल्कि उसे और भी प्रेम पूर्ण व गहरा बना सकते हैं।

इतना ही नहीं एक ओर प्रेम करना जितना आसान है उससे कहीं ज्यादा मुश्किल है उसे निभाना व बनाए रखना क्योंकि जहां प्रेम है वहां क्रोध, ईर्ष्या, मोह, नफरत, बदला, शर्त, शक आदि और भी बहुत कुछ है। ऐसे में प्रेम को टिकाना चुनौती एवं संघर्ष पूर्ण है। इसलिए यदि इसे ठीक से प्रबंधित न किया जाए तो प्यार का सफर कितना भी पुराना क्यों न हो उसे मिटने में देर नहीं लगती। इससे पहले आपका प्यार टूटे व टूटकर बिखरे उसके प्रबंधन की कला सीख लें।

प्रेमी को बांधें नहीं

प्राय: कहते हैं कि अमुक युवक व युवती प्रेम बंधन में बंध गए पर जिसने बांध दिया, वह प्रेम कहां रहा? प्रेम बांधता नहीं, प्रेम तो मुक्ति देता है। जो बांध दे, वह प्रेम नहीं हो सकता। प्रेम तो व्यक्तित्व को नए आयाम देता है, उसके पंखों को नई उड़ान, एक नया आकाश देता है। प्रेम जीवन को नए मायने देता है। जिसे प्रेम मिलता है, वह 'मैं' नहीं रहता। उसका अहम् तत्क्षण विलीन हो जाता है। वह

अहम् के जाल से छूटकर, स्वार्थ के फंदे से निकलकर, सांसारिक दोषों को त्यागकर सच्चे सोने सा निखरता है।

कोई नाम न दें...

प्यार को प्यार ही रहने दें, कोई नाम न दें।...किंतु हम प्यार को न जाने कितने खानों में बांट देते हैं। मां का संतान से प्रेम, पति का पत्नी से, संतान का माता-पिता से, युवा का युवती से... और भी जाने कितने ही रिश्तों की डोर में प्रेम बंध जाता है। रिश्तों की मर्यादाएं होती हैं, अपनी सीमाएं होती हैं इसलिए प्रेम को भी उन्हीं मर्यादाओं, उन्हीं सीमाओं का पालन करना पड़ता है जबकि प्रेम की कोई सीमा नहीं होती। इसी कारणवश प्रेम के पंख मुरझाने लगते हैं, उसकी उड़ान शिथिल हो जाती है, उसकी अनुभूति संवेदना शून्य होने लगती है, उसकी जीवंतता मिटने लगती है और अंततः वह एक शब्द मात्र बनकर रह जाता है, जिसे चाहे जितना भी कुरेदो, उससे कुछ हाथ नहीं आता।

प्यार जब रिश्तों में बंधता है तो उसे हर रिश्ते से जुड़ी अनिवार्य शर्तें माननी पड़ती हैं क्योंकि रिश्तों की गरमाहट लेने-देने में टिकी है जबकि प्रेम में कोई मांग नहीं होती है। प्रेम तो निःस्वार्थ भाव से देना ही देना जानता है। वह प्रेम-पात्र से बदले में कुछ नहीं चाहता जबकि रिश्ते एकतरफा नहीं होते। इन्हें तो पल-प्रतिपल सींचना पड़ता है। रिश्ते निभाए जाते हैं किंतु प्रेम तो मन ही मन जिया जाता है। रिश्तों में प्रेम को न बांधें। इसे अनंत संभावनाओं के मुक्त गगन में विचरने दें।

मधुर बोल

प्रेम पाने व देने के लिए प्यार भरे शब्दों का प्रयोग होना बहुत जरूरी होता है, इसलिए अपने प्यार को मधुर शब्दों के साथ व्यक्त करें। ताकि वो आपके मीठे बोल में घुलते चले जाएं। तेज आवाज में न बोलें। ऐसे कटु शब्दों का प्रयोग भूलकर भी न करें जिससे पार्टनर का दिल दुखता हो।

तारीफ करें

एक-दूसरे की तारीफ जरूर करें। तारीफों के पुल बांधें, तारीफ करने में किसी भी तरह की कोई भी कसर न छोड़ें। उनकी तारीफों का पुलिंदा कुछ ऐसा बांधें कि वो आपके पास खिंचे चले आएं। तारीफ करने में किसी भी प्रकार की कोई कंजूसी न करें। इस बात का ध्यान रखें कि तारीफ के दौरान लंबे-चौड़े शब्दों का इस्तेमाल व कहानी न गढ़ें।

समय जरूर दें

अपने प्यार को समय जरूर दें, क्योंकि समय दिए बिना एक-दूसरे को समझ पाना मुश्किल होता है। जब भी समय मिले चाहे वह कुछ सैकेंड का ही क्यों न हो साथी के साथ जरूर बिताएं। जब भी पार्टनर को समय दें तो इस बात का रोना न रोएं कि समय नहीं था पर तु हारे लिए निकाला। अगर आपके पास टाइम की कमी है तो उसे बढ़ाएं नहीं, बल्कि खत्म करने की कोशिश करें।

उपहार दें

कहते हैं कि उपहार प्रेम का प्रतीक होता है, इसलिए समय-समय पर एक-दूसरे को उपहार जरूर दें। यूं तो प्रेमी-प्रेमिका को गि ट देने के लिए कोई बहाने की जरूरत नहीं होती है, आप जब भी उनसे मिलते हैं तो गि ट दिया जा सकता है। वेलेन्टाइन्स डे पर स्पेशल गि ट वह भी सिर्फ अपने प्रिय के लिए देना एक अलग बात है। फूलों का बुके या सिर्फ एक गुलाब का फूल प्यार के इजहार के साथ दीजिए। टॉफी, चॉकलेट बार को भी फूल के बुके में लगाकर या सिर्फ उसका ही रंग-बिरंगा छोटा-सा बुके बनाकर दिया जा सकता है। कार्ड देने का चलन, मोबाइल पर एसएमएस भेजने का चलन तो पहले से काफी बढ़ गया है।

इसके अलावा अगर आपको पता है कि आपका साथी संगीत प्रेमी है तो अपनी आवाज में कोई प्रेम भरा गीत रिकॉर्ड करके गि ट दें। गीतों की सीडी दे सकते हैं। सॉ ट टॉयज, फोटो फ्रेम, वैलेन्टाइन्स डे लिखा मग, पर यूम, शो पीस आदि कुछ भी दिया जा सकता है। उपहार हमेशा सामने वाले की जरूरत को ध्यान में रखकर दें। उपहार देते समय कीमत की जगह उपयोगिता का महत्त्व देखें। ऐसा उपहार न दें, जो महंगे तो हों पर उसका कोई इस्तेमाल न हो। उपहार देने के बाद ये मत पूछें कि तु हें पसंद आया। उपहार की कीमत का रोना अपने प्यार के आगे न रोएं।

जादू की झप्पी

स्पर्श की किसी भी संबंध के बिगड़ने व बनाने में अहम भूमिका होती है, क्योंकि यह अभिव्यक्ति का सबसे अच्छा माध्यम है। स्पर्श एक ऐसा जादू है जिसके सामने शब्द बेमानी हो जाते हैं, इसलिए एक-दूसरे को प्यार भरा स्पर्श दें ताकि इसमें आप समा जाएं। स्पर्श के दौरान इस बात का विशेष ध्यान रखें कि

स्पर्श हमेशा हल्के ढंग से करें, जोर से भूलकर भी साथी को न पकड़ें। स्पर्श में कठोरता की जगह कोमलता का एहसास बनाएं।

माहौल बनाएं

माहौल को रोमांटिक बनाएं। फिर चाहे वह घर हो या बाहर। दोनों जगह माहौल को ऐसा क्रिएट करें कि वो देखते रह जाएं। मतलब अगर आप घर में हैं तो घर को फूलों से सजाएं या फिर बाहर रेस्टोरेंट आदि को सजवाएं। ऐसी कैंडल्स व लावर का इस्तेमाल करें कि पूरा घर खुशबू से महक उठे। सजावट के चक्कर में बहुत ज्यादा सजावटी चीजों का इस्तेमाल न करें। फूलों का इस्तेमाल करने से पहले अपने साथी की पसंद का ध्यान रखें। डेकोरेशन ज्यादा हैवी न करें। घर को साधारण कैंडल से न सजाएं।

किसी होटल में जाएं

डिनर में सबसे ज्यादा रोमांटिक होता है कैंडल लाइट डिनर, क्योंकि अंधेरे की रोशनी में प्यार की खूबसूरती और भी निखर कर आती है, इसलिए कभी-कभी किसी होटल में एक टेबल बुक कराएं और साथी को ले जाएं, उस अंधेरे में जहां हल्की रोशनी में चांद का दीदार हो। डिनर के दौरान जल्दी-जल्दी खाना न खाएं। खाना चबाते समय आवाज न करें। छुरी-च मच का इस्तेमाल करते समय आवाज न करें। मुरझाए फूलों से स्वागत न करें।

डांस को जगह दें

अपनी नाइट को रोमांटिक बनाने के लिए स्लो मोशन में रोमांटिक गाना चलाएं और डांस करें। संगीत की धुन जैसे-जैसे सुनाई देगी कदम वैसे-वैसे र तार पकड़ेंगे साथ ही प्यार की तलब भी बढ़ेगी। गाना ज्यादा तेज न चलाएं। डांस करते समय ज्यादा जल्दी में न रहें। तेज रोशनी का इस्तेमाल इस वक्त भूलकर भी न करें। थकान जैसी चीज को हावी न होने दें।

हॉट लुक

अगर आप शादीशुदा हैं तो पार्टनर को आकर्षित करने के लिए ऐसी ड्रेस का चुनाव करें कि वो बस आपको ही देखते रह जाएं। ड्रेस में हॉट व सेक्सी ड्रेस पहनें। मतलब गाउन, शार्ट फ्रॉक आदि, क्योंकि उन्हें आकर्षित करने का इससे अच्छा और कोई तरीका हो ही नहीं सकता। ऐसे कपड़ों का इस्तेमाल न करें जो अश्लील लगें। ज्यादा टाइट, लाइट कलर के कपड़ों का इस्तेमाल न करें।

घूमने जाएं

आप उन्हें ऐसी जगह घुमाने ले जाएं जहां सिर्फ और सिर्फ आप हों और कोई नहीं। समुद्र तट या बीच के किनारों में बैठकर प्यार के पलों का आनंद उठाएं। समुद्र की लहरों के साथ आप भी प्यार की लहरों में साथ बह जाएं। ऐसी जगह न घूमने जाएं जहां भीड़-भाड़ हो। अपने साथी की पसंद को इग्नोर न करें, बल्कि उसकी पसंदीदा जगह पर घूमने जाएं।

लॉन्ग ड्राइव

लॉन्ग ड्राइव का अपना ही एक अलग मजा होता है, इसलिए इस ट्रिक को अपनाएं और निकल जाएं दूर। यह आइडिया दोनों के लिए हिट भी है और फिट भी, क्योंकि बाइक के पीछे जब वह आपको पकड़कर बैठेगी या फिर कार की बगल की सीट में उनका कंधा आपके कंधे पर होगा तो मजा ही कुछ और होगा। ज्यादा तेज ड्राइव न करें। रात के समय कभी भी लॉन्ग ड्राइव न करें। ज्यादा टाइट कपड़े पहनने से बचें।

एक्सपेरिमेंट करें

अगर आप शादी-शुदा हैं तो अपनी सेक्सुअल लाइफ में एक्सपेरिमेंट करें। सेक्स के लिए सिर्फ बेडरूम ही नहीं, बल्कि बाथरूम, ड्रॉइन्गरूम आदि जगह का चुनाव करें। सेक्सुअल लाइफ में एक्सपेरिमेंट पार्टनर की मर्जी के खिलाफ न करें। सेक्स में जोर-जबर्दस्ती न अपनाएं। एक-दूसरे की भावनाओं को चोट न पहुंचाएं।

मूवी देखें

साथ-साथ पल बिताने का सबसे अच्छा तरीका यह है कि मूवी देखें। मूवी के दौरान अपने हाथों को उनके कंधे पर रखिए, फिर देखिएगा कि कैसे मोहतरमा अपने आप आपके करीब आ जाएंगी। मूवी के दौरान कोई भी ऐसी बात न करें, जिससे उनका मूड बिगड़ जाए। सिनेमा हॉल देर से न पहुंचें।

वीडियो/फोटो दिखाएं

अपने साथी का अगर आपने पहले से वैलेनटाइन्स डे का वीडियो बनाया है या फोटो खींची है तो उसे अपलोड करके मेल के द्वारा भेजें या फिर एक-दूसरे की लेटेस्ट नोंक-झोंक का वीडियो दिखाएं ताकि वह देखकर आश्चर्यचकित रह जाएं। वीडियो का यह आइडिया आप दोनों को हमेशा आपके प्यार भरे पलों की

याद दिलाएगा। शादी से पहले व बाद में वीडियो व पिक्चर का गलत इस्तेमाल न करें। छिपकर कभी भी कोई फोटो न खींचें न ही वीडियो बनाएं।

लव लेटर

चैटिंग व ई-मेल की दुनिया में अगर आप हाथ से लिखे पत्र का इस्तेमाल करेंगे तो वह जरूर आपके प्रेम को और गहरा करेगा। अपने हाथों से लेटरहैड में अपने प्यार का इजहार करें और ऐसे शब्दों का इस्तेमाल करें जो उनके दिल में उतर जाएं। प्लेन पेपर पर लेटर न लिखें। शब्दों को ज्यादा न लिखें। पत्र में आदेश जैसी चीजों को भूलकर न लिखें। सिंपल और सोबर शब्दों का इस्तेमाल करें।

बबल बाथ

शादीशुदा लोग बबल बाथ के जरिये अपने प्यार को प्रदर्शित करें। पूरे बाथरूम को सुगंधित कैंडल से सजाएं और मध्यम रोशनी करें। साथ ही हल्का यूजिक चलाएं। इस रोमांटिक माहौल को देखकर वो अपने को रोक नहीं पाएंगे। ज्यादा लाइट का प्रयोग न करें। यूजिक ज्यादा तेज न चलाएं। बाथरूम में बहुत ज्यादा सजावट न करें और न ही ज्यादा कैंडल लगाएं।

सरप्राइज दें

सरप्राइज हर किसी को अच्छा लगता है, इसलिए इसे जरूर देना चाहिए। अगर आप अपने प्यार को सरप्राइज देना चाहते हैं तो कुछ ऐसा सरप्राइज दें जिसकी उन्होंने उ मीद न की हो, जैसे- पार्टी करें, पुराने दोस्तों को बुलाएं, पसंदीदा जगह घुमाने ले जाएं व ड्रेस लाकर दें। आपके इस प्रकार के सरप्राइज को देखकर उनके पास बोलने को शब्द नहीं बचेंगे। सरप्राइज का खुलासा न करें। अपनी पसंद का सरप्राइज न दें। सरप्राइज पसंद है कि नहीं अपने पार्टनर से तुरंत न पूछें, बल्कि कोशिश करें कि वो ही पहले तारीफ करें।

शॉपिंग करें

उनका दिल जीतने का शॉपिंग से अच्छा कोई और तरीका नहीं होगा, इसलिए उन्हें शॉपिंग पर ले जाएं और उनकी पसंद के अनुसार चीजें दिलाएं। अगर उन्हें कोई चीज पसंद नहीं आ रही है तो विंडो शॉपिंग करें और उस दौरान उनकी पसंद को जान लें। शॉपिंग के दौरान जल्दबाजी न करें। अगर उनको कोई चीज

पसंद नहीं आ रही है तो गुस्सा न करें, बल्कि उनकी सहायता करें। रुपये-पैसों को लेकर दुकानदार से बहस न करें।

जरूरी है मजाक व छेड़छाड़

प्यार में छेड़छाड़ व मनुहार बहुत जरूरी होती है, इसलिए मौका मिलते ही इसे हाथ से न जाने दें, बल्कि छेड़छाड़ करें, जैसे- अचानक से पीछे से पकड़ लेना, किस कर लेना, पढ़ाई के दौरान लाइट बंद कर देना, अपने हाथों से उनकी आंखों को बंद कर देना आदि। आपके द्वारा की गई ये हल्की-फुल्की छेड़छाड़ व मजाक रिश्ते को और भी मजबूत बनाते हैं। छेड़छाड़ व मजाक बेसमय न करें। उस समय मजाक न करें जब वो सीरियस काम कर रहे हों। ज्यादा मजाक व छेड़छाड़ को लड़ाई न बनने दें।

फेवरेट डिश बनाएं

अपने हाथों से उनकी पसंद की फेवरेट डिश बनाएं। अगर मीठे में उन्हें चॉकलेट या केक पसंद है तो उसे कुछ इस तरह खूबसूरती से तैयार करें कि वो तारीफ करते थके नहीं। चॉकलेट या केक बनाते समय उनका व अपना नाम लिखें व नेम से बनाएं। अपनी पसंद की कोई डिश न बनाएं। खाने की टेबल को अस्त-व्यस्त तरीके से न रखें। गंदे टेबल मैट का इस्तेमाल न करें। डिश में ऐसी सजावट न करें जो उन्हें पसंद न हो।

किस को न करें मिस

प्यार में चुंबन या किस सबसे ज्यादा अपेक्षित कला है। कवि कालीदास ने तो चुंबन को मदिरा के एक जाम के समान बताया है। चुंबन ही एक ऐसी प्रक्रिया है जो मन की बात मन से कह देती है। होंठों के स्पर्श से शरीर के जो तार बज उठते हैं उनका कहना ही क्या। पर ध्यान रखें कि अपने साथी के चुंबन लेने से पहले उसकी सांसें महकती हुई होनी चाहिए। होंठ का किस करें, हाथ का किस करें, गाल या माथे पर किस करें। ऐसा किस जिससे शरीर में झनझनाहट पैदा हो जाए, पर पब्लिक प्लेस में मर्यादित रहें।

भावनाओं को व्यक्त करें

अपने साथी से अपने मन की भावनाओं को जाहिर करें। उसे बताएं कि आपका दिल सिर्फ उसके लिए ही धड़कता है। आपके हृदय में उसके लिए प्यार है और उस प्यार का एहसास ही आपको सुरक्षा और प्रेरणा देता है। यानी उसके

प्रति अपने उद्गारों को सही ढंग से व्यक्त करें। उनके ड्रेसिंग सेंस या पर्सनेलिटी अथवा अच्छे व्यवहार की खुलकर तारीफ करें। कविताओं या किसी गाने के माध्यम से भी अपने प्यार को इजहार किया जा सकता है।

देना पहले, लेना बाद में

प्रकृति का नियम है देना पहले, लेना बाद में। एक बीज बोया जाता है तो वह पेड़ बनकर फल देता है व असं य बीजों के रूप में पृथ्वी में बोया वह एक बीज लौटाता है। इसी तरह प्रेम यदि सच्चा है तो वह अपने प्रेमी को उसके बदले का प्यार अवश्य लौटाएगा। इसलिए सिर्फ प्रेम पाने की उ मीद या जिद न करें उसे लौटाएं भी।

आपसी विश्वास जरूरी

आपसी समझ से ही विश्वास व सही संवाद सदैव बना रहता है। अब संप्रेषण सही होने पर सामने वाले की सही मनःस्थिति, व्यवहार का औचित्य ठीक से समझ में आता रहेगा और पारस्परिक विश्वास से प्यार बढ़ेगा और गलतफहमियों से भी बचा जा सकेगा। दूसरों को समझने का अर्थ है उनसे जुड़ाव महसूस करना। जब हम किसी को प्यार करते हैं, उससे जुड़ाव व अपनापन स्वीकारते हैं, तो वस्तुतः हम उसे समझने का प्रयत्न करते हैं यानी उसके नजरिये से जीवन को देखने का प्रयत्न करते हैं। इस तरह हम सहज ही उसके गुणों को स्वीकारते हैं और उसके दोष व अवगुण देखने से भी बचे रहते हैं।

गुणों का आदर करें

दूसरों को अपने साथ जोड़कर हम परायों को भी अपना बना लेने का यत्न करते हैं इस तरह औरों का समर्थन पाते हैं और अपनी ताकत बढ़ाते हैं। दूसरों को अपना बनाकर उनकी तमाम उपलब्धियां अपने संग जोड़कर जीवन का लक्ष्य भी सहजता से प्राप्त हो जाता है। यह विश्वास का फल है, दूसरों के साथ अपनी पहल पर जुड़ जाने का परिणाम है। खुद को सफल कहलाने के लिए अपने आसपास के लोगों का समर्थन जरूरी होता है। दूसरों के गुणों का आदर करके अपरोक्ष रूप से हम अपने प्रति भी यही व्यवहार पा लेते हैं। जीवन में दूसरों को अपने साथ जोड़ने की मनःस्थिति पालकर ईमानदारी भरा सहज व्यवहार करना ही महत्त्वपूर्ण है।

अपेक्षाएं न करें

नजदीकियों का दूरियों में बदलने का एक ही मु य कारण है वह है चाहत पालना। जब अपेक्षा पाली जाती है तो अतिशय अधिकार भावना के कारण अपनी सुविधा से अपने मन में बिना सामने वाले की स्थिति जाने ही पाल ली जाती है। अब यदि यह लालसा पूरी हो जाए तो अपनी अधिकार भावना प्रबल हो जाती है और यदि पूरी न हो पाए तो शिकायतें जन्म लेने लगती हैं। तब क्षुब्ध हो हम अपनी आलोचनाएं इस तीखे ढंग से व्यक्त करने लगते हैं कि सामने वाला आहत हो जाए। अब क्रिया की प्रतिक्रिया होगी और आहत व्यक्ति अपने बचाव के लिए प्रयत्न करेगा। आरोप के बदले आरोप लगाए जाएंगे व शिकायतों के बदले शिकायतें होंगी। बात समझने या संवरने की बजाय बिगड़ती जाएगी। यदि अपनी पहल पर हम सभी अपने व्यवहार के चलते दो-तीन बातों का ध्यान रखें तो दूरियां उभरेंगी ही नहीं।

शिकायत करें पर तरीके से

अपनी आलोचनाओं को हमें इस ढंग से व्यक्त करना सीख लेना चाहिए कि वह आरोप, शिकायत न लगे, न ही सामने वाले की कोमल भावनाओं को ठेस ही पहुंचे। जो कहना हो तीखी प्रतिक्रिया के साथ न कहकर साफ-साफ बताना चाहिए कि क्या व्यवहार गलत लगा व क्या सही व्यवहार होना चाहिए। कभी कोई गलतफहमी उपज भी जाए तो संवादहीनता की स्थिति से खुद को बचाकर बिना आक्रामक तेवर के पूरी संवेदनशीलता के साथ बात सुनना जरूरी है। क्षमा करने की आदत डालना जरूरी है, कई बातों को अनदेखा कर देना जरूरी है ताकि बात बढ़े नहीं।

अपनी शिकायतों को मन ही मन दबाए रखकर कुढ़न महसूस करने की बजाय सही समय देखकर उसे ठीक से बता देना समझदारी है। जिनके संग हमें रहना है उनको समझना जरूरी है। किसी भी तरह से रिश्ता बिगड़ भी गया हो तो पुनः प्रयत्न करके अपनी समझदारी से बनाया जा सकता है। प्यार व भावनाएं ताउम्र बनती-बिगड़ती रहती हैं। अपने को बेहतर बनाकर साथी को सुख-संतोष देकर संतोष और खुशी पाई जा सकती है।

इशारों में करें बात

कई बार ऐसी स्थितियां पैदा हो जाती हैं जब अपने दिल की बात कहने के लिए कोई भी शब्द सटीक नहीं बैठता। तब अपने साथी को बातों से यह जताना

बहुत ही मुश्किल हो जाता है कि आप उनकी कितनी परवाह करते हैं। ऐसे में खामोश रहकर बिना कुछ बोले भी आप ज्यादा प्रभावपूर्ण ढंग से कह सकते हैं कि आपको अपने प्रिय की परवाह है।

अपनी बात कहने का हर किसी का अलग-अलग ढंग होता है। कोई कड़े शब्दों में अपनी भावनाएं व्यक्त करता है तो कोई सौ यता से अपनी बात बता देता है। शब्दों में कही बात को जहां कहना आसान होता है, वहीं समझना भी। लेकिन जब दिल के जज्बात इशारों में बयां किए जाएं तो बात कुछ और ही हो जाती है।

एक ही घिसे-पिटे ढर्रे पर चलते-चलते जिंदगी बहुत ही बोरियत से भर जाती है। जिंदगी में रोमांच और रूमानियत भरने के लिए अपने जीवन में सो चुकी प्यार की भावना को जगाएं। अपने साथी को बताएं कि आप उनसे कितना अधिक प्यार करते हैं और इस बार शब्दों का नहीं इशारों और संकेतों का सहारा लीजिए।

प्यार भरा स्पर्श

प्यार भरा स्पर्श कई बार शब्दों से ज्यादा बातें कह जाता है। यह सबसे प्रभावी जरिया है अपने प्रिय के प्रति प्रेम जताने का। शब्दों का अर्थ कभी-कभी गलत भी लिया जा सकता है। शब्दों में कही बात के साथ-साथ चेहरे के भाव, आवाज की मधुरता या कठोरता और कहने के ढंग का सही समन्वय भी बेहद जरूरी होता है। इन सबका सही तालमेल न होने से अर्थ का अनर्थ भी हो सकता है। अगर कोई आपका अपना मायूस है तो प्यार से उसका हाथ अपने हाथ में लेकर देखिए, आपका प्यार भरा स्पर्श उसकी मायूसी पल भर में गायब कर देगा। अगर यही मायूसी आप शब्दों से कम करने की कोशिश करेंगे तो शायद यह प्रयास उतना प्रभावी नहीं होगा।

फूलों से भरें खुशबू

भावनाएं व्यक्त करने में फूल भी बहुत सहायक हैं। सुबह-सुबह अपने प्रिय के जागने से पहले उसके सिरहाने एक ताजा खुशबूदार फूल रख दें। बिना कहे वह आपका प्यार समझ जाएंगे और वह फूल आपके रिश्ते को पूरी तरह महका देगा। यूं तो जन्मदिन या शादी की सालगिरह जैसे मौकों पर फूल दिए ही जाते हैं, लेकिन ऐसे ही बिना किसी खास मौके के फूल देना भी आपके प्यार को और मजबूत बनाता है।

बनें रूमानी

खामोश रहकर साथ समय बिताकर भी रिश्तों को रूमानी बनाया जा सकता है। साथ-साथ एक-दूसरे के कंधे पर सिर रखकर सूरज को छिपते देखना, चांदनी रात में एक-दूसरे की उंगलियां थामकर चलना, गर्म चाय या कॉफी साथ बैठकर पीना या एक-दूसरे की पीठ से पीठ लगाकर बैठे हुए एक-दूसरे को प्रेम पत्र लिखना रिश्तों में और प्यार भर देता है।

प्यार को आफत न बनाएं

जब आप अपने साथी के प्रति कोमल भावनाएं व्यक्त करते हैं, तो अपने व्यवहार द्वारा उसे एहसास दिलाते हैं कि वह आपके लिए कितना महत्त्व रखता है तो प्रेम और भी गहरा हो जाता है और इसकी मिठास और भी बढ़ जाती है। इसलिए बहुत जरूरी है कि इस मिठास को जीवन भर बनाए रखें। वो कैसे? आइए जानें-

● *अपने कुछ एकांत क्षण और स्वतंत्रता हर इंसान की जरूरत होती है। ये वे पल होते हैं, जिसमें वह स्वयं को संवारता है, पर कभी कोई निजी सोच में दखल दे, तो विद्रोह होना स्वाभाविक है, इसलिए अपने प्यार को एकांत के क्षण दें।*

● *हर इंसान आगे बढ़ना चाहता है। अगर आप एक-दूसरे पर हावी होने लगते हैं तो विकास रुक जाता है, इसलिए अपने प्यार को बांधें नहीं, बल्कि खुला छोड़ दें।*

● *बंदिशों और दायरों में प्यार को न बांधें, क्योंकि अगर आपका प्यार सच्चा है तो लाख बंदिशें लगाएं, फिर भी आपका ही रहेगा और अगर सच्चा नहीं है तो लाख कोशिश कर लें वो आपका हो ही नहीं सकता।*

● *जब प्रेम गहरा हो जाता है तो एक-दूसरे के प्रति उ मीदें बढ़ जाती हैं और एक-दूसरे से ज्यादा उ मीदें कभी-कभी भारी भी पड़ जाती हैं, क्योंकि जरूरत से ज्यादा उ मीद निराशा पैदा कर देती है। इसलिए अपने प्यार में उ मीदें न लगाएं, क्योंकि आपके द्वारा की गई उ मीद दूसरे के लिए मुसीबत बन जाती है।*

● *प्यार में कभी भी नकारात्मक सोच को पास न फटकने दें, बल्कि हमेशा सकारात्मक सोच रखें, क्योंकि आपका प्यार तो आपका है, न कि किसी दूसरे का।*

● *प्यार को खुली हवा में सांस लेने दें, क्योंकि आप उसे जितना बांधने की कोशिश करेंगे, वह उतना ही दूर होता जाएगा।*

● *प्यार के बीच ईगो को न लाएं, क्योंकि ईगो आपके प्यार को आप से दूर ले जाएगा।*

● *किसी भी बात को अपने साथी से कहने से पहले यह जरूर ध्यान रखें कि जो बात आप कह रहे हैं, वह कहां तक सही है, क्योंकि जरा-सी गलती का भुगतान पूरी जिंदगी करना पड़ जाता है।*

● *प्यार में हमेशा संयम और धैर्य से काम लें, क्योंकि जिन लोगों में संयम होता है, उन्हें प्यार में कभी कोई कठिनाई नहीं होती है।*

● *हमेशा एक-दूसरे के प्रति आदर का भाव बनाए रखें। जिद की बजाय नम्रता और संवेदनशीलता से काम लें।*

● *प्यार का दूसरा नाम भरोसा है, इसलिए एक-दूसरे पर भरोसा रखें, क्योंकि प्यार आपसी संबंधों को मजबूत करके दो प्यार करने वालों में एक विश्वास पैदा करता है।*

● *यह बात सही है कि हर रिश्ते में संतुलन व बराबरी जरूरी होती है, अगर आप किसी से प्यार और स मान पाना चाहते हैं तो देना भी सीखें, वैसे भी जहां प्यार और अपनेपन की भावना होती है, वहां एक-दूसरे पर हावी होने की जरूरत ही नहीं रहती।*

प्यार करने वाले अपने साथी के कदमों में सिर भी झुका देते हैं और जान भी दे देते हैं, तो फिर क्यों मोहब्बत के इस जहां में प्यार को बांधने की कोशिश करें। जो काम प्यार से हो सकता है, उसमें जिद या व्यर्थ का ईगो दिखाकर रिश्ते में बिखराव क्यों लाया जाए।

डॉक्यूमेंट्स मैनेजमेंट
(दस्तावेज प्रबंधन)

फाइलों का जीवन में बड़ा महत्त्व है। भले ही हम फोटो एलबमों की तरह इन्हें सजाकर नहीं रखते पर उससे कहीं ज्यादा संभालकर रखते हैं। फिर छोटे-मोटे बिल हों या कागजात एक-एक करके हम इन्हें रखते रहते हैं। क्योंकि इनकी जरूरत हमें रोज नहीं पड़ती इसलिए हम कई बार भूल ही जाते हैं कि कौन से दस्तावेज यानी डॉक्यूमेंट हमने कहा रखे हैं। भले ही यह मात्र कागज का टुकड़ा भर होते हैं परंतु इनमें हमारा सुख-चैन छिपा होता है इनका गुम जाना, फट जाना या समय पर नहीं मिलना हमें किसी मुसीबत या नुकसान से दो-चार करा सकता है। साथ ही हमें गंभीर तनाव से भी भर सकता है। इसलिए गैर जरूरी समझा जाने वाला यह प्रबंधन भी बहुत जरूरी है। कैसे पढ़ें अपने दस्तावेजों का प्रबंधन जानने के लिए नि न बातों पर गौर करें।

सही फाइलें बनाकर आप दस्तावेज यहां-वहां ढूंढने और सही समय पर जरूरी कागज न मिलने पर होने वाले तनाव से बड़ी आसानी से बच सकते हैं।

ठीक ढंग से रखी गई घरेलू कामों की विभिन्न फाइलों ने अनेक बार बिगड़ती हुई परिस्थिति को एन मौके पर खुशी में बदल दिया है। पैसे तथा समय की बर्बादी, भाग-दौड़ व हाय-तौबा से बचाया है, संपत्ति कर व इनकम टैक्स वालों से छुटकारा दिलाया है। आइए इसी विषय पर जरा संक्षिप्त में वर्णन करें।

फाइलिंग की आदत बनाएं

यदि आप उलझनों से बचकर रहना चाहते हैं तो एक-एक जरूरी कागज को बिना आलस्य के फाइल में लगा दिया करें, इससे आपको बड़ी राहत मिलेगी और मानसिक तनाव भी नहीं पैदा होगा। महानगरों में जहां जिंदगी बड़ी तेजी से भाग-दौड़, हाय-तौबा वाली बन गई है, वहां यह काम भी जिंदगी का एक जरूरी अंग बन गया है। यह घर की शोभा है, तो आड़े वक्त पर एक सच्चे साथी के समान काम आने वाली वस्तु भी। थोड़ी-सी मेहनत और जीवनभर की बेफ्रिकी।

यह कोई ट्रेनिंग वाला कार्य नहीं है बल्कि एक पक्की आदत बना देने की अद्भुत कला है, जिसे लगातार साधना की जरूरत पड़ती है। इसलिए बचपन से ही जरूरी कागज-पत्रों को सहेज कर रखने की आदत डाल लेनी चाहिए जैसे- घर की सभी चीजों को बड़े करीने से संभाल कर रखना चाहिए वरना घर एक कबाड़खाना दिखाई देने लगता है।

उन्हें सुरक्षित रखें

काम के जरूरी कागज, फाइलें, फोल्डर इत्यादि को ठीक ढंग से संभालकर उचित स्थान पर रखें। कभी भी उन्हें अपनी टेबल या रैक आदि में फैला व बिखरा न छोड़ें। किसी भी जरूरी कागज की फोटो कॉपी या कार्बन कॉपी को बिना फाड़े कूड़ेदान में न डालें। और कूड़ेदान में फेंकने से पहले अपने कागजों को भलीभांति देख लें कहीं कुछ काम का फट न जाए। जहां अपनी फाइलें रखें वहां कुछ खाने-पीने की चीजें न हो न ही वहां कोई सीलन या चूहे आदि के आने की जगह हो। हर फाइल पर लेबल व टैग लगाए।

बीमा संबंधी फाइल

जिस समय आप पहली पॉलिसी लें, उसी दिन अपने एजेंट से सारे कागजों की दूसरी प्रतिलिपि तैयार करा लें, इसी तरह घर के सभी मेंबरों के वाहन की पॉलिसियों की भी फाइल बनाई जा सकती है। यह आड़े वक्त पर बड़ी काम आती है। अपनी सुविधा के लिए एक छोटा-सा सूची पत्र पहले पेज पर जोड़ा जा सकता है। इसमें ही कब कितना प्रीमियम देना है, कब कितना कर्ज लिया गया है, कितना ब्याज कम देना है। मकान, कोठी और लैट का भी रिकॉर्ड रखा जा सकता है।

इतना ही नहीं आज तो कीमती सामान का बीमा, जिसमें चोरी एवं दुर्घटना, कार चोरी अथवा आग लगने का भी बीमा कराते समय इन सब बातों का अच्छी तरह ध्यान रखना चाहिए।

मकान, जायदाद तथा बैंक संबंधी फाइल

आपको यह तय करना है कि आपका कितने बैंकों एवं जमीन-जायदाद का विवरण किस स्तर का है, क्योंकि बैंकों की चैकबुक नंबर, बैंक का नाम, एटीएम वगैरह आपको गुप्त रखना होता है, अतः ऐसी फाइल को बड़ी सावधानी के साथ लॉक में रखना होता है। यह आयकर वालों से भी निबटने का सबसे

अच्छा तरीका है। इससे गृहकर, बिजली का बिल, कितना लोन लिया या बाकी है, सारी सूचनाएं आपको बड़ी आसानी से मिल जाएगी।

इसमें किरायेदारों का हिसाब, गांव की जमीन के हिस्से का हिसाब रखा जा सकता है ताकि कोई बेईमानी न कर सके। अगर आपका ज्यादा लेन-देन न हो तो पूंजी संबंधी बातों को भी इसमें जोड़ा जा सकता है। क्योंकि ऐसे कागज कभी कोर्ट-कचहरी के चक्करों से बचा सकते हैं, पर इनकी विशेष निगरानी रखनी पड़ती है, इसके अलावा सारे बचत-पत्र, विकास पत्र, यूनिट सर्टिफिकेट, शेयर कंपनियों के कागज-पत्र, निगमों के बॉन्ड आदि आज के युग की नई-नई देन है, जिन्हें आप सही ढंग से फाइल बनाकर नहीं रखेंगे तो चिंता में घिरे रहेंगे।

घरेलू सामान की फाइल

इलैक्ट्रिक व इलैक्ट्रॉनिक उपकरणों की हर घर में भरमार है। ऐसे में सबकी पूरी-पूरी देखभाल करना बड़ा जरूरी है। आजकल डीवीडी, कंप्यूटर, नेटवर्क, सुख-सुविधाओं एवं मनोरंजन के साधनों की एक लंबी सूची बन चुकी है। विलासिता की वस्तुओं का हिसाब-किताब रखना भी बड़ा जरूरी हो गया है। ऊपर से आयकर व संपत्ति कर वालों को बताना जरूरी हो गया है कि कब, कौन सा साधन कहां से, कितने में खरीदा। इसके अलावा महंगी वस्तुओं का गारंटी कार्ड व खरीदने की रसीदें भी संभाल कर रखनी होती है।

यहां पर ही बिजली के बिल, स्कूल की फीस की रसीदें, मोटर कब खरीदी, कितने पावर की हैं, कब जली, कब बदली गया, स्कूटर व कार की कब सर्विस की गई और कब करानी है, यह फाइल भी इसी प्रकार बड़ी जरूरी है जिसको मेंटेन रखना अपनी सिरदर्दी को हल्का रखने के बराबर है।

अलग-अलग फाइलें बनाना इस बात पर निर्भर करता है कि किस चीज को कितना महत्त्व आपको देना है। आजकल टेलीफोन को तो मोबाइल ने पीछे छोड़ दिया वरना इसकी फाइल बड़ी भारी हो जाया करती थी। बच्चों के जन्म प्रमाणपत्र, जन्म कुंडली आदि का रिकार्ड रखना भी जरूरी है।

अब बच्चों के स्कूल की फाइल, उनके डॉक्टरों की देखरेख, घर के रोगियों की हारी-बिमारी, खून-पेशाब, ईसीजी, रक्तचाप, ब्लडप्रेशर का रिकॉर्ड रखना बड़ा जरूरी हो गया है। पूरे साल दवाओं के सहारे जिंदा रहना पड़ता है, विशेषतौर पर बुढ़ापे के दिनों में। आजकल नई-नई बिमारियां- हार्ट अटैक,

कैंसर, एलर्जी, मोटापा, मधुमेह कुछ आम बिमारियां हैं जिनकी मोटी-मोटी फाइल स्वयं ही बनती जा रही है।

अदालत व आयकर फाइलें

यद्यपि ये फाइलें रखना बहुत जरूरी है, पर भौतिकवाद की भागदौड़ ने इनका सारा काम वकीलों तथा चार्टड एकाउंटेंट के जि मे छोड़ दिया है। आज जिंदगी इतनी उलझी हुई बनती जा रही है कि मनुष्य को मरने व सांस लेने की भी फुर्सत नहीं है। चारों तरफ हायतौबा, महंगाई, बेकारी, मारपीट, बलात्कार का साम्राज्य फैला हुआ है। किसी के लिए भी चैन की सांस लेना मुश्किल हो गया है। अफरा-तफरी के इस माहौल में यदि आप संभल कर जीवनयापन नहीं करेंगे तो बहुत से कष्टों का सामना करना पड़ेगा।

सगे-संबंधियों के पते व अन्य जरुरी जानकारियां

आजकल लोगों का मोबाइल से चिपके रहना और उससे बर्थ डे की बधाई देना आम बात हो गई है। ये मोबाइल ही रिकॉर्ड रखने के अच्छे साधन हो गए हैं। पहले जमाने की तरह अब किसी का अता-पता रखने के लिए विशेष डायरी बनाने की जरूरत नहीं रह गई है।

फाइल की सबसे ज्यादा महत्त्वपूर्ण भूमिका का उस समय पता चलता है जब कोई अचानक हादसा हो जाए। इस समय यदि पूरी जानकारी न हो तो बैंक, कचहरी में न जाने कितने चक्कर लगाने पड़ते हैं। इसमें समय व पैसे की बर्बादी बहुत होती है। इसमें उत्तराधिकारी के प्रमाण पत्र का सबसे ज्यादा रोल होता है, यदि आप अच्छे फाइलमेकर हैं तो आप किसी भी प्रकार की परेशानी से बच सकते हैं।

इन्श्योरेन्स मैनेजमेंट
(जीवन सुरक्षा प्रबंधन)

अगर आप अपनी जरूरतों के मुताबिक इंश्योरेंस पॉलिसी करवायें तो आपके परिवार को भविष्य में आर्थिक बदहाली से नहीं गुजरना पड़ेगा।

आज के भागम-भाग भरे माहौल में कब ये जिंदगी हमसे छूट जाए इस बात का पता नहीं होता। हम सभी चाहते हैं कि हमारे परिवार को भविष्य में या फिर हमारे मरने के बाद भी किसी आर्थिक तंगी से गुजरना ना पड़े और इसीलिए हम अपने परिवार को सुरक्षित रखने के लिए कई तरह की इंश्योरेंस पॉलिसी का सहारा लेते हैं। आइये जानें कि कौन-कौन सी इंश्योरेंस पॉलिसी का होना आपके और आपके परिवार के लिए बेहद आवश्यक हैं-

चाइल्ड इन्श्योरेंस प्लॉन

जब बच्चे का जन्म होता है तभी से अभिभावक बच्चे के भविष्य व पूर्ण विकास के लिए सोचना शुरू कर देते हैं। एक सर्वे के अनुसार 72 फीसदी अभिभावक अपने बच्चे के संपूर्ण विकास के लिए पैसे जमा करना अपनी पहली प्राथमिकता समझते हैं। वो चाहते हैं कि बच्चे को अच्छी शिक्षा व अच्छी जीवनशैली देने में कोई कमी ना रह जाए। बच्चों का भविष्य आर्थिक रूप से सुरक्षित हो इसके लिए आप चाइल्ड इंश्योरेंस प्लान ले सकते हैं। आज बाजार में कई तरह की बीमा योजनाएं उपलब्ध हैं बस जरूरत है तो मार्केट के बढ़ते स्तर को ध्यान में रखकर व अपने बच्चे की जरूरत के हिसाब से सही चाइल्ड इंश्योरेंस प्लान का चुनाव करने की ताकि जब आपके बच्चे की पढ़ाई या फिर शादी के लिए एक बड़ा निवेश करना हो, तो आपको कोई परेशानी ना उठानी पड़े। बीमा कंपनियां जैसे- मैक्स न्यूयॉर्क लाइफ, एलआईसी, कोटक महिन्द्रा, आईडीबीआई लाइफ आदि के कई तरह के चाइल्ड इंश्योरेंस प्लान मौजूद हैं। एलआईसी का 'जीवन अंकुर' प्लान 17 वर्ष के बच्चों को ध्यान में रखकर तैयार किया गया है। 'जीवन अंकुर' के तहत अभिभावक के जीवन का जोखिम कवर

उपलब्ध है और जिस बच्चे के लिए पॉलिसी होगी उसे नामित व्यक्ति के तौर पर इसमें शामिल किया जाएगा। इसी तरह मैक्स न्यूयॉर्क लाइफ का शिक्षा प्लस 2 चाइल्ड प्लान है जो की बच्चे कि बेहतर शिक्षा प्रणाली में सहायक होगा और बच्चे की अंदर छुपे टैलेंट को उभारने में भी मदद करेगा। चाइल्ड प्लान में निवेश करने से बच्चे का भविष्य सुरक्षित तो रहता ही है साथ ही आपका टैक्स भी बचता है। तो आप अपने बच्चे के भविष्य को सुरक्षित करने के लिए चाइल्ड इंश्योरेंस प्लान जरूर लें।

रिटायरमेंट प्लान

ढलती उम्र में हमारा शरीर जवाब देने लगता है और हर काम करना हमारे वश में नहीं रहता इसलिए यह बेहद जरूरी है कि आप रिटायरमेंट से पहले ही बचत के बारे में सोचें ताकि बुढ़ापे में आपको आपकी जिंदगी कांटों भरी ना लगे। रिटायरमेंट प्लानिंग करते वक्त अगर आप अपनी आवश्यकताओं को सीमित दायरे में रखकर प्लानिंग करेगें तो यकीन मानिये आने वाले दिनों में आप एक अच्छी लाइफ गुजारेंगे। रिटायरमेंट वालों के लिए पेंशन प्लान एक अच्छा अवसर है। वित्तीय सलाहकारों का कहना है कि अगर आप एक लाख रुपये का निवेश इन योजनाओं के तहत करते हैं तो आप अपनी टैक्स योग्य आमदनी में छूट पा सकते हैं। जैसे एलआईसी का पेंशन प्लान 'जीवन अक्षय 6' व मैक्स न्यूयॉर्क लाइफ का 'लाइफ पार्टनर प्लस' प्लान है जो कि आपके रिटायरमेंट के बाद आपको पूरी तरह से आर्थिक सुरक्षा प्रदान करेगा। इसके अलावा भी अन्य कई बीमा योजनाएं हैं जिसे आप अपनी आवश्यकता के अनुसार चुन सकते हैं। रिटायरमेंट के बाद आपकी जिंदगी शांतिपूर्ण व आर्थिक रूप से मजबूत हो इसलिए पेंशन प्लान को अपनी जिंदगी में अवश्य शामिल करें।

जीवन बीमा और मेडिकल इन्श्योरेंस

अगर आप अपने और अपने परिवार को लेकर चिंतित रहते हैं तो जीवन बीमा और मेडिकल इंश्योरेंस अवश्य करवाएं ताकि जब कभी जीवन में अचानक कोई बीमारी या दुर्घटना दस्तक दे तो आपका परिवार उससे लड़ने में सक्षम हो। जीवन बीमा के अंतर्गत पॉलिसी मेच्योर होने पर बीमित राशि का बोनस सहित भुगतान बीमित व्यक्ति को किया जाता है। यदि बीमित व्यक्ति की मृत्यु पॉलिसी मेच्योर होने से पहले हो जाती है तो बीमित राशि और उतने ही वर्षों का बोनस जब तक उसकी पॉलिसी चलती है, का भुगतान बीमित व्यक्ति नौमिनी को कर

दिया जाता है। जीवन बीमा निगम, आईसीआईसीआई प्रूडैंशिल, कोटक महिंद्रा, भारती लाइफ इंश्योरेंस, बिरला सनलाइफ आदि से आप जीवन बीमा पॉलिसी करवा सकते हैं। जबकि मेडिकल इंश्योरेंस में जब आप बीमार होते हैं और अस्पताल में भर्ती होते हैं तो कैशलैस इलाज करा सकते हैं। लेकिन आपको यह सुनिश्चित करना होगा कि आपके मेडिकल इंश्योरेंस के अंतर्गत किन-किन बिमारियों को कवर किया गया हैं। आप मेडिकल इंश्योरेंस किसी जीवन बीमा कंपनी, सामान्य बीमा कंपनी व हेल्थ इंश्योरेंस कंपनी से ले सकते हैं बशर्ते आपको पहले अपनी जरूरतों पर गौर करना होगा फिर किसी भी मेडिकल इंश्योरेंस का आप आसानी से चुनाव कर सकते हैं। एक्सपट्र्स का मानना है कि जीवन बीमा कंपनियों के प्लान अच्छे होते हैं। इनकी पॉलिसी लंबे अंतराल के लिए होती है जबकि अन्य बीमा कंपनियों की पॉलिसी हर वर्ष रिन्यू करवानी पड़ती है। हेल्थ इंश्योरेंस करवाने से पहले आपको यह समझना होगा कि आप किस तरह का लाभ चाहते हैं और आपको कितनी राशि का कवर चाहिए तभी आप सही हेल्थ इंश्योरेंस पॉलिसी का चुनाव कर पायेगें।

हाउस होल्ड इन्श्योरेंस पॉलिसी

हाउस होल्ड इंश्योरेंस पॉलिसी के अंतर्गत मकान, घर, इमारत व उसमें रखे सामान की बीमा पॉलिसी होती है। यह इंश्योरेंस घरेलू बीमा संपत्ति की वित्तीय सुरक्षा प्रदान करने का सबसे सस्ता और सुरक्षित माध्यम है व कई तरह से लाभप्रद भी है। वैसे देखा जाए तो बहुत कम ही लोग हैं जो हाउस होल्ड इंश्योरेंस पॉलिसी करवाते हैं लेकिन एक्सपट्र्स की मानें तो पिछले कुछ वर्षों में इसके प्रति लोगों का रुझान काफी बढ़ा है। यह पॉलिसी सभी घरेलू सामान के लिए बेहतर है ताकि किसी प्रकार की दुर्घटना होने पर आपको इस पॉलिसी का लाभ मिल सके। घरेलू बीमा पॉलिसी में प्रदूषण की वजह से अगर संपत्ति की क्षति होती है तो इस पॉलिसी में कवर नहीं होता है। साथ ही युद्ध, विदेशी आक्रमण का भी कवर नहीं मिलता। दावा करते समय दावाकर्ता को एफआईआर, आग लगने की स्थिति में फायरबिग्रेड की रिपोर्ट, भूकंप संबंधी रिपोर्ट, रेंट एग्रीमेंट रिपोर्ट को जमा करना आवश्यक होता है।

ध्यान रखें इन बातों का

इंश्योरेंस पॉलिसी हमारे जीवन को सुरक्षित करता है इसलिए बेहद जरूरी है कि आप पॉलिसी लेते वक्त इन बातों का याल रखें।

● पॉलिसी लेने से पहले आप अपनी जरूरत की एक सूची तैयार करें, फिर अपनी जरूरत के हिसाब से ही पॉलिसी का चुनाव करें।

● कोई भी पॉलिसी लेते वक्त पॉलिसी के दस्तावेजों को गौर से पढ़ें ताकि आपको पॉलिसी से जुड़े नियम व शर्तों को लेकर बाद में कोई परेशानी ना हो।

● बीमा एजेंट अपने फायदे के चक्कर में पॉलिसी की सही जानकारी आपको नहीं देते हैं इसलिए आप जो भी पॉलिसी लेने वाले हैं उसकी विस्तृत जानकारी ले लें।

● अगर आपकी जानकारी में किसी ने वह पॉलिसी ले रखी है जो आप लेना चाहते हैं तो आप उनसे उस पॉलिसी के बारे में जानकारी ले सकते हैं ताकि आप अपने लिए सही पॉलिसी का चुनाव कर सकें।

● कोई भी टर्म प्लान लेते समय अवधि और प्रीमियम का काफी ध्यान रखना होता है। इसके अलावा टर्म प्लान लेते समय इंश्योरेंस कंपनी का बैकग्राउंड, क्लेम सैटलमेंट रेश्यो आदि की जानकारी लेना बेहद ही जरूरी है।

छोटी गलतियां मुश्किलें बड़ी

पैसों के मामलों में बेहद सावधानी बरतने की आवश्यकता होती है क्योंकि वित्तीय मसलों पर की गई कोई भी गलती आपके लिए बड़ी मुसीबत खड़ी कर सकती है। इसलिए किसी भी आर्थिक नुकसान से बचने के लिए कुछ बातों पर विशेष ध्यान दें।

जिंदगी के बड़े-बड़े फैसले आप बहुत सोच-समझकर करते हैं लेकिन कभी-कभी छोटी सी असावधानी के चलते आप अपना बड़ा नुकसान कर बैठते हैं। वित्त से जुड़े महत्त्वपूर्ण मामलों में जहां प्रत्येक कदम सूझ-बूझ के साथ उठाने की आवश्यकता होती है, वहीं कई बार छोटी सी भूल के कारण गंभीर समस्याएं उत्पन्न हो जाती हैं। 'एएमएल इनवेस्टमेंट सल्यूशन' में वित्तीय सलाहकार स्पंदन अग्रवाल का कहना है कि लोग लापरवाही में या जानकारी के अभाव में ऐसी गलतियां करते हैं। ऐसे में उन्हें अपनी जमा पूंजी तक खोनी पड़ जाती है। कई बार लोग पैसों का उचित इस्तेमाल नहीं कर पाते या जरूरत से अधिक भरोसे में लूट लिए जाते हैं या कभी भविष्य को ध्यान में रखकर योजनाएं नहीं बनाते हैं। ऐसे में ये सारी गलतियां बहुत भारी पड़ती हैं। लेकिन हम चाहते हैं कि बीते वर्ष में जो गलतियां हुईं वो आप इस नए वित्त वर्ष में ना करें और किसी भी तरह की अनहोनी से बच जाएं। इसलिए हम यहां ऐसी ही

वित्तीय गलतियों के बारे में बता रहे हैं, जिन पर ध्यान देकर आप हानि से बच सकते हैं। जैसे-

पैसे का अलाभकारी उपयोग

सेवानिवृत्ति के समय या स पत्ति में हिस्सा मिलने पर या अन्य कारणों से कई बार आपके पास एक साथ बहुत बड़ी राशि हाथ में आ जाती है, लेकिन उस राशि का सही इस्तेमाल आप नहीं कर पाते। एक योजनागत तरीके से धन को बचत और खर्च के काम में नहीं लाते, जिससे कि भविष्य में अच्छे परिणाम नहीं मिलते। ऐसे में अगर अगर थोड़ी बहुत जानकारी जुटाकर पैसे का सही जगह निवेश करें तो उससे भविष्य में अपनी अधिक से अधिक जरूरतों को पूरा कर पाएंगे।

जीवन बीमा न करवाना

इस अनिश्चितता भरे जीवन में जीवन बीमा करवाना अनिवार्य और फायदे का सौदा बन गया है। परंतु देखने में आता है कि लोग जीवन बीमा करवाने से अभी भी डरते हैं। उन्हें प्रीमियम की राशि भरना पैसे की बर्बादी लगती है। लेकिन जीवन बीमा करवाना इसलिए भी जरूरी है ताकि वक्त-बेवक्त हो जाने वाली बीमारी या दुर्घटना के समय हुए खर्चे का आपको अधिक भार वहन न करना पड़े। साथ ही आपका साथ न होने पर भी आपका परिवार आर्थिक परेशानी का सामना ना करे।

निवेश योजना न बनाना

केवल कमाना और जरूरतें पूरी कर लेना ही पर्याप्त नहीं होता। अगर आर्थिक तंगी से बचना है तो बचत और योजनागत तरीके से निवेश की भी आवश्यकता होती है। परंतु सामान्यतया लोग निवेश के अच्छे विकल्पों पर गौर किये बिना और भविष्य की जरूरतों का आकलन किए बिना ही निवेश कर देते हैं और मनोवांछित लाभ से वंचित हो जाते हैं। इसलिए अच्छे लाभ प्राप्त करने के लिए आप 'सिस्टमेटिक इनवेस्टमेंट प्लान' अपनाएं। वित्तीय सलाहकार विकास बंसल कहते हैं कि व्यवस्थित तरीके से ही विभिन्न योजनाओं में निवेश करें। इस तरह निवेश करें कि आगे आपको पैसा बढ़कर ही मिले। साथ ही फायदेमंद निवेश विकल्पों की जानकारी प्राप्त करें इसके लिए आप और किसी विशेषज्ञ की सलाह भी ले सकते हैं।

दस्तावेजों पर ध्यान न देना

चाहे कोई पॉलिसी, क्रेडिट या डेबिट कार्ड ले रहे हैं या किसी स्कीम में निवेश कर रहे हैं, तो सबसे पहले उससे जुड़े दस्तावेजों को पूरी तरह पढ़ें और उसमें दी गई शर्तों को अच्छी तरह समझ भी लें। अन्यथा पहले फायदे का सौदा लगने वाला प्लान बाद में घाटे का सौदा भी बन सकता है। इस तरह के सभी दस्तावेजों में तकनीकी भाषा का उपयोग किया जाता है, जिसे अगर ध्यान से न पढ़ा जाए तो समझ पाना बहुत मुश्किल होता है।

तुरंत लाभ का लालच

पैसे दोगुने कर देने का लालच देकर या झूठे ईमेल के जरिए पैसा ऐंठने वाले या अन्य धोखाधड़ी के किस्से आप खबरों में सुनते ही रहते हैं। कई लोग ऐसी जालसाजियों में फंस भी जाते हैं क्योंकि पैसे कमाने का जल्द और आसान तरीका सभी को लुभाता है। परंतु आप भूल जाते हैं कि बिना किसी फायदे के कोई आपको दोगुना लाभ क्यों देगा। इसलिए खुद पर भरोसा रखें और सही तरीके से ही पैसे कमाने की कोशिश करें। साथ ही ऐसे धोखेबाज लोगों को भी पहचानें और इनसे दूर रहें।

कागजात भरने में गलतियां

यह बहुत सामान्य सी गलती है। आमतौर पर बहुत से लोग अपने फॉर्म किसी और से भरवाते हैं या खुद भी भरें तो कई बार पूरी तरह नहीं भरते। आप सोचते नहीं पर कोई आपकी इस जरा-सी भूल का बहुत बड़ा फायदा उठा सकता है। इसी तरह कई बार चैक या डीडी भरने में भी गलतियां होती हैं। जैसे अगर चैक पर राशि ठीक से न भरी जाए और बीच-बीच में जगह छूट जाए तो कोई भी उस रकम को बढ़ाकर ज्यादा पैसा निकाल सकता है। अगर जब भी कोई फॉर्म भरें तो उसे अपने ही पेन से खुद और पूरा भरें। इससे आपको याद भी रहेगा कि आपने क्या-क्या भरा है और क्या नहीं।

सम्पत्ति खरीदने में असावधानी

जमीन या घर खरीदना आमतौर पर सभी की चाहत होती है। परंतु इसमें धोखाधड़ी का शिकार हो जाना भी आम बात है। इसलिए भू-स पत्ति खरीदते समय कुछ सावधानियां जरूर बरतें। जैसे जिस बिल्डर से खरीदना है उसकी विश्वसनीयता जांच लें, स पत्ति को लेकर कोई विवाद तो नहीं यह पता करें और

स पत्ति के कागजात भली-भांति पढ़ लें। इसके अलावा सौदे में सफेद धन का ही इस्तेमाल करें ताकि आगे चलकर कोई मुश्किल न खड़ी हो।

वसीयत न बनाना

आप ताउम्र अपने तथा अपने परिवार के लिए मेहनत कर पूंजी इकट्ठा करते हैं और उन्हें सुरक्षित जिंदगी देने का भरसक प्रयत्न करते हैं। लेकिन सारी जद्दोजहद में आप अपनी स पत्ति का बंटवारा करना भूल जाएं तो वही पूंजी आपके परिवार में कलह का कारण भी बन जाती है। स पत्ति से जुड़े मामले न्यायालय पहुंचने के बाद सालों-साल तक चलते रहते हैं और कई बार पारिवारिक दुश्मनी में भी तबदील हो जाते हैं। इसलिए गुप्त रूप से अपनी एक वसीयत जरूर बनवाएं ताकि भविष्य में कोई दुविधा उत्पन्न न हो।

वृद्धावस्था के लिए बचत नहीं

सारी जिंदगी मेहनत करने के बाद व्यक्ति वृद्धावस्था में आराम चाहता है। इसलिए पहले से ही उस समय के लिए बचत करके अवश्य रखें। हालांकि आपका परिवार आपके साथ होता है परंतु परिस्थितियां कब विपरीत हो जाएं, ये आप नहीं जानते। इसलिए किसी भी अनहोनी से निपटने के लिए और एक सुरक्षित बुढ़ापे के लिए कोई निवेश जरूर करें। इसके लिए पेंशन प्लान जैसा विकल्प अपना सकते हैं।

कार्डों के उपयोग में लापरवाही

आज बहुत बड़ी सं या में लोग क्रेडिट, डेबिट और एटीएम कार्ड का इस्तेमाल करते हैं। परंतु जहां इनके आने से बहुत सी सुविधाएं मिली हैं वहीं कई खतरे भी बढ़े हैं। इनके उपयोग में सावधानी न बरतने के कारण लोगों के मुश्किल में पड़ने की घटनाएं भी होती रहती हैं। इन कार्डों का उपयोग करते समय बहुत सी बातों का याल रखना जरूरी होता है। अगर कार्ड कभी खो जाए तो जितना जल्दी हो उसे ब्लॉक कराएं और पुलिस में शिकायत दर्ज कराएं।

केवल क्रेडिट में खरीददारी

यह आदत बहुत से लोगों में देखने को मिलती है कि वे कोई भी खरीददारी क्रेडिट कार्ड के माध्यम से ही करते हैं। इसका परिणाम यह होता है कि धीरे-धीरे

उनके कार्ड में इतना बैलेंस बन जाता है जिस पर बहुत अधिक ब्याज देय हो जाता है, जो एक साथ देना बहुत भारी पड़ता है। इसलिए खरीददारी के लिए नकद पैसों का भी इस्तेमाल करें सिर्फ क्रेडिट कार्ड पर निर्भर ना रहें।

साझेदारी में लापरवाही

साझेदारी में धोखा होने जैसी घटनाएं हो जाना आम बात है। परंतु कुछ लोग अत्याधिक विश्वास के चलते कुछ लापरवाहियों के कारण मुश्किल में पड़ जाते हैं। इसलिए जब भी साझेदारी करें, चाहे किसी रिश्तेदार से हो या दोस्त से या घर के सदस्य से, उसमें स्पष्टता होनी बहुत जरूरी है। इसलिए सभी दस्तावेजों का पूर्ण अध्ययन करें व काम से जुड़ी प्रत्येक गतिविधि से अवगत रहें। थोड़ी सी सजगता और जानकारी के माध्यम से आप किसी भी वित्तीय खतरे से बच सकते हैं। इसलिए ऊपर दी गई बातों को अपनाएं और अपना भविष्य आर्थिक रूप से मजबूत बनाएं।

जीवन सुरक्षा का प्रबंधन

अगर आप अपनी जरूरतों के मुताबिक इंश्योरेंस पॉलिसी करवायें तो आपके परिवार को भविष्य में आर्थिक बदहाली से नहीं गुजरना पड़ेगा।

आज के भागम-भाग भरे माहौल में कब ये जिंदगी हमसे छूट जाए इस बात का पता नहीं होता। हम सभी चाहते हैं कि हमारे परिवार को भविष्य में या फिर हमारे मरने के बाद भी किसी आर्थिक तंगी से गुजरना ना पड़े और इसीलिए हम अपने परिवार को सुरक्षित रखने के लिए कई तरह की इंश्योरेंस पॉलिसी का सहारा लेते हैं। आइये जानें कि कौन-कौन सी इंश्योरेंस पॉलिसी का होना आपके और आपके परिवार के लिए बेहद आवश्यक हैं।

सेविंग मैनेजमेंट
(बचत प्रबंधन)

जीवन चलाने के लिये कमाना जितना जरूरी होता है उतना ही आवश्यक उस कमाई में से बचत करना होता है। क्योंकि बचत पर ही इंसान का भविष्य निर्भर करता है। माना जाता है कि कमाई और बचत एक ही सिक्के के दो पहलू होते हैं। कमाई के साथ अगर बचत नहीं होगी तो इंसान भले ही वर्तमान में चाहे कितना भी धनी क्यों न हो भविष्य में निश्चित ही दरिद्र हो जाएगा। अगर आप चाहते हैं कि वर्तमान के साथ-साथ आपका भविष्य भी हमेशा उज्ज्वल रहे तो आज से ही किसी-न-किसी रूप में बचत करना प्रारंभ कर दें। जैसे बूंद-बूंद से घड़ा भरता है उसी प्रकार छोटी-छोटी बचत करने से बड़ी बचत होती है। भले ही वह छोटी-सी बचत आपको उस समय किसी काम की नहीं मालूम पड़े लेकिन लगातार की गई उस छोटी-सी बचत के माध्यम से आपका कोई बड़ा काम पूरा हो सकता है। छोटी-छोटी बचत करने के लिये आपको किसी बैंक के चक्कर लगाने की आवश्यकता नहीं है बस आपको अपनाने होंगे नीचे बताये गये घरेलू बचत करने के कुछ छोटे-छोटे उपाय। जैसे-

समारोह में मिले पैसे जमा करें

घर-परिवार में कभी किसी सदस्य का जन्मदिन होता है या किसी सदस्य की शादी की सालगिरह पड़ती है या कोई त्योहार होता है तो ऐसे मौकों पर घर-परिवार के बड़े अपने छोटों को शगन के रूप में कुछ रुपये देते हैं। ऐसे मौकों पर मिले रुपयों को खर्च करने की बजाय उन्हें बच्चे की गुल्लक में डाल दें या फिर उन्हें किसी बॉक्स में जमा करते रहें। साल भर तक ऐसे मौकों पर मिले रुपयों को जमा करते रहें। साल भर बाद उन पैसों को या तो बैंक अकाउंट में जमा कर दें ताकि जरूरत के समय उसका इस्तेमाल किया जा सके।

रद्दी बेचकर पैसे जमा करें

लगभग सभी घरों के लोग पढ़ने के लिये घर पर अखबार और मैग्जीन मंगाते ही हैं। पढ़ने के कुछ समय बाद पेपर और मैग्जीन किसी काम के नहीं रहते और वह केवल रद्दी बनकर रह जाते हैं। ऐसी स्थिति में इस रद्दी को कूड़े में नहीं फेंके, उसे कबाड़ी को बेच दें। रद्दी बेचकर आपको अच्छे रुपये मिल जाते हैं। इसी प्रकार घर में प्लास्टिक की बोतलें, लोहे व प्लास्टिक का सामान इत्यादि जमा हो जाते हैं इन्हें भी आप हर दो-तीन महीने में बेचकर रुपये कमा सकते हैं। रद्दी अथवा कबाड़ के सामान को बेचकर मिले पैसो को खर्च करने की बजाय किसी डिब्बे में जमा करें या गुल्लक में जमा करें और सालभर बाद सभी जमा पैसों को अपने बैंक अकाउंट में जमा कर सकते हैं। यह छोटी-छोटी जमा-पूंजी आगे चलकर आपके बड़े काम आ सकती है।

नये सिक्के जमा करें

हम बाजार से कोई सामान खरीदते हैं या किसी से पैसे खुलवाते हैं तो हमें कई बार पांच और दस रुपये के नये सिक्के मिलते हैं या कम चलित पीले सिक्के मिल जाते हैं। जब भी कभी आपको पांच और दस रुपये के नये और पीले सिक्के मिलें तो ऐसे सिक्कों को किसी को देकर उन्हें जमा करें। ऐसे सिक्के दिन में कभी आपको एक से अधिक बार भी मिल सकते हैं और कभी-कभी कई दिनों तक नहीं भी मिल सकते हैं। इसलिये जब भी ऐसे सिक्के मिलें उन्हें किसी गुल्लक में जमा करें। यदि आप ऐसा करेंगे तो साल भर में आपकी एक अच्छी-खासी रकम जमा हो जायेगी।

मोल-भाव से बचे पैसे जमा करें

जब भी हम बाजार में कोई सामान खरीदने जाते हैं तो हमेशा ही उक्त वस्तु के अनुमानित मूल्य को ध्यान में रखते हैं। लेकिन बाजार जाकर ही हमें उक्त वस्तु का वास्तविक मूल्य पता चलता है। अगर उक्त वस्तु का मूल्य बाजार में अनुमानित मूल्य से कम है तो अनुमानित मूल्य में से वास्तविक मूल्य घटाने पर जो रुपये बचते हैं उन रुपयों को खर्च नहीं करें। उन रुपयों को जमा करते रहें। जब भी आप बाजार जायें इसी प्रकार रुपये जमा करते रहें। वहीं बाजार में किसी भी वस्तु को बिना मोल-भाव के नहीं खरीदें। मोलभाव करने के बाद जितने रुपयों की छूट मिले उन रुपयों को खर्च न करके जमा करें।

पुराने या फटे नोट जमा करें

आपके पति बिजनेस करते हों या नौकरी करते हों प्रत्येक दिन अपने पति से फटे और पुराने नोट मांग लें। चाहे वो नोट पांच, दस, बीस, पचास या सौ रुपये का क्यों ना हो। उन फटे नोटों को प्रतिदिन अपने पति से लें और एक गुल्लक में जमा करती रहें और साल भर बाद एकत्र किये गये सभी रुपयों को बैंक अकाउंट में जमा कर दें।

पूजा घर के पैसे जमा करें

हर किसी व्यक्ति के घर पूजा घर अवश्य ही बना होता है या पूजा का कोई आला होता है। तीज-त्योहार या किसी उत्सव विशेष पर हम पूजा घर में कुछ रुपये अवश्य रखते हैं। साल में कई त्योहार या मौके पड़ते हैं जब हम पूजा घर में रुपये रखते हैं। पूजा घर में रखे गये रुपयों को खर्च करने की बजाय आप उन रुपयों को जमा करें।

घर के खर्च से बचे पैसे जमा करें

घर के बजट और बजत में महिलाएं अहम भूमिका निभाती हैं हर महिला प्रतिमाह खर्च का बजट बनाती है। महीने भर में होने वाले अनुमानित खर्चों को ध्यान में रखकर महिला बजट तैयार करती है। एक कुशल गृहिणी प्रत्येक माह प्रतिमाह होने वाले खर्च के रुपयों में से भी कुछ रुपये अवश्य बचा लेती है। उन बचाये गये रुपयों को खर्च करने की बजाय उन्हें जमा करें और छह महीने के अंतराल के बाद आप उन पैसों को अपने अकाउंट में जमा कर सकती हैं।

कमेटी डालकर पैसा जमा करें

बचत करने का घरेलू उपाय कमेटी डालना है। कुछ दोस्त आपस में मिलकर प्रतिमाह 500 रुपये से लेकर 1000 रुपये तक कमेटी में डालकर पैसे जमा कर सकते हैं। जरूरी नहीं है कि कमेटी में अधिक रुपये डाले जायें, अपनी बचत और सुविधानुसार आप कमेटी डालकर आसानी से पैसा जमा कर सकते हैं।

गुल्लक में निश्चित रकम डालें

गुल्लक में पैसे डालकर बचत करना केवल बच्चों तक ही सीमित नहीं रखें बल्कि आप भी अपनी एक गुल्लक खरीदकर प्रतिमाह उसमें एक निश्चित राशि डाल सकते हैं। लेकिन इसके लिये आपको हर हालत में प्रतिमाह निश्चित रकम डालनी ही होगी। रकम आपकी सुविधानुसार हो सकती है। जरूरी नहीं है कि आप ज्यादा रकम गुल्लक में डालें।

खरीददारी द्वारा बचत

रोजमर्रा की चीजें- *घरों में रोज प्रयोग में आने वाली वस्तुएं जैसे दाल, चीनी, चावल, आटा, मसाला, सब्जियां और कॉस्मेटिक आदि रोज थोड़ी-थोड़ी मात्रा में खरीदने की बजाय इकट्ठा लें। ज्यादा मात्रा में सामान लेने पर कुछ चीजों का मूल्य तो स्वयं ही कम हो जाता है और दूसरा आप दुकानदार पर उसके मूल्य में और कमी करने के लिए दबाव डाल सकती हैं। हो सके तो सामान होलसेल की दुकान से लें। वहां पर आपको काफी कम कीमत पर आपकी जरूरत का सारा सामान मिल जाएगा। सौंदर्य प्रसाधन तो बड़े पैक में लेने पर काफी सस्ते मिलते हैं। बड़ी-बड़ी दुकानों पर समय-समय पर चीजों पर अच्छा डिस्काउंट या विशेष ऑफर भी दिए जाते हैं, उनका भरपूर लाभ उठाएं, लेकिन इससे आकर्षित होकर गैर जरूरत का सामान न खरीदें वरना आप बचत नहीं कर पाएंगी।*

कपड़े- *कपड़े खरीदने समय भी आपकी समझदारी आपके काफी पैसे बचा सकती है। हममें से ज्यादातर लोग कपड़े खरीदने के लिए बड़े-बड़े शो-रूम की तरफ आकर्षित होते हैं। जहां पर वे आपसे अपने शो-रूम की देखरेख व बाकी मेंटेनेंस चार्ज जोड़कर आपसे कपड़े की कीमत लेते हैं। ऐसे में उस कपड़े का मूल्य वास्तविक मूल्य से कहीं ज्यादा बढ़ जाता है। इसकी बजाय आप किसी बड़े कपड़ा बाजार से अपने कपड़े खरीद सकते हैं, जहां आपको कहीं कम कीमत में आपके मनपसंद कपड़े मिल जाएंगे और उन पर भी भारी मात्रा में छूट मिल सकती है। कई बार तो नई दुकानें या फिर बड़ी दुकानें भी ग्राहकों को लुभाने के लिए आकर्षक ऑफर देते हैं। ऐसे मौकों को पूरा फायदा उठाएं और बचत के रूप में अच्छी-खासी धनराशि जमा कर लें। हो सके तो ऑफ सीजन में कपड़े खरीदें, इस समय इनकी कीमत काफी कम होती है।*

दवाइयां- *क्या आप जानते हैं कि दवाइयों पर भी आप प्रतिमाह 15 से 20 फीसदी तक बचत कर सकते हैं। अक्सर आप दवाओं के लिए उन पर अंकित एमआरपी (अधिकतम खुदरा मूल्य) जितनी ही कीमत चुकाते होंगे, जबकि सच्चाई तो यह है कि आप इन पर काफी हद तक मोल-भाव कर सकते हैं। इसके अलावा अस्पतालों के आसपास स्थित बड़े-बड़े मेडिकल स्टोर के मालिक ग्राहकों को लुभाने के लिए विशेष छूट देते हैं। आप अपनी वाकपटुता से इस छूट को और अधिक बढ़वा भी सकते हैं। ब्लड प्रेशर, डायबिटिज और अस्थमा जैसी बिमारियों की दवाएं तो कई घरों में नियमित तौर पर इस्तेमाल की जाती हैं। ऐसे में यदि आप*

इन्हें इकट्ठा खरीदते हैं तो आप काफी समझदारी से दवाओं पर खर्च होने वाली एक बड़ी धनराशि बचा सकते हैं।

शिक्षा- *आप सोच रहे होंगे कि स्कूल व कॉलेजों की फीस तो निर्धारित होती है, ऐसे में आप शिक्षा के मामले में कैसे बचत कर सकते हैं। यह तो नामुमकिन है। पर वास्तव में ऐसा नहीं है। आप कॉपी-किताब, पेन-पेंसिल जैसी आवश्यक चीजें इकट्ठे किसी होलसेल दुकान या प्रकाशन हाउस से खरीद सकते हैं। इस पर आपको भारी मात्रा में छूट भी मिलेगी व इनका मूल्य भी काफी कम हो जाएगा। हो सके तो पुरानी किताबें खरीद लें जो आपको आधी कीमतों पर मिल जाती हैं। आजकल तो कई प्रकाशन हाउस या दुकान वाले भी आपको आसानी से आधी कीमतों पर पुरानी किताबें दे सकते हैं। या आप अपने बच्चे के किसी सीनियर से संपर्क में रहकर उससे भी आसानी से पुरानी किताबें ले सकते हैं। इसके अलावा बच्चों की पुरानी रद्दी बेचकर मिले पैसों को भी आप हर माह जमा कर सकते हैं। स्कूल व कॉलेजों में पुस्तकालयों की व्यवस्था होती है। हर किताब को खरीदने की बजाय जरूरी किताबें ही खरीदें और बच्चे में पुस्तकालय का अधिकाधिक प्रयोग करने की आदत डालें।*

मनोरंजन- *किताबें पढ़ने का शौक है तो उन्हें खरीदने की बजाय किसी सार्वजनिक पुस्तकालय की सदस्यता ले लें। इससे आपके काफी पैसे बचेंगे और आप ज्यादा से ज्यादा किताबें आसानी से पढ़ पाएंगे। अखबार व पत्रिकाओं से भी आप बचत कर सकते हैं। आजकल कई अखबार व पत्रिकाएं पाठकों को आकर्षित करने के लिए कई लुभावनी सब्सक्रिप्शन स्की स देते हैं, इनका भरपूर लाभ उठाएं व पत्र-पत्रिकाओं के साथ मु त उपहार ी पाएं। कहीं घूमने-फिरने जाएं तो पेय-पदार्थ या खाने-पीने की चीजें साथ ही लेकर जाएं। जंक फूड खाने वाले बच्चों के लिए पीजा, बर्गर वगैरह घर पर ही बना दें। आजकल टीवी पर कई कुकरी शो आते हैं, उन्हें दे कर आप इन सबके अलावा और भी कई तरह के स्वादिष्ट व्यंजन बनाना सीख सकती हैं और अपने लाडले की जंक फूड खाने की आदत छुड़ाने के साथ-साथ हर महीने काफी बचत भी कर सकती हैं। फिल्म देखने के लिए भी बड़े-बड़े सिनेमा हॉल में जाने की बजाय थोड़ा इंतजार करें और घर पर ही टीवी पर पूरा परिवार एक साथ बिना खर्च किए उस फिल्म का लुत्फ उठाएं।*

विलासिता की वस्तुएं- *अपने मोबाइल फोन के लिए अपनी आवश्यकतानुसार मंथली प्लान लेकर आप अपने व अपने परिवार के फोन का खर्चा काफी हद तक*

कम कर सकते हैं। आजकल तो कई ऐसे प्लान हैं जो एक ही नेटवर्क पर फ्री कॉलिंग तथा अन्य नेटवर्क पर भी काफी वाजिब कीमतों में कॉलिंग की सुविधाएं या फ्री मैसेज जैसी सुविधाएं भी दे रहे हैं। ऐसे में आप अपने घर के सभी सदस्यों को सेम नेटवर्क का कनेक्शन दिलवाकर फ्री कॉलिंग का फायदा उठा सकते हैं। अन्य नेटवर्क पर भी यदि कॉल करना ज्यादा जरूरी न हो तो मैसेज से ही काम चलाएं। जहां आवश्यकता हो, केवल वहीं लाइट व पंखे चलाएं, अनावश्यक बिजली का उपयोग न करें। कोई आवश्यक काम न हो तो परिवार के सदस्य एक ही जगह इकट्ठे रहकर अन्य कमरों के लाइट-पंखे बंदकर बिजली के बिल में तो कमी ला ही सकते हैं, इसके अलावा सभी लोगों के एक साथ रहने से उनमें आपसी प्रेम व अपनेपन का भाव बढ़ता है। यदि सबको एक ही प्रोगाम देखना हो तो कोशिश करें कि टीवी भी एक ही चले। प्रेशर कुकर का अधिक प्रयोग कर गैस की बचत करें, पतीलों में खाना बनाते समय ढककर खाना बनाएं, इससे खाना जल्दी बनता है और गैस की बचत होती है।

इन सबके अलावा आप उतना ही खाना बनाएं, जितना खा सकें न ज्यादा खाना बनाएं और न ही किसी को ज्यादा परोसें। इससे खाने की बर्बादी रोककर आप अपने घर के राशन को बचाकर कहीं न कहीं आर्थिक बचत ही करती हैं। महीने के शुरू में ही आय व व्यय का बजट बना लें और उसी के अनुरूप खर्च करें।

निवेश द्वारा बचत

हम सभी बचत करते ही हैं, लेकिन अगर सोच-समझकर सही बचत योजना को अपनाया जाए तो अधिक बेहतर परिणाम मिल सकते हैं। साथ ही भविष्य सुरक्षित रहता है और आप चिंता मुक्त रह सकते हैं वो कैसे, यह बता रहे हैं कर एवं निवेश परामर्शदाता सुभाष लखोटिया।

पब्लिक प्रोविडेंट फंड

पब्लिक प्रोविडेंट फंड (पीपीएफ) निवेश इसलिए फायदेमंद रहता है क्योंकि एक तो इससे अच्छे रिटर्न मिलते हैं और दूसरा यह पूरी तरह कर मुक्त भी है। साथ ही इस स्कीम के तहत निवेश करने पर 8.6 प्रतिशत का ब्याज प्राप्त होता है। परंतु ध्यान योग्य बात यह है इसके अंतर्गत प्रत्येक वित्तीय वर्ष में केवल 1 लाख रुपये का ही निवेश कर सकते हैं। पीपीएफ पति-पत्नी दोनों के अलग-अलग खाते खुलवाने की भी सुविधा देता है। यह खाता आप भारत में किसी भी डाकघर

या स्टेट बैंक ऑफ इंडिया में खुलवा सकते हैं। इस खाते में निवेश आयकर कानून की धारा 80सी के तहत ब्याज पर कर मुक्त भी है।

जमीन खरीदें

यह अपेक्षा से अधिक नतीजे देने वाला चुनाव साबित होगा। हालांकि जमीन खरीदना सभी के लिए संभव नहीं होता परंतु अगर ऐसा कर सकते हैं तो जरूर करें। अगर पिछले कुछ सालों को देखा जाए तो जमीन के दाम लगातार बढ़ ही रहे हैं, तो अब भी नुकसान होने की संभावना बहुत कम है। परंतु जमीन खरीदते समय ऐसी जगह देखें जो शहर से दूर हो। ताकि भविष्य में जब वहां शहर बसने लगे तो आपको जमीन के दाम बढ़कर मिलें।

बीमा पॉलिसी

बीमा कराना भी बचत का एक बहुत अच्छा तरीका माना जाता है। बीमा पॉलिसी में नियमित प्रीमियम देना प्रत्येक करदाता का एजेंडा होना ही चाहिए। यह खासकर उनके लिए बहुत आवश्यक है जिन्होंने घर या कार के लिए या कोई अन्य ऋण लिया हो ताकि आगे होने वाली किसी भी अनहोनी से बचा जा सके। घर में बच्चों के नाम भी बीमा कराना समझदारी भरा कदम है। उनकी शादी और पढ़ाई में भी यह पैसे काम आ सकते हैं। साथ ही बीमा पॉलिसी करवाने पर कर में मिलने वाली छूट इसका एक अन्य फायदा है। लेकिन जब भी आप बीमा कराएं तो एक बात का ध्यान अवश्य रखें कि हर साल दी जाने वाली प्रीमियम की राशि बीमा की मूल रकम के 20 प्रतिशत से ज्यादा न हो।

गोल्ड ईटीएफ में निवेश

महिलाएं सोना खरीदना बिल्कुल भी न छोड़ें। निवेश के नजरिए से सोना खरीदना अच्छा विकल्प है लेकिन सोने के आभूषणों की बजाय गोल्ड ईटीएफ में निवेश करें उससे अधिक लाभ प्राप्त होंगे।

इक्विटी लिंक्ड सेविंग स्कीम

आप युचुअल फंड की विभिन्न इक्विटी लिंक्ड सेविंग (ई.एल.एस.एस.) स्कीम में नियमित रूप से निवेश कर सकते हैं। इसकी मु य विशेषता यह है कि इस स्कीम में 1 लाख रु. तक की सीमा में निवेश करने पर आयकर कानून, 1961 की धारा 80सी के तहत कर में छूट मिलती है। इतना ही नहीं

ईएलएसएस से होने वाली आय और इसे बेचकर मिलने वाला लाभ भी बिना किसी ऊपरी सीमा के कर के दायरे में नहीं आता और अगर आप चाहें तो ई.एल.एस.एस. में सिस्टमेटिक इनवेस्टमेंट प्लान के जरिए भी निवेश कर सकते हैं।

नई पेंशन योजना

अगर आपकी आय कर योग्य है और आप कर में छूट के साथ-साथ अच्छी पेंशन का भी लाभ उठाना चाहते हैं तो बेझिझक भारत सरकार की नई पेंशन स्कीम में निवेश कर दीजिए। यह निवेश बहुत छोटी रकम के साथ भी किया जा सकता है। इसके अतिरिक्त कई अन्य तरह की योजनाएं भी मौजूद हैं जिनमें प्रत्येक व्यक्ति अपनी क्षमता के अनुसार निवेश कर सकता है। यह निश्चित तौर पर कहा जा सकता है कि नई पेंशन स्कीम किसी भी सामान्य युचुअल फंड के मुकाबले ज्यादा बेहतर परिणाम दे सकती है क्योंकि इस पर होने वाला खर्च युचुअल फंड पर होने वाले खर्च से काफी कम होता है।

जीरो बॉन्ड कूपन

निवेश के नए साधन के रूप में जीरो बॉन्ड कूपन बेहतर विकल्प है। खासकर इससे छोटे बच्चों के भविष्य को सुरक्षित बनाया जा सकता है। इसकी विशेषता यह है कि इसका एक बॉन्ड 10 हजार रुपये में भी उपलब्ध होता है। आयकर के वर्तमान नियमों के अनुसार अगर अधिग्रहण सूचकांक लागत का लाभ ले लें तो इन बॉन्ड के परिपक्व होने पर मिलने वाली राशि कर मुक्त होती है। नेशनल हाऊसिंग बैंक और अन्य संस्थाओं को जीरो कूपन बॉन्ड के निर्गम की अनुमति प्राप्त है। हालांकि इसमें निवेश करने पर कर में कोई छूट नहीं मिल सकती।

वरिष्ठ नागरिक बचत योजना

वरिष्ठ नागरिक और सेवानिवृत्ति ले चुके लोगों के लिए 'वरिष्ठ नागिरक बचत योजना' में निवेश करना फायदेमंद रहेगा। इस योजना पर आप प्रतिवर्ष 9 प्रतिशत की दर से ब्याज प्राप्त करेंगे। किसी भी डाकघर या स्टेट बैंक ऑफ इंडिया के जरिए आप इसका लाभ ले सकते हैं। केवल इतना ही नहीं इस बचत योजना में 1 लाख रुपये तक के निवेश पर आयकर कानून की धारा 80सी के तहत कर में छूट भी प्राप्त होती है।

इन्फ्रास्ट्रक्चर बॉन्ड

प्रत्येक करदाता को इन्फ्रास्ट्रक्चर बॉन्ड में कम से कम 20,000 रुपए का निवेश अवश्य करना चाहिए। बाजार में अब कई तरह के इन्फ्रास्ट्रक्चर बॉन्ड उपलब्ध हैं और इनकी खास बात यह है कि ये बॉन्ड 9 प्रतिशत की दर से ब्याज देते हैं। इसके अलावा इन पर आयकर कानून की धारा 80सी.सी.एफ. के अंतर्गत 20,000 रु. तक के निवेश पर कर में छूट का भी प्रावधान है। इसकी एक अन्य विशेषता यह भी है कि इन्फ्रास्ट्रक्चर बॉन्ड में किए गए निवेश पर धारा 80सी की सामान्य छूट की अपेक्षा कर में अतिरिक्त छूट मिलती है।

कंस्ट्रक्शन लिंक्ड इन्वेस्टमेंट इन अपार्टमेंट्स

एक साथ बड़ी राशि न होने पर भी आप कम पैसों के साथ किसी भावी रिअलस्टेट आवासीय योजना में निवेश कर सकते हैं। इसका मतलब यह बिल्कुल नहीं है कि एक ही बार में पूरी राशि देकर नया अपार्टमेंट खरीदना पड़ेगा। इस योजना के अंतर्गत थोड़ा-थोड़ा करके किश्तों में अपना पैसा निवेश करते हैं। किश्तों में होने वाला यह निवेश योजना की प्रगति पर निर्भर करेगा और उसी के मुताबिक किश्त दी जाएगी। आजकल तो बैंक भी किश्तों में ली गई प्रॉपर्टी के लिए वित्तीय सहायता आसानी से उपलब्ध कराते हैं। इसलिए इस योजना को आप बिना किसी डर के चुन सकते हैं। अगर कर में छूट की बात करें तो एक व्यक्ति के नाम पर एक ही अपार्टमेंट लें ताकि कर छूट का अधिक से अधिक लाभ मिल सके। महत्त्वपूर्ण बात यह भी है कि इस निवेश में प्रॉपर्टी तैयार हो जाने के बाद प्रतिवर्ष 1,50,000 रु. तक के आवासीय ऋण पर ब्याज के संबंध में कर छूट मिलती है।

नोट- *उपर्युक्त बताई गई योजनाओं में समय परिवर्तन ही सकते हैं किसी भी निवेश को अपनाने से पहले ताजा जानकारी अवश्य ले लें।*

बजट द्वारा बचत

यह आम धारणा होती है की बजट बनाना केवल कम आय वाले परिवारों के लिए ही जरूरी है। लेकिन बजट निर्धारण अधिक आय वाले परिवारों के लिए भी आवश्यक है। चाहे आपके पास अधिक पैसे क्यों न हों लेकिन उसका व्यवस्थित और उचित तरीके से उपयोग करना जरूरी है अन्यथा आर्थिक तंगी हो सकती है। साथ ही अगर आपने पैसे का सीमित और सही इस्तेमाल नहीं किया तो इसका असर आने वाली पीढ़ी पर भी पड़ेगा।

निजी मासिक बजट भी जरूरी

संयुक्त परिवार में अक्सर यह होता है कि पारिवारिक खर्च के लिए सभी सदस्यों का पैसा एक साथ उपयोग किया जाता है और पूरे परिवार का बजट बनता है। परंतु एक संयुक्त परिवार में उपस्थित छोटे-छोटे परिवार और गैर-शादीशुदा सदस्यों को भी अपना मासिक बजट अवश्य बनाना चाहिए। केवल पूरे परिवार के बजट पर निर्भर रहने से आप अपने भविष्य के लिए उचित आर्थिक योजनाएं नहीं बना पाएंगे और फिजूलखर्ची में भी पड़ सकते हैं।

समान खर्चा मिले

पूरे परिवार को मिलकर आपसी सहमति से तय करना चाहिए कि परिवार के खर्च के लिए सभी को अपना कितना योगदान देना है। साथ ही प्रत्येक सदस्य को अलग से अपने बजट के लिए बराबर खर्च आबंटित करें ताकि अपनी इच्छा और विवेकानुसार वे उसका उपयोग कर सकें।

निवेश पर ध्यान

सुरक्षित भविष्य के लिए आवश्यक है कि अपनी आय का एक हिस्सा निवेश में भी जरूर लगाएं। घर के सदस्यों से चर्चा कर अच्छे परिणाम देने वाली निवेश योजनाओं में पैसे लगाएं। छोटे सदस्यों को भी इस प्रक्रिया में शामिल करना उचित रहता है, जिससे उन्हें भी आगे के लिए एक लाभकारी अनुभव मिलता है। साथ ही अपनी सकल आय का 30 से 50 प्रतिशत हिस्सा निवेश के लिए जरूर रख दें। अगर निवेश न किया जाए तो उस समय खर्चों में अधिक परेशानी नहीं होती परंतु बुढ़ापे में अवश्य हो सकती है।

खास मौकों पर खर्च

समय-समय पर त्योहारों, शादी या वर्षगांठ जैसे खास मौकों का आना-जाना लगा रहता है। ऐसे मौकों पर एकदम ही बहुत बड़ी राशि एक साथ खर्च हो जाती है। इसलिए इन खर्चों के लिए भी पहले से ही बजट में एक अलग से हिस्सा जरूर रख लें। इसके अलावा तोहफों और नेग आदि देने में किसी की होड़ नहीं करें और अपनी क्षमता के अनुसार ही इन सब पर खर्च करें।

आपातकालीन बजट

हमेशा एक आपातकालीन फंड अवश्य बनाकर रखें। यह फंड बीमारी या किसी मेहमान के आने पर अचानक होने वाले खर्चों के भार से बचाता है। इसका

पैसा हर महीने खर्च नहीं होता बल्कि एक साथ असमय ही जरूरत पड़ जाती है। इसलिए अपनी आय के अनुसार राशि को सेविंग अकाउंट में या फिक्स डिपॉजिट के तौर पर आपातकालीन फंड बनाकर रख दें। इस पर मिलने वाला ब्याज और मूल राशि कभी भी आपके काम आ सकती है।

मेडिकल इन्श्योरेंस

सभी वर्गों के परिवार अपने सदस्यों का मेडिकल इंश्योरेंस जरूर कराएं। नि न आय वाले परिवारों के लिए बड़ी राशि की मेडिकल इंश्योरेंस पॉलिसी कराना संभव नहीं होता इसलिए वे सरकार द्वारा संचालित किसी स्कीम का लाभ उठा सकते हैं।

बेकार की शॉपिंग न करें

कई बार आप बाजार जाते हैं तो दुकान पर बाहर से दिख रहे किसी सामान की तरफ आकर्षित हो उसे झट से खरीद लेते हैं, जबकि वो खरीददारी पहले से ही आपके बजट में शामिल नहीं होती है। इससे मासिक बजट गड़बड़ा जाता है। इसलिए इस उंगली शॉपिंग की आदत को बढ़ावा न दें और न ही बच्चों को ऐसा करने दें। क्योंकि अगर परिवार में सभी ऐसा करेंगे तो आप बचत नहीं कर पाएंगे। खर्च करने के मामले में स्वयं पर अनुशासन रखना अति आवश्यक है। जैसे अगर आपका महीने में दो ही बार बाहर खाना खाने का बजट है तो तीन या चार बार बाहर न जाएं। अगर बजट खराब होगा और अनावश्यक जरूरतों को बढ़ाएंगे तो पैसे कमाने के गलत तरीकों का सहारा भी आप लेने लगेंगे। इससे आपके बच्चे भी आपसे यही शिक्षा लेंगे।

फैसलों से अवगत कराएं

संयुक्त परिवार में रहते हुए भी प्रत्येक व्यक्ति का अपना एक अलग परिवार होता है, जिसे आर्थिक सुरक्षा और सुविधाएं देने के बारे में सोचना स्वभाविक है। ऐसे में व्यक्ति परिवार के लिए अलग से निवेश करता है या स पत्ति खरीदता है। लेकिन एक संयुक्त परिवार में रहते हुए जमीन या मकान खरीदना और उधार लेना या देना जैसे किसी बड़े वित्तीय फैसले को परिवार से न छुपाएं। कहीं बाहर से इन बातों का पता लगने पर परिवार के सदस्यों को ठेस पहुंच सकती है, जो मनमुटाव और परिवार टूटने का कारण भी बन जाती है। साथ ही कोई बड़ा निर्णय परिवार की जानकारी से करना निजी स्तर पर भी फायदेमंद रहता है। खासकर

जैसे जब आप कोई उधार लेते या देते हैं। इससे आपकी अनुपस्थिति में भी कोई आपके परिवार को धोखे में नहीं रख पाएगा।

परिवार में सदस्यों के बीच चाहे बेहद प्यार हो और वे आपके हितैषी हों परंतु विपरीत परिस्थितियों में टकराव होने की संभावना हो जाती है। इसलिए केवल इन कुछ बातों की सावधानी रखकर परिवार के प्यार और लगाव के बीच किसी भी तरह से पैसे को दीवार न बनने दें। हो सकता है शुरुआत में इन बातों को अमल में लाने पर आपको थोड़ी कठिनाई अवश्य हो परंतु दीर्घावधि में इनसे आपको जरूर लाभ होगा।

ट्रिप मैनेजमेंट
(यात्रा प्रबंधन)

घूमना-फिरना, सैर-सपाटा एक अच्छे जीवन के लिए बहुत जरूरी है। यह सब हमारे जीवन को नए जोश, नई उ मीद एवं नई ताजगी से भरते हैं लेकिन व्यस्त जिंदगी में घूमना-फिरना न के बराबर हो गया है जो सुकून कम तनाव अधिक देता है। इसलिए ऐसा क्या करें कि पूरा सफर हमें नई ताजगी दे और हम मीठी यादों का हिस्सा बन सकें, जानने के लिए पढ़ें यह लेख।

इतनी व्यस्त एवं भाग-दौड़ की जिंदगी में घूमना-फिरना तो जैसे खत्म-सा होता जा रहा है। जीवन घर-द तर की जि मेदारियों तथा बस-ट्रेन के धक्कों तक ही सिमट कर रह गया है, ऐसे में घूमना-फिरना भी सिरदर्दी लगता है, लेकिन घूमने का मजा तो तभी है जब उसे पूरी मस्ती और तन्मयता के साथ बिना किसी तनाव के किया जाए तभी घूमने का मजा है।

सफर का संबंध मात्र बस, ट्रेन, जहाज आदि से की गई यात्रा से नहीं है, बल्कि घर से निकलकर वापस घर में घुसने तक की उस मनःस्थिति से है जो हमें आम दिनचर्या के रूटीन से अलग करती है। एक अच्छा सफर उसे ही कहा जा सकता है, जिसे पूरा करके मन को सुकून मिले तनाव नहीं। जो हमारे साथ कई नई मीठी यादें जोड़े, नए दोस्त जोड़े, मुसीबतें या आफत नहीं। इसके लिए जरूरी है कि आप नि न बातों पर गौर करें-

- कभी भी घूमने-फिरने बिना मन के न जाएं। तभी जाएं जब मन करे या फिर स्वयं को घूमने के लिए तैयार कर लें तभी जाएं।
- मन में कोई अधूरा काम लेकर सफर में न जाएं। कोशिश करें जो भी घर-द तर की जि मेदारियां हों उन्हें पूरी तरह निपटा लें ताकि न मन द तर में उलझे न ही द तर से कोई फोन आए।
- घूमने के लिए कोई रोमांचक या रोमांटिक जगह चुनें जो आपके लिए नई हो।

● हो सके तो सफर के लिए घर से निकलने का समय शाम का समय चुनें ताकि आपको बस, ट्रेन या जहाज आदि में एक नई शाम, नई रात गुजारने का मौका मिल सके।

● हो सके तो अपने साथ अपनी शादी की एलबम या कोई यादगार फोटो एलबम साथ जरूर रखें। चाहें तो इसे सफर में देखें या फिर जहां ठहरें वहां देखें। ऐसा करने से न केवल आप बीती मीठी यादों से जुड़ेंगे बल्कि आपको पुनः उस सोए प्यार की भनक लगेगी जो इस व्यस्तता भरे माहौल में जरूरी है।

● यात्रा या पूरे सफर के दौरान कोशिश करें किसी ऐसे काम या नाम का जिक्र न करें जिससे एक-दूसरे को तकलीफ हो और बात बिगड़ जाए।

● समय-असमय न केवल एक-दूसरे की तारीफ करें बल्कि हो सके तो कैमरे में उन पलों को कैद करें जो आपको आगे चलकर सुकून देंगे।

● सफर में कुछ ऐसा जरूर करें जो आप अमूमन अपनी रोजमर्रा की निजी-औपचारिक जिंदगी में नहीं करते या फिर करने से हिचकिचाते हैं, जैसे-ठेले-रेडे या ढाबे आदि से कुछ खाना, बच्चों की तरह उछल-कूद हंसी-मजाक करना, पेड़ों पर चढ़ना, फूल तोड़ना, कुछ ऐसा खाना जो आप अपनी उम्र या ओहदे के लिहाज के कारण नहीं खा पाते हों आदि।

● हो सके तो सफर के समय अपने नहाने का साबुन, शैंपू, तेल एवं पर यूम आदि का लेवर भी चेंज कर लें ताकि न केवल आपको नई खुशबू का एहसास हो बल्कि आपको इस बात का एहसास हो कि आपके जीवन में कुछ नया घट रहा है।

● सफर हो या घूमना-फिरना या फिर होटल-रेस्टोरेंट आदि जगह, स्वयं को एक-दूसरे तक ही सीमित न रखें। नए लोगों से भी संपर्क बनाएं। अन्य लोगों से मिलें-जुलें, अपनी दोस्ती के दायरे को बढ़ाएं ताकि जीवन को रंगीन बनाया जा सके।

● कुछ ऐसे कपड़े जरूर पहनें जो आपको न केवल नया लुक देते हों बल्कि अपने अंदाज से जीने का आत्मविश्वास देते हों।

● घूमने जहां भी जाएं शॉपिंग करना न भूलें और शॉपिंग सिर्फ अपने लिए ही नहीं हो, हो सके तो अपने घरवालों या दोस्तों के लिए भी कुछ जरूर खरीदें। क्योंकि यही चीजें होती हैं जो न केवल हमारी यादों का हिस्सा बनती हैं, बल्कि हमें यह भी याद दिलाती हैं कि हमें घूमे हुए कितना समय हो गया।

● जिस भी शहर या देश में जाएं, हो सके तो वहां के सिनेमा हॉल में कोई फिल्म जरूर देख कर आएं। फिल्म न केवल आपके मनोरंजन का एक हिस्सा

बनेगी, बल्कि कभी आप उस फिल्म का नाम, गाने का जिक्र आदि सुनेंगे तो आपकी वह मीठी यादें पुनः ताजा हो जाएंगी।

● सफर में कुछ नए निर्णय लें, नए प्रण करें या कुछ पुरानी गलतियों के लिए एक-दूसरे से माफी मांगे, अपनी कमियों को स्वीकारें ताकि जब आप घर लौटें तो आपको वाकई अपनी जिंदगी और साथी नया लगे तथा सफर सालों तक ताजा एवं यादगार रहे।

ट्रिप से पहले की तैयारी

● जब जाना हो दूर और बितानी हो लंबी छुट्टियां तो ये नहीं कि उठाया बैग और चल दिए घूमने के लिए। आपका उतावलापन या आपकी जल्दबाजी आपको

महंगी भी पड़ सकती है, जरा-सी भूल-चूक सफर में या छुट्टियों में आपका मूड ऑफ कर सकती है। इसलिए कहीं ट्रिप पर जाने से पहले जरूरी है धैर्य एवं सोच-विचार तथा कुछ जरूरी टिप्स ताकि आपकी ट्रिप का मजा किरकिरा न हो।

● आपको घूमने कहां जाना है इस बात पर ठीक से विचार कर लें। विचार का अर्थ है कि जहां आप जाना चाह रहे हैं वहां पर जाना फायदेमंद भी होगा कि नहीं, ऐसा न हो कि आपके पास वक्त तो ज्यादा हो और वहां देखने या घूमने की चीजें हों कम। यदि ऐसा हुआ तो आप बोर हो जाएंगे तथा आपको अपनी छुट्टियां बेकार लगेंगी।

● जहां जाना है वहां कैसे व कितने दिन में पहुंचा जा सकता है तथा वहां देखने को क्या-क्या है तथा उन्हें देखने के लिए कितने दिन व लगभग कितने रुपये चाहिए आदि की जानकारी भी पहले से ही जुटा लें।

● उस जगह का खान-पान, जलवायु-मौसम, लोग, माहौल आदि कैसा है यदि यह भी जान लें तो बेहतर होगा।

● कोशिश करें कि बैग में वही सामान रखें जो बेहद जरूरी हो व्यर्थ का बोझ बेवजह का भार और चिंताएं देगा, क्योंकि जितना ज्यादा सामान होगा उसकी उतनी ही फिक्र होगी।

● भले ही बाजारों एवं होटलों में सुविधानुसार सब कुछ मिलता है फिर भी हो सके तो अपना साबुन, तेल, कंघा, शैंपू टूथब्रश आदि चीजें रखना न भूलें।

● पैकिंग के वक्त हम बड़ी-बड़ी चीजों को रख लेते हैं, लेकिन छोटी-छोटी काम की चीजों को भूल जाते हैं, जैसे- जुराबें, रुमाल, अंडरगारमेंट्स, टावल, चप्पल, टिशु पेपर आदि, जिनका याल हमें आगे चलकर आता है।

● सफर में भले ही आप खाने-पीने की चीजें साथ रखें न रखें लेकिन फर्स्ट-एड बॉक्स रखना नहीं भूलें। हो सके तो फर्स्ट-एड के सामान के साथ सुई-धागा एवं से टीपिन जैसी वस्तुओं को रखना भी न भूलें क्योंकि कौन जाने किस चीज की जरूरत कब पड़ जाए।

● जिस बैग की जरूरत आपको बार-बार पड़ती हो या आपको लगता हो कि यह सफर में ज्यादा खुलेगा, उस बैग में भूल कर भी कीमती सामान न रखें।

● जिस बैग या अटैची को आप अपने साथ ले जा रहे हों उस पर अपना नाम, पता लिखना न भूलें। ऐसा करने से न केवल सामान के गुमने की गुंजाइश कम रहती है बल्कि यदि आप किसी दुर्घटना का शिकार हो जाते हैं तो आपका लिखा पता आपके लिए मददगार साबित होता है।

● जल्दबाजी में अपनी टिकट को रखना न भूलें। बल्कि उसकी फोटोकॉपी भी साथ जरूर रखें। हो सके तो अपने अपने आईडेंटिटी कार्ड की कॉपी भी साथ जरूर रखें।

● यदि आप कहीं बाहर यानी विदेश जा रहे हैं तो इन सबके साथ-साथ अपने पासपोर्ट तथा जरूरी डाक्यूमेंट्स की फोटो कॉपी भी रखें।

● अपने बैग में छोटी-सी डायरी भी रखें, जिसमें आपके मिलने वालों का फोन नंबर तथा आपके ठहरने (जिसके यहां जा रहे हैं) का पता भी हो।

● अपनी पैकिंग में कैमरा रखना न भूलें। आखिर कैमरा ही तो है जिसके जरिये आप अपनी यादों को तस्वीरों में कैद करते हैं।

● हो सके तो खाने-पीने की चीजों को कपड़ों से अलग किसी अन्य बैग या पैकेट में रखें वरना खाने की चीजों से कपड़ों को नुकसान हो सकता है।

● ट्रिप पर जाने से पहले घर के नल, पंखे, लाइट आदि को बंद करना न भूलें तथा अलमारी, तिजोरी व कमरे आदि का ताला जरूर जांच लें कि वह ठीक से लगे हैं या नहीं।

● आप चाहें तो आस-पड़ोस में बताकर जा सकते हैं कि आप कहां जा रहे हैं। यदि आप ज्यादा दिन के लिए जा रहे हैं तो इस बात की सूचना किसी विश्वसनीय को ही दें कि आप कितने दिनों के लिए बाहर जा रहे हैं। हर एक को न बताएं।

● जहां आप जा रहे हैं यदि आप वहां का मौसम जानते हैं तो अपने कपड़े उसी मौसम के अनुसार रखें वरना आपको वहां जाकर एक्स्ट्रा शॉपिंग करनी पड़ सकती है।

● *कोशिश करें कि अपनी सारी पैकिंग जाने वाले दिन से एक दिन पहले करके ही रखें, वरना जल्दबाजी में कोई महत्त्वपूर्ण चीज छूट भी सकती है।*

● *हो सके तो अपना सारा कैश एक ही बैग में न रखें। उसे अलग-अलग बैग या पर्स में बांट दें।*

● *अगर आप छोटे बच्चे के साथ यात्रा कर रहे हैं तो प्रत्येक बच्चे का एक-एक मनपसंद खिलौना साथ जरूर रखें।*

● *कोई भी भारी-भरकम कपड़े को न ले जाएं, बल्कि ऐसे कपड़ों को रखें जो पहनने में आरामदायक हों।*

● *यात्रा के दौरान भूलकर भी हाई हील का इस्तेमाल न करें, बल्कि ऐसी चप्पलों व शूज को पहनें जिसको पहनकर आप आसानी से चल सकें।*

● *जिन चीजों को बार-बार प्रयोग में लाना पड़े उन्हें बैग के ऊपर ही रखें।*

● *यात्रा के दौरान बाहर खाना खाने से कई बार पेट खराब हो जाता है, इसलिए अपने साथ खान-पान की कुछ चीजें जैसे-मट्ठी, सत्तू के लड्डू, करेला आदि रखें।*

● *सफर के समय रुपए के गुम व चोरी होने का डर रहता है इसलिए कोशिश करें कि कैश की जगह क्रेडिट कार्ड व डेबिट कार्ड का इस्तेमाल करें।*

● *हॉलीडे पर जाने से पहले अपने क्रेडिट कार्ड का बैलेंस चैक कर लें तथा अपने खर्चों का अनुमान लगाकर पर्याप्त शेष वाला क्रेडिट कार्ड सात लेकर ही यात्रा पर जाएं।*

● *अगर आप कार्ड से कोई पेमेंट कर रहे हैं तो अपना कार्ड दुकानदार के अलावा किसी और को न दें और स्लिप अपने पास रखें।*

● *यात्रा के दौरान सिंथेटिक कपड़ों का प्रयोग सबसे अच्छा रहता है क्योंकि उन्हें जब चाहा धोकर पहना जा सकता व प्रैस करने का भी झंझट नहीं रहता।*

● *अकसर देखने में आता है कि महिलाएं अपने साथ काफी ज्यादा मेकअप का सामान ले जाती हैं जिनका कोई इस्तेमाल नहीं होता, बल्कि सामान बढ़ता ही जाता है। इसलिए कोशिश करें कि मेकअप किट में उतना ही मेकअप का सामान रखें जितने की जरूरत हो।*

● *क़ुछ ऐसे कपड़ें जो पार्टीवियर हों उनको साथ में जरूर रखें जैसे कि इवनिंग गाऊन, हॉल्टरनेक टॉप आदि।*

मीटिंग मैनेजमेंट
(बैठक प्रबंधन)

कंपनी की तरक्की में ही इ प्लॉईज की तरक्की है और कंपनी की तरक्की के लिए, बेहतर आउटपुट के लिए ही मीटिंग्स की जाती हैं। इन्हीं मीटिंग्स में बनती हैं बड़ी-बड़ी योजनाएं तथा हल होते हैं बड़े-बड़े मुद्दे। लेकिन यह तभी संभव है जब बॉस के साथ-साथ मीटिंग में हिस्सा लेने वाले इ प्लॉईज भी मीटिंग्स को संजीदगी से लें। इसलिए जब भी आपको जाना हो मीटिंग में और बनना हो मीटिंग का हिस्सा तो नि न बातों का याल जरूर रखें।

● यदि आपको पता है कि आपको मीटिंग में जाना है तो सही ढंग से अच्छी, फॉर्मल ड्रैस पहनकर, पूरे इंट्रेस्ट के साथ, खुद को मीटिंग रूम में दाखिल करें। क्योंकि मीटिंग में आपकी अपीयरंस, प्रेजेंस के साथ-साथ आपके मूड का भी बहुत योगदान होता है, जिसका असर पूरे समूह पर पड़ता है।

● मीटिंग में जाने से पहले होमवर्क करना न भूलें अर्थात् जिस विषय पर मीटिंग होनी है, उससे संबंधित जानकारी एकत्रित जरूर करें, मीटिंग में सिर्फ लोगों का मुंह न देखें इसलिए माइंड को पहले से ही सेट एवं क्लीयर करके चलें कि क्या और कैसे करना है तथा क्या और कितना बोलना है।

● मीटिंग में जाने से पहले अपनी जरूरी फाइलों एवं कागजों को साथ लेना न भूलें। जिस चीज या डॉक्यूमेंट की मीटिंग के दौरान जरूरत पड़ सकती है उसे साथ रखें ताकि बॉस को न तो टोकने का मौका मिले न ही आपको मीटिंग के बीच से उठकर जाना पड़े।

● मीटिंग में यूं ही खाली हाथ न चल दें। एक नोटिंग पैड और पेन जरूर साथ रखें ताकि मीटिंग में हुए डिस्कक्शन एवं जरूरी बातों को आप नोट कर सकें ताकि बाहर जाकर आपको बाद में किसी से कुछ पूछना न पड़े।

● मीटिंग में शालीनता के साथ बैठते हुए धैर्य बनाए रखें। अच्छे श्रोता की तरह ध्यान से सुनें बॉस क्या कह रहा है। बीच में न बोलें या फिर जब तक बॉस

खुद न पूछे उत्तर न दें। यदि आपको अपनी बारी पर बोलना है तो अपनी टर्न का इंतजार करें, दूसरों के वक्तव्य में हस्तक्षेप न करें।

● *मीटिंग सभी लोगों के विचारों से बनती है। उसके लिए सबका सक्रिय होना जरूरी है इसलिए मीटिंग में सिर्फ बैठकर चुपचाप सुनें ही नहीं बल्कि अपनी राय, सुझाव एवं नए प्रस्ताव आदि भी रखें। वहां सक्रिय रूप से हिस्सा लें।*

● *बोलने से पहले सोचें फिर बोलें। कुछ भी अनर्गल या मुद्दे से बाहर न बोलें। हो सके तो टू-द-प्वॉइन्ट लॉजिकल बोलें। न तो एक ही बात या वाक्य को बार-बार दोहराएं न ही बात को खींच-तानकर, भूमिकाएं बना-बना कर बढ़ाएं। समय के महत्त्व को समझें और काम की बात ही करें।*

● *यदि आप किसी बात पर किसी से असहमत हैं तो अपनी असहमति तरीके से, स यता से दर्शाएं। किसी की भी बात को बेवजह रद्द न करें न ही सीधे-सीधे मना करें। अपनी असहमति के पीछे कारण बताते हुए उचित तर्क दें। लड़ाई-झगड़े या आपसी छींटा-कशी पर उतारू न हो जाएं। ऐसा करके मीटिंग का माहौल न खराब करें।*

● *जो भी बात करनी हो सीधी-सीधी करें। मीटिंग को आपसी रंजिश की जगह या अखाड़ा न बनाएं। किसी दूसरे को इनडायरेक्टली कमेंट न करें। दूसरे की उसी बात का विरोध करें जिसका आपके पास उत्तर या कोई विकल्प हो। आपसी जलन न निकालें।*

● *यदि आपको मीटिंग के दौरान कोई बात समझ में नहीं आती है तो उसे पुनः पूछने में शर्माएं नहीं। खुलकर अपने शक, गलतहमियों एवं जिज्ञासाओं आदि को रखें व उनको दूर करें। वरना अधूरा ज्ञान व जानकारियां आपको मीटिंग के बाद भारी पड़ सकती हैं।*

● *मीटिंग में चर्चा के दौरान यदि आपमें या आपके काम में कोई कमी बताई जाती है तो उसे सहजता से स्वीकारें तथा 'अब से ऐसा नहीं होगा या मैं और मेहनत करूंगा' आदि उत्तरों द्वारा टीम या बॉस को आश्वासन दें। न तो अपनी गलतियों को सही साबित करने के लिए बहस करें और न ही अपनी कमियों पर पर्दा डालने के लिए कोई एक्सक्यूजिज दें।*

● *मीटिंग में सहज रहें। स्वयं के जरूरत से ज्यादा समझदार, ईमानदार या श्रेष्ठ होने का प्रदर्शन न करें। आपकी ओवर एक्टिंग एवं ओवर रिक्टिंग का बर्ताव आपको हंसी का पात्र बनाने के साथ-साथ सबके मन में आपके प्रति खीज पैदा कर सकता है।*

● मीटिंग में कई मुद्दों एवं विषयों को एक साथ मिक्स न करें। जब तक कोई भी एक विषय क्लीयर नहीं हो जाता तब तक दूसरे विषय पर छलांग न लगाएं। ये न भूलें कि मीटिंग में आप अकेले ही नहीं और भी हैं इसलिए सबके साथ स्टेप-बाय-स्टेप चलें।

● बॉस को बिना मांगे अपनी सलाह न दें न ही उनकी कार्यप्रणाली या उनकी कंपनी आदि में कमी निकालें, यदि आप उनसे किसी बात से असंतुष्ट हैं तो उसे सबके सामने नहीं अकेले में मौका और माहौल देखकर उनसे बात करें। लेकिन, यदि कोई संबंधित कमी कंपनी की भलाई के लिए है तो उसे सोच-समझकर बॉस की मर्यादा को ध्यान में रखकर, बॉस की परमिशन लेते हुए कहें।

● मीटिंग को पूरी शिद्दत के साथ, पूरी संजीदगी से लें। हो सके तो अपने मोबाइल का रिगंर ऑफ कर दें, बार-बार घड़ी देखना, कुर्सी पर हिलना-डुलना, अपनी पॉजीशन बदलना, पैन या पेपर वेट से खेलना, बातों-बातों में हाथ फेरना तथा मोबाइल पर बार-बार देखना आदि इस बात को दर्शाती है कि आपको मीटिंग में दिलचस्पी नहीं है। आप जबरन वहां उपस्थित हैं।

● हर मीटिंग का एक उद्देश्य होता है जिसका बॉस आउट पुट चाहता है या यूं कहें एक मीटिंग तभी कामयाब कहलाती है। जब वह किसी नतीजे पर पहुंचती है इसलिए आपको चाहिए कि मीटिंग के अंत में बॉस को निराश न करें बल्कि उसे एक संतुष्टि पूर्ण हल जरूर दें ताकि उसे लगे कि मीटिंग करना कामयाब रहा और आपको मीटिंग में रखकर उसने गलत निर्णय नहीं लिया।

कॅरियर मैनेजमेंट
(रोज़गार प्रबंधन)

आज की जनरेशन कॅरियर 'ऑरिएन्टेड' है और हो भी क्यों नहीं? जिस र तार से वक्त गुजर रहा है उतनी ही र तार से जि मेदारियां और जरूरतें भी बढ़ रही हैं। ऐसे में जरूरी है सही समय पर सही काम से जुड़ जाना क्योंकि जितना अनुभव उतनी उन्नति।

लेकिन ऐसे कई लोग हैं जो अपना आधा जीवन काम की तलाश में या हाथ-पांव मारने में ही गंवा देते हैं। उन्हें खुद नहीं पता होता कि वह किस क्षेत्र में, कौन सा काम करें। इसके चलते या तो वह अपना व्यवसाय बदलते रहते हैं या फिर द तर। दोष किस्मत को देते हैं कि उनका कॅरियर उनकी किस्मत की वजह से अभी तक सेट नहीं हो पाया। जबकि यह सौ फीसदी सच नहीं है क्योंकि कॅरियर के बनने-बिगड़ने में हमारे स्वयं की सोच, कोशिश और चयन का बहुत बड़ा हाथ होता है। हमें पता होना चाहिए कि हमें क्या काम करना चाहिए। लेकिन स्वयं को जांचने-परखने की क्षमता व कला हर इंसान में नहीं होती। इसीलिए लोग कॅरियर कॉउन्सलर के पास जाते हैं ताकि समय, ऊर्जा एवं धन आदि की बर्बादी से बच सकें।

अधिकतर लोग या तो कॅरियर चुनते वक्त जरा भी व्यावहारिक नहीं होते या अपनी कल्पनाओं के पीछे हो लेते हैं या फिर अपने यार-दोस्तों की देखादेखी अपने विषय एवं कार्य चुन लेते हैं। जिसे अपने से आगे चलकर उन्हें दिक्कतें आती हैं।यही कारण है कि कई लोगों को अपना कार्य या अपना व्यवसाय बोझ लगता है। उन्हें ऐसा लगता है कि उनका जीवन चल नहीं रहा घिसट रहा है। आगे चलकर काफी अंतराल के बाद उन्हें संतुष्टि नहीं अफसोस हाथ लगता है। क्योंकि गुजरा समय कभी लौट कर नहीं आता। इसलिए यदि आप अफसोस से नहीं भरना चाहते, अपने वक्त को अपने अनुभव में शामिल करना चाहते हैं और कॅरियर का आनंद लेना चाहते हैं तो अपना कॅरियर चुनने से पहले नि नलिखित बातों पर ध्यान दें।

- आपको कैसा कार्य भाता है? मेन्टल, फिजिकल, क्रिएटिव या रिसर्च संबंधी आदि?

● आपको आउटडोर काम पसंद है या इनडोर? अर्थात् आप घर या द तर में टेबल पर बैठकर काम करना चाहते हैं या बाहर फील्ड में?

● आपको कैसा काम करना है- परमानेंट, टाइमपास या फ्रीलांस?

● आपको कौन सी जॉब पसंद है? सरकारी, प्राइवेट, सोशल सर्विस, निजी व्यवसाय या फिर आप अपना कोई क्रिएटिव काम करना चाहते हैं।

● आपके जीवन में आपके कॅरियर का उद्देश्य स्वयं के लिए है, देश के लिए है या फिर मनोरंजन के लिए।

● आपका आदर्श या रोल मॉडल कौन है? आपको किस तरह के लोग प्रभावित करते हैं। और जो लोग हैं वह किस क्षेत्र से जुड़े हैं तथा वह वहां तक कैसे पहुंचे हैं, जानें।

● अब तक आपको किस विषय से संबंधित इनाम, अवार्ड या उपलब्धियां प्राप्त हुई हैं, कोशिश करें कि कॅरियर का चयन या रुख उसी दिशा में हो।

● आपकी किस खूबी की लोग अधिकतर तारीफ करते हैं और जिस चीज की लोग प्रशंसा करते हैं उसी विषय को अपनी आय का साधन बनाने की कोशिश करें?

● कौन सा काम ऐसा है जिसको करने में आपको थकावट व समय का पता नहीं चलता है तथा आपके लिए पैसों से ज्यादा आत्मसंतुष्टि मायने रखती है?

● किस तरह की किताबें पढ़ना या लोगों की चर्चा सुनना आपको भाता है तथा किस तरह के विषयों पर आप सरलता से तर्क-वितर्क कर लेते हैं?

● किस तरह की जानकारियां या काम की बातें आपको एक बार में बिना प्रयास के याद हो जाती हैं तथा अपनी ओर खींचती हैं।

● स्कूल-कॉलेज में ऐसा कौन सा विषय था जिसमें कम मेहनत किए भी आप अधिक नंबर स्कोर कर लेते थे।

● अपनी इंटरेस्ट या हॉबी का मूल्यांकन करें कि आपको किस तरह के कार्य पसंद हैं किस तरह की चीजें या विषय आदि आपको अधिक आकर्षित करते हैं तथा जो चीज आपको पसंद है उसे कॅरियर में कैसे बदला जा सकता है?

● किस तरह के नाटक, फिल्में, पत्र-पत्रिका एवं समाचार आदि आप को पसंद हैं?

उपर्युक्त बताई गई बातों पर गंभीरता से विचार करें। सोचने के बाद आप अपने अंदर जिस चीज या विषय की बहुलता को पाएं उसी दिशा में अपने कॅरियर को बनाने का प्रयास करें।

इंटरव्यू मैनेजमेंट
(साक्षात्कार प्रबंधन)

आज का युग हर क्षेत्र में मारा-मारी का युग है और इस मारा-मारी के युग में सबसे ज्यादा युवा वर्ग पिस रहा है जिसके पास सारी काबिलियत है लेकिन इंटरव्यू देने की कला नहीं। आज के वक्त में जिसे इंटरव्यू देने की कला नहीं आती, उसकी सारी खूबियां खामियां बन जाती हैं। ऐसे लोगों में आगे बढ़ने की सारी काबिलियत होने के बाद भी वे एक छोटे से इंटरव्यू में असफल हो जाते हैं।

इसलिए इंटरव्यू पर जाने से पहले व इंटरव्यू देते समय हमे कुछ चीजों का खास याल रखना चाहिए जो नि नलिखित है।

- *सबसे पहले इंटरव्यू से संबंधित हमें कुछ योजनाएं बना लेनी चाहिए जैसे- जिस कंपनी में आप इंटरव्यू के लिए जा रहे हैं उसके बारे में अधिकतर जानकारी आपके पास होनी चाहिए। साथ में अपने पिछले जॉब के ऐसे बिन्दुओं को ध्यान में जरूर रखें जो इस कंपनी के काम में सहायक हो।*
- *इंटरव्यू पर जाने से पहले अपने किसी दोस्त के साथ इंटरव्यू देने का अ यास अवश्य कर लें।*
- *एक फाइल (बिजनेस फोल्डर) तैयार करें, जिसमें अपना बायोडाटा व अन्य आवश्यक पेपर साफ-सुथरे ढंग से व सलीके से लगाएं क्योंकि इंटरव्यू लेने वाला सबसे पहले आपकी फाइल प्रेसेन्टेशन देखता है।*
- *इंटरव्यू पर जाते समय अपनी पर्सनेलिटी का खास याल रखें। सलीकेदार व शालीन कपड़े और जूते पहन कर जाएं।*
- *इंटरव्यू से 10-15 मिनट पहले ऑफिस पहुंच जाएं, जिससे आपका समय का पाबन्द होना झलकेगा।*
- *इंटरव्यू रूम में घुसते ही मुस्कुराकर आगे बढ़कर हाथ मिलाएं और शालीनता के साथ अपना परिचय दें।*

● *इंटरव्यू देते समय अपनी सोच को सकारात्क रखें क्योंकि सकारात्मक नजरिये से हमारा सकारात्मक दृष्टिकोण झलकता है।*

● *इंटरव्यू लेने वाले से घबराएं नहीं क्योंकि वो भी हमारी तरह एक साधारण इंसान है और किसी दिन वो भी हमारी जगह पर था।*

● *इंटरव्यू देते समय आपके चेहरे पर मुस्कुराहट, नौकरी पाने का तेज व आत्मविश्वास नजर आना चाहिए।*

● *इंटरव्यू देते समय एक सार में बोलें व जितना पूछा जाये उसी का जवाब दें, एक बात को दोबारा न दोहराएं और न ही हिचकिचाएं।*

● *इंटरव्यू समाप्त होने पर इंटरव्यू लेने वाले से 'आपके सहयोग के लिए धन्यवाद' कहना न भूलें।*

क्या-क्या न करें

● *इंटरव्यू देने जाते समय न तो भड़कीले वस्त्रों का प्रयोग करें और न ही किसी तरह के भारी पर यूम का।*

● *इंटरव्यू से पहले या इंटरव्यू के समय किसी तरह की कोई स्मोकिंग या नशीला पदार्थ इस्तेमाल न करें।*

● *इंटरव्यू देते समय अपने सेलफोन का प्रयोग बिल्कुल ना करें क्योंकि ऐसा करने से आपके इंटरव्यू में व्यवधान पैदा हो सकता है।*

● *सवालों के जवाब तेज आवाज में व जल्दी-जल्दी न दें ऐसा करने से आपकी बेतहजीबी झलकती है।*

● *इंटरव्यू देते समय या सवालों के जवाब देते समय अपने हाथों को ज्यादा ना चलाएं बल्कि उन्हें साधारण व आकर्षक मुद्रा में रखे रहें।*

● *इंटरव्यू देते समय न तो अपने हाथ-पैरों को हिलाएं और न ही अपने किसी अंग को खुजाएं क्योंकि ऐसा करने से साक्षात्कार लेने वाले पर हमारा गलत प्रभाव पड़ता है।*

● *जो कंपनी आप छोड़ चुके हैं उस कंपनी की भूलकर भी आलोचना न करें।*

तो अब योग्यता के साथ आत्मविश्वास भी जगाइए और इंटरव्यू देने की कला भी, क्योंकि कहा जाता है कि किसी चीज की तैयारी करने मात्र से ही आधी सफलता हमारे हाथ में होती है। जब आधी सफलता हाथ लगेगी तभी तो पूर्ण सफलता तक पहुंचेंगे। इसका मतलब सब कुछ आपके हाथ में है तो अब देर किस बात की, जाइए और अपनी मनपसंद जॉब पाइए।

लेखक परिचय

विलक्षण एवं विभिन्न प्रतिभाओं के धनी शशिकांत 'सदैव' अपने व्यक्तित्व एवं विभिन्न कार्यों के लिए पहचाने जाते हैं। किसी के लिए आप एक संपादक-पत्रकार हैं तो किसी के लिए लेखक, कवि-शायर। कोई आपको आपकी प्रकाशित पुस्तकों के माध्यम से जानता है तो कोई टी.वी. पर मेहमान विशेषज्ञ के रूप में पहचानता है।

आप न केवल कुशल वक्ता हैं, बल्कि एक अच्छे आध्यात्मिक एवं मनोवैज्ञानिक सलाहकार व मार्गदर्शक भी हैं। फिर वह वर्कशॉप के रूप में हो या प्रवचन के रूप में, यदा-कदा आपके वक्तव्य स्कूल, कॉलेज, कॉर्पोरेट सेक्टर, मंदिर-आश्रम एवं धार्मिक तथा गैर सरकारी संस्थाओं आदि में होते ही रहते हैं।

इतना ही नहीं आप एक अच्छे ज्योतिषी भी हैं। ज्योतिष की विभिन्न विधाओं के माध्यम से आप व्यक्तिगत तौर पर तथा राष्ट्रीय एवं अंतर्राष्ट्रीय पत्र-पत्रिकाओं में अपने स्तंभों के माध्यम से लोगों की समस्याओं का समाधान भी करते हैं। आपको मीडिया व लोगों में शशिकांत सदैव-'दि सोल डिजाइनर' के नाम से पुकारा व जाना जाता है।

पिछले बारह वर्षों से आप 'डायमंड पॉकेट बुक्स' द्वारा प्रकाशित मासिक पत्रिका 'साधना पथ' में संपादक तथा 'गृहलक्ष्मी' में सलाहकार संपादक के रूप में कार्यरत हैं। साथ ही आप एक सामाजिक एवं आध्याति क उत्थान में जुटी संस्था 'उत्थान फाउंडेशन' के संस्थापक व संचालक भी हैं।

प्रकाशित पुस्तकें

कौन है गुरु ?, *मैं क्यों आया था-ओशो ?*, **युगपुरुष महर्षि दयानंद सरस्वती**, *मैनेजमेंट के मूल मंत्र*, **व्यक्तित्व निखारें भविष्य सुधारें**, *आधुनिक संतों की आध्यात्मिक यात्रा*, **कौन है ओशो ?**, *स्वयं को और दूसरों को पहचानने की कला*, **सीखें जीवन जीने की कला**, *सब संभव है*, **इश्क की खुशबू है सूफ़ी।**

काव्य/शायरी संग्रह

तेरे साथ की आदत, **दर्द की कतरन**, *स्त्री की कुछ अनकही*, **दर्द के इर्द-गिर्द**, *रिसता हुआ दर्द*, **इंद्रधनुष रचते हस्ताक्षर।**

संपादित पुस्तिकाएं

धन और सुख-समृद्धि की देवी लक्ष्मी, दुर्गा एवं नवरात्र की महिमा एवं महत्त्व।

पत्र-पत्रिकाओं में प्रकाशित लेख व स्तंभ

नवभारत टाइ स, *हैलो दिल्ली,* **दैनिक हिन्दुस्तान,** *पंजाब केसरी,* **दैनिक जागरण,** *दैनिक भास्कर,* **अमर उजाला,** *जागरण सिटी प्लस,* **आज समाज,** *तथाअस्तु,* **वेल बीइंग,** *साधना पथ,* **गृहलक्ष्मी,** *ओशो वर्ल्ड,* **हिन्दी जगत,** *कादंबिनी,* **प्रवासी टुडे,** *ज्ञानोदय,* **शुक्रवार,** *इंडिया न्यूज,* **संपादक,** *गृहनंदनी,* **यूचर समाचार,** *सुख-समृद्धि,* **कुमुदम भक्ति,** *समय सारांश,* **गुरुजी,** *कलियों को खिलने दो,* **यथावत** *तथा* **इंडिया टाइ स** *एवं* **फैब वुमैन डॉट कॉम** *आदि कई अन्य क्षेत्रीय पत्र-पत्रिकाओं में प्रकाशन।*

टी.वी. चैनलों एवं रेडियो पर उपस्थिति

दूरदर्शन, *इंडिया न्यूज,* **सहारा समय,** *साधना,* **प्रज्ञा,** *सुदर्शन,* **ए टू जेड,** *वी.आई.पी. एवं* **जैन टी.वी.** *तथा* **एफ.एम. रेनबो** *एवं* **मानव रचना रेडियो।**

सम्मान

गौरव भाषा वाणी स मान 2011 (इंद्रप्रस्थ साहित्य भारती-दिल्ली)
साहित्यकार स मान 2010 (ब्रज कला केंद्र-मथुरा)
साहित्यकार स मान 2009, (स्वामी नेकश्याम स्मृति-वृंदावन)।

संपर्क सूत्र-

9/60, गली नं. 12,
तुगलकाबाद एक्सटेंशन, कालकाजी,
नई दिल्ली-19
दूरभाष-*9810388549*
E-mail- shashikantsadaiv@gmail.com
visit:http//shashikantsadaiv.blogspot.com